U0362181

UNIVERSITY
TRANSFORMATION

from teacher dominated
to student centered

张晓军　席酉民 ◎ 著

大学转型

从教师主导到以学生为中心

清华大学出版社

北京

内 容 简 介

互联网和人工智能等新一代技术正在改变人类的生活方式，大学教育范式亟须从知识传授为导向的"以教师为中心"转向能力和素养的培养为根本目标的"以学生为中心"。这种范式的转型涉及教育工作者、大学、政策及社会的复杂互动，需要对转什么、怎么转、谁来领导转型等根本问题有清晰图景。本书基于西交利物浦大学 15 年探索，提出要落实立德树人的根本使命，需要高校所有部门和职工共同行动，对准人才培养目标，从教学、学生工作、行政支持、组织架构以及大学国际化等不同视角形成合力。此外，大学领导者在推动当前大学转型时应该做好变革过程管理，发挥好变革领导者角色。

图书在版编目(CIP)数据

大学转型：从教师主导到以学生为中心 / 张晓军，席酉民著 . —北京：清华大学出版社，2021.12（2024.1重印）

ISBN 978-7-302-58252-6

Ⅰ . ①大… Ⅱ . ①张… ②席… Ⅲ . ①高等教育－国际合作－研究－苏州、英国 Ⅳ . ① G648.9

中国版本图书馆 CIP 数据核字 (2021) 第 100519 号

责任编辑：杜 星
封面设计：汉风唐韵
版式设计：方加青
责任校对：宋玉莲
责任印制：杨 艳

出版发行：清华大学出版社
    网 址：https://www.tup.com.cn, https://www.wqxuetang.com
    地 址：北京清华大学学研大厦 A 座 邮 编：100084
    社 总 机：010-83470000 邮 购：010-62786544
    投稿与读者服务：010-62776969，c-service@tup.tsinghua.edu.cn
    质 量 反 馈：010-62772015，zhiliang@tup.tsinghua.edu.cn
印 装 者：三河市人民印务有限公司
经 销：全国新华书店
开 本：185mm×260mm 印 张：16.75 字 数：239 千字
版 次：2021 年 12 月第 1 版 印 次：2024 年 1 月第 2 次印刷
定 价：98.00 元

产品编号：090077-01

序

  1977 年恢复高考以来，中国高等教育发生了翻天覆地的变化。首先是接受高等教育人数的急剧攀升，于 21 世纪初已经进入大众化阶段。同时，通过自上而下的行政主导，改革探索不断深入，从 1985 年《中共中央关于教育体制改革的决定》公布以来，30 多年间国家共发布教育改革类政策文件几十份，各省市的教育改革政策更是数不胜数，这些政策涉及大学办学的方方面面，可以说国家层面从未间断对教育改革的推动。

  2018 年开始的高等教育改革与以往有着根本的不同。2018 年以来，国家相继发布关于本科教育整体改革、"三全"育人、一流专业建设、金课建设、教师队伍建设以及"双一流"建设等诸多改革文件，这轮改革的根本驱动力，是以互联网和人工智能等技术为代表的第四次工业革命对社会的重塑，以及对人才的新需求。因此，这一轮的改革，并不是在原有的教育体系中的修修补补，而是颠覆和重塑过去两百多年第一次工业革命之后形成的以学校和教师为中心的教育体系，重新建立一个以学生为中心的教育体系，这种改革是范式的转变，涉及理念的转型，整个大学体系的重塑，需要各级各层强大的变革领导力。

  要带动一个体系从一种范式转变到另外一种范式，已是非常不易。然而，正在转型期，人类又遭遇空前的新冠疫情重大危机，加速了新技术的推广，改变了对教育教学的认识，使这次变革更加艰巨。要重塑这个庞大的体系，关键在于其中每个人的理念转型，以及引领那些已经转变理念的教育工作者在自己的工作中深入研究，去探索新理念之下的高等教育新实践，然后去影响更多的人加入创新和探索的行列。

西交利物浦大学（以下简称西浦）自2006年成立以来，就把"探索教育新模式，影响中国的教育改革"作为办学使命。在过去15年间不断探索新的教育发展模式，头十年注重完善独具特色的国际化教育模式——西浦1.0，从第二个十年开始探索人工智能之后全新的产业和教育深度融合的融合式教育模式——西浦2.0，并且开始筹划和落地大学走入社会撬动各方资源形成教育与创新生态的未来大学模式——西浦3.0。不仅如此，西浦成立了领导与教育前沿院（ILEAD），一方面通过支持西浦的学生、老师和行政员工更好地推动改革和创新；另一方面基于研究总结西浦和世界各地大学的改革经验，凝练"以学生为中心"的大学理念和体系，并通过培训、咨询和社群等方式引导并赋能教育从业者从事"以学生为中心"的教育改革。在过去15年，西浦已经在这一方面取得广泛的影响力，共有上千所高校的一万多名教育从业者参加西浦ILEAD主办的深度培训，每个月参与到ILEAD线上线下活动的教育同行数量近万人；西浦ILEAD发起的西浦全国大学教学创新大赛成为具有较高美誉度的全国性教学大赛，发起成立的高校教师发展中心可持续发展联盟以探索新时代高校教师发展中心的可持续发展为核心使命，同时发起主办的便于老师参加的分布式的城市化活动——"创新者说"每周在全国各地线上线下举行。西浦ILEAD已经成为一个推动教育改革创新的品牌。

通过对西浦及国内外创新案例的研究，以及举办各种教育改革创新的活动和培训，西浦ILEAD总结出了一套大学转型及构建"以学生为中心"的大学体系的路径和实践指南。这套路径和实践指南在各类培训和研讨活动中广受好评，也切实指导和影响了一批批有志于改革的教育从业者的实践。为了更好地推动"以学生为中心"的教育改革，西浦ILEAD把这套体系总结成册，希望能够对更多有志于改革的院校和教育从业者的实践提供借鉴。本书编写团队从 2014 年开始筹划和编辑，2016 年完成第一版，为了确保质量地给教育改革者提供在理念和实践层面切实的启发和指导，本书编写组在 2016—2020 年经过第二轮几百场活动的迭代，形成了目前的版本。可以说这本书既是西浦自身探索的实践总结，又是经过和全国上千所高校的老师和管理者深入研讨后形成的能够对国内高等教育改革实践有启发的行动指南，是西浦特别是 ILEAD 过去 15 年影响力的结晶。

本书介绍的"以学生为中心"的大学转型主要包括三个部分：一是系统介绍"以学生为中心"的大学理念，帮助教育工作者更深入地理解这个理念的内涵，从而能更好地在自身工作中加以运用；二是提供"以学生为中心"的整体性图景，并从教学、学生工作、国际化等不同的角度分析大学里的每个人如何支撑学生的健康成长；三是讨论大学从"以教师为中心"到"以学生为中心"的范式转变，需要什么样的变革领导力。

本书共八章：首先是对当前世界高等教育发展趋势以及我国大学改革现状和问题的研究，从利益相关者的角度分析了在我国实施"以学生为中心"的大学体系的挑战（第一章）。第二章对"以学生为中心"这一理念的内涵做了详细介绍。第三章以"双一流"建设高校为例分析了当前我国大学改革的问题和挑战。第四章到第七章分别介绍了构建"以学生为中心"育人体系的四大模块：教学体系（第四章）、教学支持体系（第五章）、如何支持学生开展课外活动（第六章）、如何通过国际化促进改革（第七章）。第八章讨论变革管理及变革领导力。

本书专门为我国高校的教育工作者打造，因此高校管理者、任课教师和行政员工都可从本书中得到前沿的教育理念和操作性强的行动建议。另外，高校的学生也可以通过本书提升对大学生活的理解，并督促自己提升自我管理，过更有意义的大学生活。当然，本书也可作为教育研究者的参考资料，系统了解"以学生为中心"的育人体系。此外，本书也可用作高校和其他机构培训大学管理者、任课教师和行政员工的参考书。最后，所有对大学教育感兴趣的社会人士都可以从本书直观地了解到面向未来更有价值的大学教育和体系的模式。本书力图通过通俗的语言、清晰的架构对非教育背景读者提供易于理解的框架，希望进一步促进读者对大学的理解。

本书各章节的内容分别为不同的读者设置，例如任课教师可以主要参考第四章的内容，行政员工可重点参考第五章和第六章，大学管理者以第一章、第二章、第三章、第七章和第八章为主。当然，我们建议所有的读者都通读全部章节，以对整个体系有系统的了解，从而更好地理解自身的工作在整个体系中的作用和价值。另外，本书的内容通过论述、案例、操作步骤等多种形式呈现，不同的读者可以有选择地参考自己感兴趣的内容。此外，对本书的很多支持性材料将持续更新在西交利物浦大学 ILEAD 的官方网站和微信公众号上。对本书的理念和使用有更高需求的读者，建议参加由西交利物浦大学 ILEAD 举办的各类研讨会和培训活动（包括教育领导力卓越计划、任课教师培训和行政员工培训等，详细信息请访问 ILEAD 官方网站和微信公众号）。

本书适合中国所有类型大学的管理者、任课教师、行政员工和学生使用。虽然研究过程中，我们发现公办院校与民办院校在建设以学生为中心的育人体系中存在体制差异，主要表现在院校资源来源不同而引起的利益相关者差异，但我们认为建立以学生为中心的育人体系是所有大学的共同追求。对于不同类型学校在建立以学生为中心的育人体系中所面临的困难和开展的实践，我们在本书编写过程中都给予了重视，案例的选择和分析过程也充分考虑了不同类型高校的平衡。因此，不管是公办大学还是民办大学，是研究型大学还是教学型大学或职业学院，本书介绍的体系都适用。

本书从 2013 年上半年开始策划到 2016 年上半年完成第一版，历时 3 年。编写团队包括 6 位专门研究人员和几十位来自西浦和其他院校的实践者。本书在第一版编制过程中得到了福特基金会的大力支持。书的资料主要来自编写团队在实践第一线的大量调研和观察，我们以西浦近年围绕"以学生为中心"所做的大量探索为基础，同时广泛参考了国内外其他高校的优秀实践。研究过程中，我们组建了由研究人员和西浦实践者共同组成的调研小组，广泛收集国内外各高校以学生为中心相关的文本资料；定期召开国内多所高校领导者高端研讨会；编写组赴陕西、湖南、江苏等地对重点合作院校进行深入访谈和调研；将研究结果与多位国内外专家、教育实践者进行分享并将其反馈及时更新到书中。2016 年到 2020 年，本书的第一版内容投放在各种类型的培训活动中，也通过各类社群活动中分享和研讨，经过三年多几百场活动的研讨，很多内容得以迭代升级，最重要的是更好地瞄准国内高校的办学实际，更好地置于国内高校的教育工作者的情境中去考虑，如何让变革真正发生。这些活动得到了澳门同济慈善会北京办事处以及北京险峰公益基金会的大力支持，在此表示感谢。

最后，本书得以出版，要感谢清华大学出版社和编辑杜星先生的大力支持，感谢所有过去几年来给我们提供反馈意见的高校同行，这些意见对于本书的质量提升至关重要。本书由席酉民教授主导策划并审阅了稿件，张晓军博士统筹协调两阶段的写作与修改，朱蕾、张琳、李鹏飞、赵璐、李圭泉、付佳琪、徐昕对本书不同章节的内容有贡献。限于作者水平，本书内容的不妥在所难免，欢迎读者朋友不吝指出，敬请发送邮件至 xiaojun.zhang@xjtlu.edu.cn 向我们反馈，我们将不胜感激。

张晓军　席酉民

2020 年 12 月 22 日于苏州

目录

第一部分
未来大学的核心特征：
"以学生为中心"

21世纪以来，在互联网和人工智能等颠覆性技术的推动下，世界范围内新一轮科技革命和产业变革扑面而来，并正在重构人类的生活、学习和思维方式，颠覆现有产业的形态、分工和组织方式，甚至改变人与世界的关系。这些变化必然会给高等教育带来根本影响。同时，网络将世界更加紧密地联系在一起，但反全球化思维和国家主义抬头，我们生活的世界正在变得越来越不确定、模糊、复杂和多变，这些趋势对人的生存技能提出了新的要求，同时也对教育机构提出了新的挑战。全球的高等教育体系，正处于新一轮根本性改革的起点。改革的核心，就是从以教师为中心到以学生为中心的教育范式转变。

第一章
为什么要"以学生为中心"

本章主要讨论以下问题：
- 世界发展的趋势及其对教育的影响
- 推动大学转向"以学生为中心"的主要力量
- 当前大学的实践及需要改革的领域

第一节　世界发展的趋势及其对教育的影响

　　进入 21 世纪以来，在全球化和新兴技术的推动下，人类社会的发展出现了新的特点和趋势。例如，互联网技术的出现和在社会生活中快速而广泛的应用，使得人和人之间的沟通与互动模式发生巨大变化，知识在全社会的分布更加分散化，知识更新速度飞速提升。人工智能技术的快速发展，则引发了新一轮的科技革命，数字化和智能化浪潮几乎席卷了社会的每一个角落，产业革新扑面而来。在这些新技术的推动下，社会结构和国家间竞争出现新特征，全世界被更加广泛地连接在一起的同时，地区主义和国家主义思维抬头，今天的社会正处于一个前所未有的高不确定性、模糊性、复杂性和快变性的状态。

　　社会环境的复杂快变使得教育面临前所未有的挑战，如何适应国际化、网络化和产业革新等新趋势带来的冲击成为高校需要面对的重要问题。时代的发展和技术的变迁使得高校需要突破传统教育的边界，以新的视角去看待和考虑其人才培养的方向，"培养什么样的人才，如何培养人才，为谁培养人才"成为在新的时代环境中迫切需要回答的问题，以培养能够适应时代发展需求的新型人才。

在这些趋势和力量的冲击下，当前世界范围内的高等教育正在发生一场"以学生和学习为中心"的深刻变革，颠覆自工业革命以来盛行的以教师为中心、统一学习和知识导向的教育模式，转而建立一种学生为中心、个性化、情境建构式的人才培养体系。在过去，作为大学的最重要客户，学生一直是很多学校，特别是发达国家私立学校的关注焦点。而在今天，很难想象一个大学如果没有将学校的办学重点放到学生的学习和成长上该如何生存。"以学生为中心"的育人理念正逐渐成为全世界所有大学的共同选择。

一、全球化与逆全球化重塑教育的目标

随着全球产业分工合作体系的进一步发展，以及互联网对于这一体系的支撑，全球化成为 21 世纪头 20 年最重要的社会发展趋势之一。全球化改变了人们的工作环境，将世界上不同文化背景的学习者聚集到一起，推动了教育领域人才培养目标的重塑，理解不同的文化并和来自不同文化背景的同事合作成为学生需要习得的重要能力。此外，随着全球性议题对于国家发展的影响，每个国家都需要培养能够关注人类生活的共同挑战并致力于推动国家和地区合作创造更美好的人类生活环境的人才。简单来说，全球化要求大学一方面培养具有国际视野和可持续发展意识的人才；另一方面，学生还需要训练跨文化沟通能力和领导力，以及在复杂多变的社会中坚守的不同文化中共享的价值观。

案例　　　　美国支持本国年轻人国际视野的实践

随着全球化的不断深入以及国际教育的持续发展，除了吸引外国学者以及让美国公民到第三世界国家进行志愿服务，美国还希望送更多的本国学生出国学习。"十万强留学中国计划"是美国前总统奥巴马 2009 年访问中国时提出的，该计划旨在四年（2009—2014）时间里使赴华学习的美国学生数量增长到 10 万人，同时也希望能鼓励和帮助来自不同家庭和社会背景的美国学

生学习汉语并到中国留学。随着中国的经济发展，中美之间的交往合作越来越紧密，美国需要更多的"中国通"。然而就美国年轻人学习汉语的趋势来看，了解中国的美国人数量远远不够，美国在中留学生数量远低于中国在美留学生的数量。美国国际教育学会的数据显示：2011—2012 年赴美国的中国留学生数量为 202 522 人，而同期到中国学习的美国留学生的数量则仅有 15 647人。巨大的差异使得美国担忧未来美国民众对中国的了解远不及中国对美国的了解。为了落实这项计划，十万强基金会作为具体实施机构于 2013 年 1 月成立，旨在增加留华学生数量，发展美国学生在美国的汉语学习，以及在全美范围内广而告之中美相互了解的重要性。该基金会是带有官方色彩的非营利组织，也是政府—民间伙伴关系的实例。基金会的民间参与者和赞助方包括高等院校、基金会、慈善机构以及个人。

同时，我们也看到最近几年逆全球化思维和国家主义在一些西方国家出现，特别是美国特朗普政府奉行"美国优先"的政策，对过去几十年建立的国际秩序造成冲击，国际合作变得日益艰难，同时国家间的交流特别是学生的跨文化学习机会大幅减少，以中国学生留学美国为例，根据美国国际教育协会（Institute of International Education，IIE）的统计数据，由于受到特朗普政府于 2017 年 8 月颁布的《改革美国移民制度强化就业法案》、针对外籍人员的 H-1B 工作签证政策调整以及对国际留学生 F1 留学签证强化审核制度的影响，2015—2020 年，中国赴美留学人数虽然逐年上升，但是上升幅度大幅度减少，从 2015 年的 8.1% 增幅降到 2020 年的 0.8%，见表 1-1。

表 1-1　2015—2020 年中国赴美留学生人数

年　　份	中国赴美留学人数	增长率
2015/16	328 547	8.1
2016/17	350 755	6.8
2017/18	363 341	3.6
2018/19	369 548	1.7
2019/20	372 532	0.8

从上面的案例中可以看到，一方面教育可以进一步推动全球化的发展，特别是培养具有国际视野的人才；另一方面全球化的进程也会影响教育的发展。这种影响既可以是正向的，也可以是负面的。例如2017年以后，美国政府的反全球化思维也给本国大学的国际化议程带来挑战。全球化与反全球化的交织造就了一个复杂和不确定性的世界，大学如何适应这种环境持续发展确实是一大挑战。

二、互联网重塑未来的学习

信息和网络技术正在改变着人类的学习方式。学习者受到的时间、地域和资源等因素限制逐渐被消除，大学和课堂不再是唯一的知识获取场所，很多实用性知识甚至更容易通过网络获取。这为终身学习和脱离大学课堂的自主学习提供了基础，大学课堂的灌输式学习方式正在失去绝对的垄断地位，大学亟须重新定位并通过教学模式的改革发掘课堂不可替代的价值。同时，当代大学生是接触网络最广泛的群体，网络也影响着他们的思想态度、价值取向和人格养成。如何引导学生在网络时代形成健康的价值观与素养也变得至关重要。

案例 **慕课（MOOC）时代到来**

2012年被称为世界慕课元年。在这一年中，Coursera、edX、Udacity相继诞生，世界一流大学纷纷涌入MOOC的浪潮中，越来越多的优质MOOCs相继出现。阿曼多·福克斯（Armando Fox）和戴维·帕特森（David Patterson）是加州大学伯克利分校计算机科学教授，2012年他们推出了世界第一门软件工程MOOC（Coursera的第二门MOOC，加州大学伯克利分校的第一门MOOC），2013年，他们首次提出小规模私有在线课程（small private online course，SPOC）概念。该概念目前被广泛地应用于MOOC与校园教学的结合，并在世界各地的混合式教学实践中取得了良好的效果。

SPOC 是 MOOC 与传统校园教学的有机融合，是针对小规模、特定人群的通过 MOOC 资源来改变传统高等教育现状的一种解决方案，其基本形式是在传统校园课堂采用 MOOC 讲座视频或在线评价等功能辅助课堂教学。SPOC 利用 MOOC 的规模效应，分摊高质量教学内容的人均成本，获取通过大数据来进行教学研究的机会，弥补了 MOOC 较之传统教学的局限。因此它既不是 MOOC 的对立竞争模式，也不是传统的在线课程。MOOC 和 SPOC 的发展应该同步进行、相互促进，进而提升课堂教学的质量和效率。

中国大学 MOOC 发展已经从学习借鉴阶段进入建设实践阶段，在机构设置、教师队伍培训、平台建设、课程建设、教学应用与大数据分析等方面进行了有益探索。清华大学建设 MOOC 的愿景是通过融通先进教学理念、集成前沿信息科技、汇聚优质教学资源，打造全球首屈一指的中文 MOOC 平台，全面服务于中国教育。清华大学于 2013 年 5 月加盟 edX，6 月组建团队并启动基于 edX 开放源代码的中文平台研发工作，在多视频源、关键词检索、可视化公式编辑、编程作业自动评分、用户行为分析等方面进行了改造，10 月"学堂在线"正式对外发布，同时开放了第一批五门课程，同年又开展了首批小规模私有在线课程的试点。2014 年 4 月，教育部在清华大学设立了"在线教育研究中心"。那时，"学堂在线"已经汇聚了清华大学自建的多门课程和北京大学、edX 联盟高校的 140 多门课程。此外，学堂在线 MOOC 平台正在帮助国内的其他高校和中学推广 MOOC 和 SPOC 模式。清华大学是我国首个推出 MOOC 平台的大学，虽然使用的是 edX 开源平台，但在 edX 平台的基础上进行了本土化改造。清华大学十分重视用户的行为数据分析，学校改建的 MOOC 平台数据显示，学习者年龄主要分布在 20~30 岁，随年龄增加学习者人数呈递减趋势；学习者主要分布在沿海中心城市；学历层次分布由多到少依次是本科、硕士、大专、高中；有效学习者（获得证书的和学习过程中表现比较活跃的）平均占比为 9.76%，与国际上 MOOC 课程完成率"不到 10%"的比例相近。

2018 年，在前期建设 3 000 多门大学精品慕课的基础上，教育部又进一步提出建设 2 万门精品慕课的计划。第一个"一万"是指在认定的 3 000 门国家精品在线慕课课程的基础上，再推行 7 000 门左右的国家级线上线下精品课，这些课程需要把基于信息技术的慕课课程应用于传统的课堂教学相结合以推动国家教学改革创新；第二个"一万"即通过国家精品线上和线下课程示范带头作用，建设 1 万门省级精品课程。在教育部的推广下，高教系统形成了广泛学习和开发慕课课程的新热潮。在高等教育领域之外，这一趋势还普及到基础教育以及其他社会学习者，党政机关单位、官兵培训系统等社会组织也采用慕课课堂的形式进行相关的培训。

2020 年，随着新冠肺炎疫情的来袭，线上学习和教学成为这一年教育系统最大的亮点，据官方统计，在疫情期间，中国大学几乎把全部的课程搬到网上，共开出 100 多万门线上课程，根据数据分析，发现这些线上教学的课程在质量上可以和线下的课程实质等效。教育部在此基础上又提出举办每年一度的世界慕课大会，第一届会议的主题为学习的革命和高等教育的变革。这一主题，准确地点明了互联网支撑的线上课程对于学习以及教育的影响。我们的大学，如何紧跟这一革命的浪潮，给予下一代的学习者充分的学习支持，也是一大挑战。

三、人工智能正在重塑高等教育行业

当前，新一代人工智能正在全球范围内蓬勃发展，其中深度学习、跨界融合、人机协同、自主操控等成为新一代人工智能推动经济社会发展的主要力量。再加上与互联网、大数据和物联网等新兴技术融合，人工智能的影响已经无处不在。

当前的人工智能革命之所以引起各行各业的广泛关注，一个重要原因是这一轮革命几乎波及当前所有行业的发展，几乎没有哪个行业能置身于人工智能的冲击之外，教育行业更不例外，其中又以高等教育最为突出，因为高等教育培养的人才直接进入产业界工作。也正因为此，人工智能对高等教育的影响更加显著也更加复杂，人工智能对于高等教育的影响至少表现在三个层次：新人才培养目标，新大学专业体系，新学生学习体验。

1. 人工智能对所有产业的颠覆要求大学关注新的人才培养目标

近几年社会各界热议的一个话题是机器人到底会在多大程度上替代人类从事各行各业的工作。很多研究认为，当前社会中的绝大多数工作，在人工智能的影响之下，要么会消失，要么会由机器人和人工合作完成，要么由机器人独立完成。而决定机器人对人工替代性的核心要素，就是这个工作本身所需要的创造性、情感性以及对高阶能力的需求度。传统的依赖知识和简单的技能类工作，机器人越擅长，越需要依赖创造性和情感的工作，机器人还无法替代人类。

因此，大学必须重新思考如何重塑所有专业的人才培养目标。自第一次科技革命以来教育都是以知识的习得为核心目标，但随着人工智能技术的快速发展，知识习得以及基于知识的简单应用是机器人非常擅长的技能，特别是当前大数据成为各行各业的一个基本资源，机器在大数据获取以及基于大数据的学习和分析方面的能力远远超过人类，因此，在当前还一味地以教给学生知识为核心目标，无法保证学生在大学毕业走向工作岗位后能够和机器人很好地协作。

基于此，人工智能对于大学的第一个重要而深远的影响，就是大学里的所有学科，都需要更新其人才培养目标，转变过去 300 年来主导的以知识灌输为目标的体系为未来以能力和素养为目标的体系，并且把这个目标切切实实落实在教育过程中。尽管在过去几十年全世界的大学都在谈素质教育和能力导向的教育，但到目前为止，在大学的教育体系中，并没有成熟的培养能力和素养的做法。例如，近年来几乎所有的大学都知道培养学生解决问题的能力很重要，但是，如果我们去问大学的老师，你的课堂是如何培养学生解决问题的能力的，可以确定的是 90% 以上的老师不会有一个系统的答案。再如批判性思维、创造力、人际沟通能力、数字素养、社会责任等在人工智能时代凸显人的优势和特色的素质，在当前的教育体系中并没有很好的培养实践经验。教育部提出新时代金课建设，其一大特征就是要关注高阶目标。可以说，大学如何通过其教育体系培养学生的高阶目标，是人工智能时代给大学的第一个也是最为重要的任务。

2. 人工智能产业的蓬勃发展呼吁大学重构专业体系

当前一个非常热点的话题是，人工智能到底在多大程度上会重塑甚至颠覆各个行业，一个不可逆转的趋势是，在人工智能时代，原有的产业结构会调整，有些产业会消失，有些会和人工智能技术融合而变革，也会在新技术的推动下产生新的行业。由于大学专业体系的设置和产业的发展密切相关，产业的变化必然带来教育体系的改革，最典型的变化就是大学教育的基本单元——专业的变革。国家在近几年接连提出新工科、新文科、新医科、新农科等战略，就是适应产业变革重塑教育体系的表现。

智能产业的涌现和蓬勃发展要求大学培养这一新兴领域的人才，发展建设相关的专业。其中提出较早的新工科的核心理念，就是建设能满足人工智能时代新产业的人才需求的专业，教育部在 2019 年初透露，我国已经建成大数据、人工智能、机器人、物联网等新兴领域急需专业点近 400 个。

智能产业还牵引着其他产业的深刻变革，国家重点布局的新专业建设工程，把跨学科、文理融合作为一个基本理念，这是因为人工智能技术对社会的影响是全方位的，没有边界，所以几乎所有的领域都需要思考如何与技术很好地融合。基于此，人工智能对大学教育的第二个挑战和任务，就是必须要建设一批能培养人工智能产业人才的专业，同时，要对所有的专业进行改造，更好地融合技术，更高层面去实现跨学科融合。

3. 人工智能技术推动学生学习体验的大幅提升

教育界不时在讨论机器人是否会取代教师的话题。尽管社会普遍认为机器人不可能完全取代教师，但是机器人确实在有些方面的能力是教师所不能比的，这些能力可以大幅提升学生的学习体验。

首先，人工智能技术可以促进学生的个性化学习体验。由于学生的个人背景和学习需求不同，所以个性化教育非常重要。传统的课堂式教育是单一化的教育，一个专业或者班级的学生几乎接受相同的教育支持。人工智能技术可以帮助学校和老师做到个性化教育，为学生提供个性化的学习方案。例如，随着个性化网络教育资源的极大丰富，人工智能可以根据不同学习者的背景和基础帮助学习者更精准、更快速地匹配需要的学习资源。更重要的是，人工智能可以基于对学习者的学习行为数据的收集和分析，提供个性化的学习成效反馈，为每个学习者提供持续的个性化学习方案，这样就可以更高效地完成学习。同时，这种学习很大程度上可以在机器人的支持下由学生自主完成，从而有效提升学习者的自主学习能力。

人工智能辅助学习者学习的另一个优势是通过智能搜索、数据挖掘等技术，帮助学习者从海量数据中找到自己感兴趣和需要的信息，以及对海量数据做分析。这可以使当前学校中普遍关注的探究式学习更加高效。

其次，人工智能还是当前学校改革的热点领域——智慧校园和智慧学习环境建设的重要基础。人工智能中的图像识别技术、语言处理技术和物联网技术融合已经应用于校园安全管理和学习资源在线管理，在学生出入公共学习空间、获取公共学习资源等方面提供极大的便利。在未来，随着智慧校园的建设不断深入，学校里面的实体学习空间和虚拟学习空间将实现更深度的融合，让学生在虚实结合更加生动有趣的环境中学习，例如学习者可以参与设计的虚拟实验室、虚拟场景等。

智慧校园的另一个特点是互联协作，即学校里面不同部门不同人员可以通过一张网联结起来，真正实现全过程、全方位、全员育人（三全育人）。三全育人是习近平总书记在全国思想政治教育会议上提出的育人理念，是高校坚持立德树人面向未来培养优秀的社会主义事业接班人的重要策略。三全育人的基本要求是全校所有的部门和所有的成员，都应该把育人作为第一使命和职责，这就要求学校部门之间、职员之间能够实时互联协作，这在传统的层级架构下是很难实现的。但基于人机协作的网络平台可以有效地把不同部门的人联结起来，对大学的组织架构进行重构，更好地实现三全育人这一战略。

四、复杂快变时代大学要培养具有和谐心智的世界玩家

今天我们生活的世界,是一个不确定、模糊、复杂和快变的世界(UACC)。其基本特征是,很多事物没有确定的状态和发展趋势,例如新冠肺炎疫情爆发以来,我们不知道明天会出现什么情况,特朗普政府的政策不确定性让我们很难预测将来会发生什么。很多东西我们不明真相,存在若干种不同的解释。更多的人和物通过不同的方式联系起来,在一个高度连接的社会中,人和人的关联快速增加,多种因素相互关联,世界变得更加复杂。快速的变化也是新时代的特征,产业的快速革新,技术的快速迭代,以及世界局势的瞬息万变。在这样的世界中,一个人生活是否幸福快乐,心智模式起到关键的作用。

心智模式是深植我们心中关于自己、别人、组织及周围世界每个层面的假设、形象和故事,并深受习惯思维、定式思维、已有知识的局限。心智模式对每个人的行为方式、观察事情的角度和看法、思维模式有深刻影响,它会惯性地让我们将自己的推论视为事实,从而影响我们行为的结果,并不断强化。不同的制度环境和文化基础也会影响心智模式的形成,例如东西方人会有明显的心智模式差异,每个人的心智模式也会不同。心智模式常是不完整的,但人们往往难以意识到其缺陷的存在,所以会深陷其中而不自知。因此,心智模式的不断升级和完善是人们更好地学习、成长、为人的基础,自然也是以人为本的未来教育的核心关注点。

世界运行范式和逻辑的改变冲击着人们的现有心智模式,如人们需要从传统的关注个体转向关联互动、从强调控制转向学会适应、从重视相对确定的设计优化到关注动态的系统演化、从习惯于相对稳定到学会变化管理、从客观的观察者到卷入其中的参与者,等等。为此,基于和谐管理理论,我们提出了一种新时代幸福生活和成功事业的和谐心智,包括五个维度。

1. 动态演化的系统观

系统地、动态地看待事物及其环境和发展,捕捉有意义的变化、有价值的趋势,形成人生活发展定位、基本的发展模式和长期目标,即愿景和使命。

2. 主题思维和整合能力

UACC（Uncertainty（不确定性）Ambiguity（模糊性）Complexity（复杂性）Changeability（快变性））时代，拥有长期稳定的战略已经很奢侈，往往需要通过一系列阶段性核心任务或关键议题或子战略（和谐主题）的演化实现愿景和使命，在这一演化过程中，围绕愿景和使命的主题思维会确保路线和方向正确；另外，针对 UACC 时代知识、资源、需求碎片化的特征，围绕主题通过网络进行整合的能力，不仅利于创造价值和分享价值，而且将成为屹立于这个时代的竞争利器。

3. 东西智慧融合和创新的能力

在 UACC 世界，片面追求"科学"或"人性"都会沦为幼稚甚或陷入死胡同，既见树木又见森林的立体思维习惯以及科学（谐则）与人文（和则）互动的分析能力会帮人们看到真谛、整合西方重制度、逻辑、科学的心智特点和东方擅长艺术及模糊及不确定性应对的优势，并根据未来世界趋势以融合和再造，这种谐则与和则并行互动且螺旋式融合提升的能力，会孕育相对竞争优势和过人的视野和智慧。

4. 多元共生动态平衡的造诣

网络时代的逻辑是共享和共生，发展途径是营造生态系统，从而整合资源，刺激创新和创造价值，再通过网络分享价值。然而，面对 UACC，人们极易被各种杂乱无章、似是而非的信息、眼花缭乱的时尚所左右和吸引，失去方向和自我。清晰的愿景和使命可以防止迷失，和谐主题可以帮助抓住每个阶段发展的核心任务，谐则与和则体系的可以支持生态体系的构建，但这个多元共生生态体系的维护和驾驭依赖于上述几方面的有机融合和适时调整，即和谐耦合。因此我们需要随时保持战略的清晰（愿景使命导向），工作重心的聚焦（主题思维），对趋势的洞见和对突变或转向的敏锐（和谐主题的调整和漂移），生态系统的营造（根据和谐主题对谐则与和则体系的恰当运用），上述几方面有机耦合的和谐生态的维护。

5. 突破现状、升级和谐的远见和魄力

生态系统的和谐永远是相对的,随环境变化与发展阶段需要不断升级,因此孕育、保护和促进边缘或颠覆性创新(edge or disruptive innovation)的能力,适时促进生态系统不断升级即成为持续发展的最高智慧。

大学如何才能培养具备以上和谐心智的人才,这也是当下大学需要应对的挑战。

五、总结:数智化时代呼唤以能力和素养导向的"以学生为中心"的教育

从以上四个方面的分析中可以看到,随着数智化技术对社会的影响,未来的人才所需要的核心竞争力从过去的知识和技能转变为各种能力和素养。这也是最近几年国内外的高等教育改革的一个核心课题。例如,随着数字化技术的发展,今天大家都生活在一个数字化的世界,每个人拥有幸福生活和成功事业都需要具备特定的数字素养,因此,大学教育需要考虑如何培养学生的数字素养。

其次,当前海量的线上学习资源对传统的大学线下教育造成挑战,大学不能再简单通过几十门课程给学生传授一个知识体系,因为一方面知识的爆炸式增长导致很难通过几十门课程学到学生未来生活和工作所需的知识,另外随着老师的知识垄断权的丧失,传统的知识传授式课堂中老师给学生的知识,学生可以在其他很多地方学到,这导致传统的线下课堂的价值大大削弱,老师需要考虑如何通过创新改变教学模式,引导学生学会自主地按照自己的兴趣和需求学习海量的互联网资源,通过这个过程来培养学生的自主学习能力以及解决问题的能力。

再如,尽管我们每个人都有海量的知识和资源帮助我们去应对复杂的世界,但是如何去识别海量信息的真伪性却对学生提出了挑战,也是数智化时代学生需要具备的基本素养之一。提升学生的批判性思维和思辨能力是解决

这一难题的关键。学生可以基于解释、分析、评估、推断等手段进行思考和探究事实真相，进而对互联网上获取的信息作出评价和判断，帮助学生养成质疑、确证、确认和合理的批判约定俗成的观点的态度与行为。

在经济全球一体化的快速发展的今天，习近平总书记提出建设人类命运共同体的伟大构想，那么，我们的大学如何才能培养出心怀人类发展命运、能够站在人类发展和世界和谐的高度，团结不同文化和国家的群体，共同合作去解决当前人类共同面临的环境、社会割裂、多元化、贫困、平等等问题？今天每个人都经受着不确定、模糊、复杂和快变的社会对我们的挑战，我们的大学如何让学生具备在各环境中生存的能力？世界发展的趋势及对人才的需求见表1-2。

表1-2　世界发展的趋势及对人才的需求

世界发展趋势	人才需求
互联网及人工智能	学会学习（自主学习能力），问题解决能力 批判性思维，数字思维
全球化	国际视野，可持续发展意识 跨文化沟通能力，领导力，价值观
复杂多变	和谐心智

所有这些挑战，都要求大学转向能力和素养导向的教育，要求大学教育从过去以知识传授为目标的以教师为中心的模式转变为"以学生为中心"的模式。在以知识传授为核心的教育体系中，大学的教学部门是人才培养的核心部门，大学的课堂、教师、教学和教材等为核心育人环节。而其他的大学部门诸如学生工作、国际化、校园管理等则为辅助部门，并不是承担育人的直接环节。这样的体系可以有效地支撑知识传授的目标。但是，对于能力和素养的培养，需要的不是老师向学生的单项知识传输，而是大学作为一个激发学生发现自我、追随兴趣的场所，帮助学生释放内在的力量，通过自我主导的一系列学习和实践活动实现自我提升。这就要求大学必须改变过去两百多年积累起来的"以教师为中心"的教育体系，转而建立一种能够给予学生个性化支持，并且把能力和素养培养作为核心目标的体系，即"以学生为中心"的大学体系。

第二节 实施"以学生为中心"的挑战

从"以教师为中心"转变为"以学生为中心"，是大学教育范式的转变，是全方位的育人体系的革新，涉及大学里面的每一个人的改革，依赖于每一个人的行动。因此，本节从大学不同主体和利益相关方在实施"以学生为中心"的挑战出发，来讨论和引出建设"以学生为中心"的大学体系应该主要关注的领域。图1-1展示了构建"以学生为中心"育人体系的主要利益相关者，包括高级管理团队（SMT）、教师、行政管理人员以及学生。

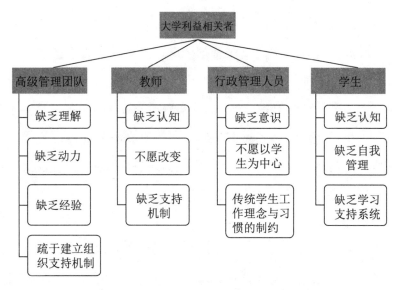

图 1-1 大学利益相关者及其面临不同挑战

一、高级管理团队

在建立"以学生为中心"的育人体系时，高级管理团队发挥着领导者的角色，其所面临的挑战包括认知和行为两个层面。从认知层面看，缺乏理解、缺乏动力、缺乏经验都阻碍着领导者对建立"以学生为中心"育人体系的全局

15

统筹;从行为层面看,目前还没有可供参考的系统的"以学生为中心"的大学体系,同时缺乏支持机制和交流平台影响着"以学生为中心"育人体系的切实推进。

1. 缺乏理解

很多大学的高级管理团队对"以学生为中心"这一概念的含义缺乏深入理解。有些大学领导以为"以学生为中心"就是什么都要听学生的,好像学生有什么需求就要满足。有些大学领导质疑"以学生为中心"在大学里实施的合理性,坚持认为大学还应该是以行政和教师为中心。也有些领导自以为是"以学生为中心",但由于对这一理念的理解不深入,实际行动中还是以教师和行政为中心。

2. 缺乏动力

有一些大学自称其办学理念是"以学生为中心"的,但是学校的高级管理团队却关注政策、项目、荣誉奖项等,公开演讲时很少提到"以学生为中心"。很多大学,特别是公立大学的高级管理团队,没有动力去建立一个"以学生为中心"的大学系统。他们关注的只是关键利益相关者特别是政府的行政要求。正如一位公办大学的校长所说,"我们确实曾经尝试过实施'以学生为中心'的大学系统,但是说起来容易做起来难。因为根据我们的传统习惯,我们必须要管理学生以确保学生的安全,而这与自由的精神相悖。而且我们必须要达成相关指标,这样才能获得足够的资金"。

3. 缺乏经验

尽管一些人提倡"以学生为中心",却也很难付诸实际行动,因为很难找到先例和典范作为学习的标杆。尽管西方大学的很多经验对中国大学建立"以学生为中心"有借鉴价值,但这些经验如何在中国的情境中扎根并真正发挥作用仍然是一大难题。

4. 疏于建立组织支持机制

高级管理团队应该负起建立有效支持机制的责任,如建立"以学生为中心"的文化、提供相关的培训和技术支持、设计对相关人员的激励机制等。然而在大多数大学中,这样的机制并不存在或只是碎片化的点缀。

二、教师

教师是与学生接触最直接、最频繁的人群之一，因此教师是建立"以学生为中心"大学系统的关键执行者。但由于缺乏专业研究和机制支持，实施"以学生为中心"的育人体系对教师来说也面临着诸多的困难和挑战。

1. 缺乏认知

教师在课堂上的定位和角色通常会受到传统"以教师为中心"的实践的影响，很难理解和运用"以学生为中心"的理念。"以学生为中心"要求教师给予学生课堂上更多的自主权，而教师在课堂上的主导应被弱化。然而，大多数教师仍然将自己看作向学生传授知识的专家。例如，很多教师只会用PPT展示教学内容，而几乎不提问问题，学生很难感受到互动。除此之外，一些教师对"以学生为中心"的理解很极端，他们认为要让老师完全听从学生的意愿，按照学生的意愿去做事，而老师在课堂上已经不再重要了。

2. 不愿改变

有时候教师不愿意改变是因为他们想将更多的时间用在研究项目上，因为研究对自身职业发展至关重要，因此就没有足够的时间和精力去重新设计或创新自己的教学方法。另外，即使有些教师想要做到"以学生为中心"，他们也因为没有适当的方法而放弃。

3. 缺乏支持机制

有些情况下由于缺乏来自学校的支持，教师很难实施"以学生为中心"的教学方式。比如，教师缺乏机会参与一些可以提升他们自身认知和教学水平的专业培训。此外，激励机制的缺失使得教师们并没有动力去实践一种更具挑战性的教学方式。这还和教学评价制度有关，有很多教师抱怨他们很难在教学中突破传统的理念和方法，如过时的教学督导制度、以教师为中心的教学评价体系等都是现实的障碍。

三、行政管理人员

行政管理人员与学生的互动因工作类型的不同存在明显差异。比如学生事务办公室的行政工作人员通常与学生有比较频繁的互动，而人力资源和财务办公室的工作人员很少与学生进行直接互动。然而，在一个"以学生为中心"的大学体系中，所有的行政工作人员，不管与学生有没有直接接触，在学生的成长中都扮演着重要的角色。尽管如此，在现实中，将"以学生为中心"贯彻在具体工作中，行政工作人员还面临着诸多困难和挑战。

1. 缺乏意识

很多行政管理人员，特别是那些几乎不接触学生的行政管理人员，缺乏"以学生为中心"工作的意识。即使他们知道"以学生为中心"的概念，也很难明白或系统地理解这一理念，也很少系统思考自己的工作与这一理念之间的关系。

2. 不愿"以学生为中心"

考虑到工作量增加和工作方式改变，一些行政管理人员并不愿意采用"以学生为中心"的方式做事。他们更多地以自身为中心，以部门为中心，为部门领导工作，而不是支持和服务学生的学习与成长。例如，学生经常会抱怨有些行政管理人员因为怕麻烦而拒绝或推迟回复学生的问题和需求。

3. 传统学生工作理念与习惯的制约

在中国的大学，行政管理人员的定位是管理、控制学生，而不是服务、指导、支持学生。如果缺乏认知转变和必要工作技能的习得，大学里的行政管理人员很难从以部门为中心转换为"以学生为中心"。

四、学生

学生是以"学生为中心"的育人体系的核心和终极支持对象，然而，现实中的情况是学生本人对于自己在育人体系中的位置，以及能够从体系中得到的支持和帮助的认识不足，也很难有效地利用学校为学生的学习和成长提供的资源。具体来说，缺乏认知、缺乏自我管理、缺乏学习支持系统等问题成为阻碍学生积极参与、利用"以学生为中心"育人体系的重要因素。

1. 缺乏认知

"以学生为中心"就是以学生个性化的学习兴趣和需求为主导，统筹运用所有的学校资源支持学生学习。因此，学生首先要关注和发现适合自己的学习兴趣，清楚了解自己的需求，而不是把主动权都交给老师来安排学习内容。但是有些学生并不理解这一理念。例如，很多时候学生对老师的依赖很重，倾向于只完成老师布置的任务，还有些学生在遇到学习困难时很少主动去向老师寻求帮助。

2. 缺乏自我管理

有些学生缺乏自我管理和自我控制，因此他们只能有效使用大学支持系统的部分资源。例如，尽管学校为学生提供机会，帮助学生提升他们的团队合作技能，但是有些学生并不愿花心思参与到团队合作中，团队工作中"搭便车"的现象普遍。更要紧的是，有些学生缺乏自我控制能力，他们甚至长时间无法让自己的学习走向正规，或者经常逃课，或者无法跟上节奏。

3. 缺乏学习支持系统

大学应建立"以学生为中心"的文化和制度，为学生学习知识、培养关键技能、价值观念和信仰提供足够的资源。而且，大学应建立适当的治理结构，让学生能够通过正式化的渠道反馈学校存在的问题，不断完善"以学生为中心"的育人体系建设。但现实中，中国的大学在学生学习支持方面还缺乏系统的体系，因此，也会出现学生有很现实的需求但无法得到满足的情况。

综合以上这些挑战，可以总结为三个方面，一是大学的利益相关方对于什么是"以学生为中心"的理解还不够全面，还不能深刻领会到"以学生为中心"对于自己的工作意味着什么。二是从大学领导到一线员工尚缺乏一套成熟的"以学生为中心"的实施体系，即大学里面的每个部门和每个人到底应该怎么做才能实现"以学生为中心"。三是大学的实施主体特别是管理团队缺乏一套行之有效的变革和转型方案，调动各类主体全情投入从"以教师为中心"到"以学生为中心"的范式转变中来。本书的核心目的，就是帮助大学的各类主体应对这些挑战，因此，本书的安排也是按照这三大挑战来展开的。本书第一部分是针对"以学生为中心"的内涵的讨论，第二部分是建设"以学生为中心"的大学体系的关键环节，第三部分则讨论了大学的领导者如何才能推动大学的改革和转型。

本章参考文献

[1] 吴笛. 社会网络下的公共外交——以美国"十万强留学中国计划"为例[J]. 国际观察，2014：147-157.

[2] 徐葳，贾永政，福克斯，等. 从MOOC到SPOC——基于加州大学伯克利分校和清华大学MOOC实践的学术对话[J]. 现代远程教育研究，2014（04）：13-22.

[3] 袁松鹤，刘选. 中国大学MOOC实践现状及共有问题——来自中国大学MOOC实践报告[J]. 现代远程教育研究，2014.（04）：3-12+22.

第二章
"以学生为中心"的核心理念

本章主要介绍当前课堂研究中"以学生为中心"理念的哲学来源：建构主义，并把这种课堂教学的理念扩展到课堂之外，成为本书倡导的包含整个大学运行的"以学生为中心"的育人体系的基础，最后介绍了西交利物浦大学的案例。

第一节 "以学生为中心"的理论基础：建构主义

一、建构主义与其他哲学流派的对比

20 世纪 80 年代末，西方欧美国家的大学经历了一次大规模的"以学生为中心"的课堂变革，致力于在大学课堂教学中更加重视学生互动和体验。我国当前大学改革中提倡的"以学生为中心"，大多来自这些欧美国家的实践。

"以学生为中心"的学习关注学生应该学习什么以及应该如何学习。对这两个问题的理解涉及哲学层面上的本体论和认识论。本体论是关于存在的研究，而认识论是关于知识的理论。本体论关心的是"存在的本质是什么"，而认识论则试图找出什么可以被认定为合法的知识。不同的本体论立场甚至会持有完全相反的关于自然存在的观点（表 2-1）。例如，现实主义主张现实不依赖于意识而存在。也就是说，所有的自然和社会现象及意义，都是独立于意识而存在的。客观主义，通常被称为经验主义，与现实主义有很大关联，都主张知识来源于感知经验。通过客观观察外在世界，知识可以通过人类感知产生。客观主义主张"事物"拥有内在意义。正如布莱基（Blaikie，

1993：18）指出一棵树就是一棵树，不管谁观察它，也不管是否有人观察它。人类意识对一棵树的理解并不存在任何影响。因此，不同的观察者面对一棵树都会获得相同的意义。

表 2-1　不同的教育哲学流派对比

流派	本体论：现实的本质	认识论：何为知识
流派一	现实主义：现实独立于意识而存在	客观主义：知识来源于感知体验
流派二	理想主义：现实是由人类创造或建构的	建构主义：将知识看作是非客观的，内部建构的，社会媒介和文化媒介的

二、理论依据

理想主义认为外部世界确实存在，但是是由个体思维创造出来的。现实是由人类创造和构建的，因此我们认为真实的就被看作是真实的（Blaikie，1993）。与经验主义不同，建构主义反对意义内含于物质，等待被观察者发现的观点。

建构主义将知识看作是非客观的，内部建构的，社会媒介和文化媒介的（Fosnot，1996）。意义和社会现象是社会存在通过社会交流不断完成和修正的。意义和社会现象是当人们试图理解自己与物质世界以及他人交流时形成的。建构主义主张知识无法脱离思维而存在。根据梅洛·庞蒂（Merleau-Ponty，1962）的观点，世界和世界上的物质是未定数的。它们可能会有潜在的意义，但是如果没有思维去理解和解释它们，实际的意义将不会出现。建构主义不是单个的理论，而是由不同的视角构成。因为意义建构过程既可以由个人完成，也可以通过社会团队完成，据此建构主义可以分成两个主要流派：激进建构主义和社会建构主义。前者是指意义生成活动是由个体思维完成的，是一个认知过程，而后者是指意义生成过程是社会性的而不是个体完成的（Schwandt，1994），是对意义的集体生成和传输（Crotty，1998）。

三、建构主义的经典观点

与传统的学习理论以客观主义为指导不同，"以学生为中心"的学习理论是以建构主义为基本立场的。建构主义强调学习过程中三个主要要素之间的相互交互：情境（环境），经验感知，学习者的历史背景和社会背景。

1. 皮亚杰：情境在学习过程中的重要意义

皮亚杰（Piaget）的发生认识论为建构主义教学法的建立提供了基石。他研究了知识的起源，试图将知识的稳固性和知识的获得方式联系起来。皮亚杰试图通过一些生物学概念，如均衡—非均衡的概念来整理出学习以及认知结构的改变是如何发生的（Gillani，2003；Palincsar，1998）。与生物进化相似，认知发展也需要适应环境的变化。例如，当人类遇到新的学习环境时，他们需要运用之前的经验来让自己了解新环境。然而，新的学习条件和环境可能会与之前的认知理解相矛盾。因此当出现这种矛盾情况时，心理图式（一般性事件和概念都根据各自的普通模式在此存储和组织）中的平衡状态将会被扰乱（Fosnot，1996；Gillani，2003；Palincsar，1998）。为重塑图式，同化过程和顺应过程将会发生。同化指把外部环境中的有关信息吸收进来并结合到个体已有的图式之中，即个体把外界刺激所提供的信息整合到自己原有认知结构的过程，就好像消化系统吸收营养物一样；顺应则是指外部环境发生改变，而原有的图式无法同化新环境提供的信息时所引起的个体图式发生重组与改造的过程，即个体的认知结构因外部刺激的影响而发生改变的过程。个体的认知结构正是通过同化与顺应过程逐步建构起来，并在"平衡—不平衡—新的平衡"的循环中得到不断地丰富、提高和发展。

2. 格拉色斯费尔德：经验过程在学习中的重要性

根据皮亚杰的理论，欧内斯特·冯·格拉塞斯费尔德（Ernst von Glasersfeld）介绍了激进建构主义，称其激进是因为其颠覆了传统认为知识反映客观本体事实的观点。他认为知识是由我们的经验构成的。格拉塞斯费尔德这样定义自己的激进建构主义理论："其（这一理论）是解决知识和认知问题的非传统方法。它首先假定知识，不管是何种定义下的知识，都存在于人们的头脑当中，而思维主体别无选择，只能基于自身经验来建造自己的认知。我们的经验构成了我们生存的唯一世界……所有的经验本质上都是主观的，我可能会相信我的经验和你的经验不同，我无法相信我的经验和你的经验完全一致……严肃地说，这着实是一个令人震惊的观点"（Glasersfeld，1995）。

因此，知识不是通过记忆获得的，而是通过我们自身的经验感知建造而成的。我们无法把握在外部现实中，是什么存在"那里"，我们只知道在我们思维中通过感知形成了什么。因此，认知者是思维结构的建造者（Glasersfeld，1996）。知识无法通过被动接受而获得，知识只有通过积极的主体活动获得（Glasersfeld，1981）。

3. 维果斯基：历史背景和社会背景在学习过程中的重要作用

在建构主义教育理念形成的过程中，维果斯基（Vygotsky）的理论同样扮演了重要的角色。他强调个体学习是在特定的历史背景和社会背景下完成的。学习者已经拥有了知识，然后将已有的知识与新的信息相互交流，这个过程就建造了新的知识。如果单靠老师总结知识，形成知识系统体系，学习者只是记忆背诵老师对知识的理解，而非真正的学习。

而且，维果斯基主张合作式学习方法，并提出邻近发展区域（ZPD）的概念（图2-1）。根据斯莱文的观点（Slavin，2000）：他强调学习的社会特点。他指出，孩子是通过与成人以及那些能力更强的同龄人之间的交互进行学习的。在一些合作项目中，孩子会浸染在同龄人的思维过程中。维果斯基指出成功的问题解决路径是通过与他人讨论交流来解决难题。在合作团队中，孩子们能够清楚地倾听别人内心的言论，并学习成功的问题解决者如何通过他们的方式进行思考。第二个关键的概念是孩子们在邻近发展区域中能够将概念学得最好。当孩子们一起工作时，就在邻近发展区域内，每一个孩子都可能以高于自己认知水平的方式与自己的同龄人一起完成任务。

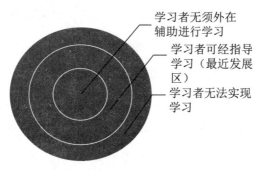

学习者无须外在
辅助进行学习

学习者可经指导
学习（最近发展
区）

学习者无法实现
学习

图 2-1　邻近发展区图

四、课堂中"以学生为中心"的学习方法

通过表 2-2 可以看出，"以学生为中心"的学习方法和以教师为中心的学习方法在很多方面都存在差异：如何理解知识，什么是学习过程，学习环境应该是怎样的，以及学习者的背景是什么。在学习过程中，当运用"以学生为中心"的学习方法时，面对学生无法自己理解的知识，学生是"被赋予学习知识的能力"而不是"被简单地告知需要的知识"。以教师为中心的学习方法中，学生之间的差异被忽略，所有的学生都被看作是空白画布，等待着老师们画上相似的图案。传统的学习设置通常由老师主宰，老师设计课程表、传递信息、布置作业。"讲课，记笔记，记忆信息，以备以后的认知和再创造"（MacLellan&Soden，2004）。

表 2-2　"以学生为中心"与以教师为中心学习方法比较

比 较 项	"以学生为中心"的学习方法	以教师为中心的学习方法
对知识的理解	知识由学生建造	知识是从老师那里获得的
学习过程	学习是学生的经验性过程	学习是一个记忆过程
学习环境	环境的生成需服从于学习的内容	一成不变的课堂学习模式
学习者背景	具备不同学习背景的学习者会获得不同的学习结果	所有的学习者都有相同的学习方法

相反，Boethel（2000）及 Fox（2001）概括了建构主义学习观的几个原则：

（1）学习是一个主动的过程；学习是一项自适应的活动。

（2）学习存在于其发生的环境中；知识并不是与生俱来的，也不是被动吸收的，而是由学习者自己建造出来的。

（3）所有的知识都是社会化的建构。

（4）在学习过程中，之前的经验和认知扮演着重要的角色。

（5）在学习过程中，社会交互扮演着重要角色。

（6）有效的学习发生于学习者去解决有意义的、开放的以及具有挑战性的难题。

课堂中"以学生为中心"的学习（student centered learning，SCL）理论已经全面建立了课上理论原则和教学方法。根据欧洲学生联盟的工具箱（Attard，Di Iorio，Geven，Santa & European Students' Union，2010），一共有 8 条原则支持 SCL 理论。

（1）SCL 理论提供了持续性的反射性过程。

（2）SCL 理论并不存在万全的解决方案；学生有不同的学习方式。

（3）学生有不同的需求和兴趣。

（4）选择是有效学习的核心。

（5）学生具备不同的经验和背景知识。

（6）学生应该控制自己的学习。

（7）SCL 理论是关于"赋予"的理论而不是"告知"的理论。

（8）学习需要学生和教职工之间的合作。

在这种教学模式中，首先强调学生学习的主动建构性，这就要求课程不仅重视知识的获得与体系的建构，更要关注知识获得的过程，使学生在知识获得的过程中学会创新和合作，并培养解决实际问题的能力。其次，课程内容应密切联系生活实际，反映现实中的真实场景，体现实用性、趣味性与探究性。再次，课程教学中应当突出学生的主体地位，在具体实施中创设有益于学生进行意义建构的情景。最后，课程评价的实施要凸显过程性与情境性。

根据这一模式的基本特征，目前开发出了这样几种比较成熟的教学方法。

1. 支架式教学

支架式教学是指通过提供一套恰当的概念框架来帮助学习者理解特定知识、结构意义的教学模式。借助概念框架，学习者可以进行独立探索、解决问题、建构意义。因此，在教学活动开展前应事先将复杂的学习任务进行拆解，从而方便学习者的理解和逐步深入。

支架式教学主要由这样一些环节组成：①进入情境，将学生引入一定的问题情境中；②搭建支架，根据"最近发展区"的要求建立围绕当前学习情境的概念框架；③引导探索，帮助学生确立学习目标，提供问题解决的参照原型和适当引导；④独立探索，学生根据老师的指引和提示沿概念框架逐步攀升，随着探索的深入，老师的引导逐步减少直至完全放手让学生进行自主探索；⑤协作学习，组织学生进行小组协商与讨论，通过学习共同体的合作来完成意义建构；⑥效果评价，评价形式以学生的自我评价和合作小组的成员评价为主，内容包括自主学习能力、合作中的个人贡献、意义建构的实现程度。

2. 抛锚式教学

抛锚式教学又称情境性教学，它要求教学应建立在富有感染力的真实事件或现实问题上，确定这类真实事件或问题被形象地喻为"抛锚"。这一教学方法可以使学生在一个完整、真实的问题情境中产生学习的需要，并通过镶嵌式教学及合作学习，借助自身的主动学习、生成学习，亲身体验完成从识别目标到提出和达成目标的全过程。

抛锚式教学的基本环节包括：①创设情境，使学习在于现实状况高度一致的情境中发生；②确定问题，将各种有意义、有故事情节的"锚"呈现给学生，激发学生学习兴趣；③自主学习，老师向学生提供解决问题的线索，学生进行自主探究；④协作学习，构建学习小组，通过组内讨论加深个人对问题的理解；⑤效果评价，抛锚式教学要求学生解决面临的现实问题，解决问题的过程就是学习的过程，因而对学生实施过程性评价即可反馈出学习效果。

3. 随机进入式教学

随机进入式教学建立在"认知弹性理论"的基础上，该理论认为人的认知会随情境的变化而表现出极大的灵活性，同样的知识在不同的情境下会产生不同的意义，因而不存在绝对意义上具有普适性的知识。因此，该教学模式主张同一种教学内容在不同的时间、情境之下，基于不同目的，着眼于不同方面，用不同方式多次呈现，以使学生对同一内容或问题进行多方面的理解，获得多种意义的建构。

该教学模式的基本要素包括：①呈现情境，向学生呈现与当前学习内容相关联的情境；②随机进入式学习，向学生呈现当前学习情境的不同侧面，引导其进行自主学习；③思维发展训练，在这种教学情境下研究问题往往涉及多个方面，教师应特别注意发展学生的思维能力，引导学生发展"元认知"能力，帮助学生建立思维模型，培养学生发散性思维；④协作学习，围绕在不同情境中获得的认识、建构的意义展开小组讨论；⑤效果评价，开展个人自评和小组内的互评。

4.认知学徒式教学

该教学模式指学生在真实的情景中通过对专家活动的观察、模仿等获取发展和使用认知工具，来进行特定领域的学习。其特点表现在：首先，强调演示专家处理复杂问题的过程，学生不仅要模仿专家的方法，更要学习他的思考方式，学会以弹性方式解决问题；其次，强调学习活动的认知和元认知作用；最后，强调用扩展的技术来培养学习者的自我校正和自我监控，增强学生解决和控制社会现实问题的能力。

这一教学模式的基本环节包括：①示范，有老师用的方法示范解决问题或完成任务的过程，让学生观察并建构解决问题所需的观念模型；②指导，学生根据老师的示范开始实践，老师从旁提供支持与帮助；③消退，老师逐渐减少对学生的支持和帮助，直至学生能够独立解决问题，以此来增强学生的自我效能感；④练习，让学生独立解决问题以强化和巩固所学，并在练习中反思学习效果并最终构建内部认知模型。

所有这些教学方法都关注情境学习，为学生创造一个特定的情境，鼓励学生在学习的过程中构建自己的知识和意义而不是被动学习和接受知识，老师在其中是促进者和引导者而不再是知识教授者和灌输者，学生和教师的角色发生根本性改变（表2-3）。随着新角色的确立，师生关系也有了新的变化：首先，教师放弃了传统的权威角色，师生之间处于平等的地位；其次，师生间确立新的互动关系，既强调教师的引导作用，也尊重学生的主体作用；最后，形成互动对话过程，师生之间通过互动实现知识与情感的交换，实现共同成长与发展。

表2-3 "以学生为中心"教学中学生和教师的角色转型

学生角色转型的指向		教师角色转型的指向	
传统角色	新角色	传统角色	新角色
被动的知识接受者，学习是复制的、接受的、复诵的、竞争的和指令的	1. 主动的学习者 开展思维活动，创建/呈现知识表征，并与他人交流	知识传授者与灌输者，权威的化身	1. 指导者 从"教"转变为"导"，引导、指导、辅导和教导
	2. 建构的学习者 通过同化或顺应新观念，真正理解所学内容；利用知识建构/信息获取等工具，形成知识的个性化理解		2. 帮促者 通过各种方法，帮助学生构建当前所学知识的意义
	3. 协作的学习者 构建学习共同体，在团体中共同学习和工作，在互相学习中实现是指共享，达成社会协商		3. 信息咨询者 提供相关教学资源，支持学生主动探索和建构所学知识的意义
	4. 意图的学习者 设立明晰的学习目标或确定学习重点，自主自觉地追求学习成就不，朝着既定的认知目标不懈的努力		4. 团队协作者 促进沟通、交流，实现跨区域、机构、学科和个体间协作
	5. 交流的学习者 通过各种交流方式与周边的人群进行会话与沟通，共同提升		5. 学术顾问 诊断/满足学生的学业需求，促进有效学习和学生个性化发展
	6. 情境的学习者 通过各种学习方式，建构情境特定的图示，解决问题，完成学习任务		6. 研究者 超越教书匠的角色，体现教师工作的创造性
	7. 反思的学习者 通过认知工具，阐释自己所学或掌握的内容，反思学习过程和决策过程，实现内部协商，制定和实施调控攻略		7. 学习者 不断接受新知识和技能，与时俱进，自我完善

五、将"以学生为中心"的理念从课堂延伸至课外

在传统的以教师为中心的体系中，课堂教学是人才培养的核心组成部分，是实现人才培养目标的重要途径。有效的课堂教学帮助学生建立坚实的知识基础，并借此以构建完整的知识体系。然而，学生仅通过学习强化知识体系是不够的，还需要在能力和素养方面得到全面提升，这很难通过课堂完全做到。而素养的提升需要依赖课外的行动。因而，高阶人才培养目标的实现仅靠课堂教学是远远不够的，还需要其他育人环节的相互配合。对于"以学生为中心"的育人模式而言更应如此，不仅要将以"学生为中心"的理念在课堂内传播，还应将其贯彻在课内课外人才培养的每个环节，使各个环节实现有机结合，从而构建完整的育人体系，推动高阶培养目标的顺利达成。

目前，大多数对"以学生为中心"的讨论主要关注学生的课内学习，而忽略了大学课外活动在育人中的作用，高校的改革也多从课程改革开始，几乎看不到课内课外联动促进育人的改革案例。例如，亚利桑那大学几位研究者研究了大学的信息系统和信息库在育人中的角色（2010），他们就"战略规划、现有服务、高新设备、部门合作、人员配置、课程学习、挑战、政策以及评估系统"等的作用做了案例研究，提出这些要素可以从课外活动的角度培养积极的学习方法。此外，Seifert，Arnold，Burrow & Brown（2011）和 Seifert（2014）从国家层面和国际层面上对"学生事务和服务"（student affair service）进行了研究，发现不同的学生事务部门之间的隔阂阻碍了学校的育人目标的达成。此外，很多其他的支持部门，例如行政管理部门一直被认为是与学生不相关的，但事实上这些部门的工作深深根植于机构的运作过程中，因此对学生的培养有重要的影响。如若研究者和实践者仅仅着眼于那些与学生课堂密切相关的领域，要建成"以学生为中心"的育人体系是不可能的。

　　所以，要全面构建"以学生为中心"的育人体系，应将"以学生为中心"的教学原则贯穿于课内课外的每个育人环节之中，推动育人目标的有效达成。也就是说，全校所有的部门和所有人，都应该把学生的健康成长作为其工作的核心目标（图2-2）。例如，除了传统的课堂教学环节和支持课堂教学的教师与院系级教务部门外，支撑课外活动的学生工作部门，也应该是直接的育人部门，应该把学生的能力和素养的提升作为其工作的核心目标。因为"以学生为中心"的建构主义理念中，特别强调情境、社会性活动以及与人合作的重要性，这些理念在课外活动中体现得更为直接。此外，从大学的高层管理团队到各职能部门，例如国际合作与交流处、财务处、人事处、图书馆、后勤中心等部门，都应该把学生的健康成长作为工作核心目标。这才是当下"以学生为中心"的大学育人理念的核心意涵。

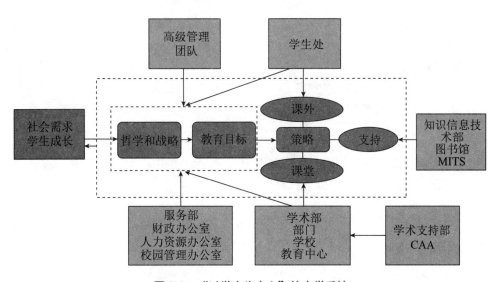

图2-2　"以学生为中心"的大学系统

　　因此，大学应该促进课外活动和课堂教学之间的有效衔接与配合，从而实现课内和课外有机统一，以构建一个完整的"以学生为中心"的高校育人体系，确保每一个部门和每个人都参与其中。这正是国家提出的"三全育人"的核心理念，下文将结合西交利物浦大学的探索探讨"以学生为中心"的实践运作。

第二节 "以学生为中心"的大学育人体系及最佳实践

一、"以学生为中心"的大学育人体系

要想真正做到大学里的每一个部门及每一个人都能以学生的健康成长和学校制订的育人目标为核心追求，需要构建一个"以学生为中心"的大学育人体系实施系统。"以学生为中心"的大学系统有三个主要特点：大学使命对准学生的成长需求；部门结构是在一个以大学使命和教育目标为中心的网络化模式下设计的，将部门使命对准大学使命；部门使命是通过有效的部门活动实现的。

1. 将大学使命对准学生成长需求

当前，网络大学和在线课程的出现颠覆了传统大学的教学理念和方法。大学迫切需要根据学生成长需求，重新思考和调整自身的价值观、系统、功能以及教育模式。西交利物浦大学突出强调大学应该更多关注学生健康成长，特别是培养学生适应社会需求的能力。与大多数学校采取的以教师为中心、以研究为中心和以管理为中心的教育理念不同，西交利物浦大学采用的是"以学生为中心"的教育理念。

根据"以学生为中心"的教育理念，西交利物浦大学基于学生的成长需求建立自己的愿景和使命。经过多年探索，西交利物浦大学在大学理想、管理结构和系统、管理理念和技术、开放校园和文化以及教育模式方面形成了自己的独特性。每个方面都遵从"以学生为中心"的理念，旨在帮助学生健康成长。特别地，西交利物浦大学通过帮助学生在大学期间完成三个转变来实现大学的愿景和使命：从孩子到年轻的成人再到世界公民的转变，从被动

学习到主动学习再到研究导向的学习的转变，从盲目到兴趣导向再到人生规划的转变。

2. 将部门使命对准大学使命

大学的使命必须要以部门使命作为支撑。西交利物浦大学通过战略目标管理等手段将确保所有部门使命与大学使命的协调一致。同时，大学使命和部门使命间的协调一致也反映了大学不同部门间的互动模式。由于大学的使命是一所大学教育目标的系统化阐释，因此要实现这一使命就应该将其分解成几个特定的使命，便于不同的部门从事相应工作。而且，几个不同的部门相互之间共同服务于某个特定的大学使命，因此这些部门间的交互对于大学践行使命至关重要。

3. 通过部门活动实现部门使命

大学的使命是由部门使命支持的，而部门使命则是靠有效的部门活动支撑实现的，因此部门活动就充当了整个"以学生为中心"的大学系统的基础。大学使命和部门使命最终将通过部门活动得以践行。

在传统的大学系统中，大学以及相关部门主要关注的是课内活动，而忽略了课外活动的重要性。比如，在传统大学中，大量的注意力只是放在教学方法改革、课程设计等类似活动上。与此不同的是，在西交利物浦大学"以学生为中心"的大学系统中，学生的成长不仅仅靠课内活动支持，同时也靠课外活动支持。该系统在培养学生知识时，重点关注两种活动的结合。特别指出的是，西交利物浦大学创造性实施了大量能与课内活动实现高效合作的课外活动，例如学生事务办公室实施的领导力培训项目，帮助学习有困难的学生回归正常学习的项目，引导和支持学生职业生涯规划的校外导师项目，帮助新生融入大学学习环境的朋辈导师项目等。

二、具体案例

基于"以学生为中心"的教育哲学，西交利物浦大学建立的"以学生为中心"的育人体系主要包括三个部分——教育目标、教育策略和支持系统。教育目标是战略管理团队根据学生成长需要而设计，目标是培养学生的知识、能力以及素养。两个主要的教育策略——课内活动和课外活动，是由学术和学生事务部门设计实施的。支持系统则是由服务办公室以及学术支持办公室共同制定实施的。

在本部分中，我们将介绍三种最佳实践，来阐释"以学生为中心"的育人体系中三个对应的关键环节。第一，五星育人模式的案例，此案例主要阐释大学使命如何与学生成长需求相整合。第二，一站式学生服务中心的案例，此案例主要阐释部门使命如何支持大学使命的实施。第三，真人图书馆案例，此案例主要解释如何通过有效的部门活动实现部门使命。

（一）如何将大学使命对准学生成长需求：五星育人模式案例

1. 五星教育模式对准学生成长需求

由西交利物浦大学提出的五星育人模式是"以学生为中心"的最佳实践。五星育人模式顺应世界趋势，整合东西方知识、文化和教育的精华，秉持"以学生发展为导向和以学术研究为中心"的教育理念。

如图 2-3 所示，该教育模式包含六个关键词语，即五星育人模式的教育目标、素养体系、能力体系、知识体系、综合教育策略、支持系统。其中核心是教育目标，目的是要培养学生成为世界公民。其次，为达到教育目标，西交利物浦大学特别关注学生在三个体系方面的发展，包括素养体系、能力体系和知识体系。最后，综合教育策略和支持系统是为学生教育提供支持、实现教育目标的两个关键要求。

图 2-3 五星育人模式

素养体系是西交利物浦大学教育理念的准确反映和实践，主要包括五个方面："生活幸福，事业成功"是核心理念，"创新和奉献"是核心价值观，"求同存异"是核心道德标准，"全球化和复杂性"是核心观点，而"提高生存能力"是核心目标。能力体系是要提升学生以下五个方面的能力：国际竞争能力，整合运用知识的能力，创新性学习和终身学习能力，交流能力和团队协作行为，主动性和严格执行能力。知识体系主要关注学生的知识增强，包括五个方面：哲学和智慧，实践和经验，科学和知识，技术和工具，艺术和技能（表 2-4）。

为提升学生以上三方面的能力（素养、能力和知识），西交利物浦大学探索了一系列综合教育战略和支持系统。综合教育战略包括：职业规划和创业培训，学习和教授，国际交流，实习，课外活动。支持系统包括：校园文化，学术支持系统，平台和社区，基础设施，学习支持系统。

2. 五星育人模式和学生成长需求间的相互作用

五星育人模式的目标是将学生培养成为具备国际竞争力的世界公民：一方面，学生必须不断适应飞速变化的外部环境（如全球化、信息技术革命、复杂多变的社会），学生的成长需求必须扎根于社会系统。也就是说，环境对学生的成长需求的指导和约束，塑造了五星育人模式。另一方面，五星育人模式响应了学生的成长需求。该模式的三个不同维度，用于培养学生的不同能力，每一个维度都与整个教育目标相协调一致。

基于五星育人模式，西交利物浦大学指出了学生发展的三个重要维度（素养体系、能力体系、和知识体系），这三个体系包含了全球化环境下学生成长需求的核心竞争力。如表2-3所示，素养体系的五个方面与学生成长需求相互作用主要表现在两个方面，即多文化交互的世界观和道德原则，知识经济的价值标准。能力体系的五个方面与学生成长需求相互作用也主要表现在三个方面，即全球化背景下国际人才竞争，知识经济下的创新能力和自主学习能力，以及信息时代的生存能力。知识体系的五个方面与学生成长需求相互作用也主要表现在两个方面，即学生应该熟悉国际法则和异国文化，熟悉在复杂多样和变化不定环境中的知识。

表2-4　素养、知识、能力体系

目　标	素养体系	能力体系	知识体系
环境对学生成长需求的影响	多文化交互的世界观和道德原则；知识型经济的价值标准	在全球化背景下的国际人才竞争；知识型经济中的创新能力和自我学习能力；信息化时代的生存能力	学生应该熟悉国际法则和异国文化；熟悉在复杂多样和变化不定环境中的知识
西交利物浦大学的教育目标	"生活幸福，事业成功"是核心理念；"创新和奉献"是核心价值观；"求同存异"是核心道德标准；"全球化和复杂性"是核心观点；"提高生存能力"是核心目标	国际竞争能力；整合运用知识的能力；创新性学习和终身学习的能力；交流能力和团队协作行为；主动性和严格执行能力	哲学和智慧；实践和经验；科学和知识；技术和工具；艺术和技能

（二）如何将部门使命对准大学使命：一站式学生服务中心案例

1. 一站式学生服务中心的使命

西交利物浦大学的一站式学生服务中心（以下称"一站式服务"），初建于2008年9月，概念来源于"以学生为中心"的服务文化。目的是要为学生提供最大化的便利，并在各个部门间建立无缝隙密切合作。一站式服务的发展可分为三个阶段。第一个阶段，一站式服务的角色、内涵以及服务模式得以阐明；第二个阶段，一站式服务的服务类别、意义以及程序逐步得以优化、加强和改善；第三个阶段，可视化一站式服务和虚拟一站式服务（线上）交互作用。通过整合服务和指导，一站式服务成为促进学生服务和大学运营相融合的催化剂。一站式服务要为学生提供优质服务。其涉及的服务包括咨询、校园事务以及其他相关事项。学生可以在此发现大多数的问题解决方案。图2-4描述了一站式服务在整个支持系统中的定位。

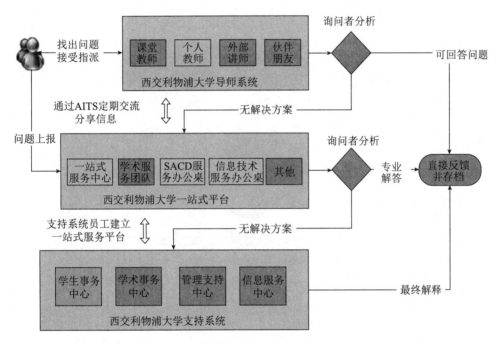

图 2-4　一站式服务在整个支持系统中的定位

2. 一站式服务中心如何支持西交利物浦大学的使命

在西交利物浦大学，学生工作的哲学观是"学生自治，学校引导和服务"。大学将"以服务为导向"的文化和"自主指导性学生工作"的文化灌输入整个校园中，突出强调具有整合性、一致性、系统化的工作机制。

一站式服务中心有效诠释了西浦的学生工作文化：从服务透明化的角度看，一站式服务向学生清楚地阐释了如何通过学生手册寻求相关帮助；从服务适当性的角度看，一站式服务分别为本科生、研究生、交换生以及海外留学生定制了个性化的服务；从与其他部门的关系角度看，一站式服务能够与校园各部门达成有效合作，从而为学生提供稳定服务（图2-5）；从服务优化和质量角度看，一站式服务通过实地采访、调查问卷以及研究调查，搜集学生反馈，并依据趋势变化迅速作出调整，确保服务的及时优化；从平台整合的角度看，一站式服务通过整合学生记录系统（SITs），推动终端服务的实现。最终实现"以学生为中心"的目标，避免不利的服务文化和行为。一站式服务的真实体验增加了学生的满意度，丰富了服务导向型理论的内涵。

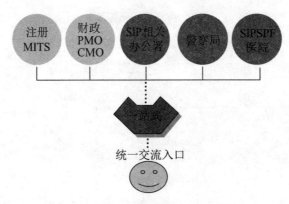

图2-5　一站式与校园外各部门合作

此外，一站式服务的实践是在充分理解中西方文化的基础上展开的。根据从高考进入大学的学生的特点，西交利物浦大学将学生的角色定义为"年轻的成人"，致力于培养学生的独立性和责任感。一站式服务不仅关注培养学生积极寻求帮助的意识，更关注的是"服务中的指导"，实现服务和指导的结合。这将促进形成一种自由、独立和多元化的文化，并为学生提供训练和培养自己的机会，从而实现西交利物浦大学培养"世界公民"的核心目标。

对于"服务指导"有这样一个典型案例：一位家长给一站式服务中心打电话，向物业管理办公室提出不满，称自己孩子宿舍里的门损坏后没有得到及时修理。一站式服务人员与父母沟通，建议由学生自己来解决这一问题。该名学生第二天来到一站式服务中心，解释了事件的细节。一站式服务中心的人员这样引导这位学生：我们当然可以代表你与物业管理办公室沟通，但是我们建议所有的学生在充分想好沟通目的、沟通逻辑以及沟通技巧后，自己去和物业管理办公室的人交谈。第三天，该名学生又一次来到一站式服务中心，告诉我们问题已经妥善解决了。一站式服务中心的人员听到这个结果很开心，并询问该学生对这件事的感受。学生和家长都总结道，主动性非常重要，沟通也具有很大价值，而且在这个过程中抓住了自我提升的机会。最后，该名学生与其他几名学生共同成立了学生宿舍委员会，专门搜集各种宿舍问题，与物业管理办公室建立交流联系机制，并最终在学生宿舍自我管理的建设中做出了贡献。

（三）如何通过部门活动支持部门使命：真人图书馆的案例

1. 真人图书馆活动

通过为大学提供知识支持，西交利物浦大学图书馆在"以学生为中心"的大学系统中扮演着"支持者"的角色。图书馆充当着"研究支持者和学习中心"的角色，致力于完成"为教职员工和学生提供丰富资料收集和便利电子资源以支持他们的研究和学习"的使命。

自成立以来，西交利物浦大学图书馆就推出了一系列的"真人图书馆"活动。每次活动中，都有一位特别嘉宾受邀进行演讲。更重要的是，学生有机会就他们自己感兴趣的话题与这位特邀嘉宾进行交流。到目前为止，该项活动已经邀请了很多学生喜欢的嘉宾。作为西交利物浦大学图书馆的代表性活动，吸引了大量的学生参加。

2. 真人图书馆活动如何支持西交利物浦大学图书馆的使命

在为学生提供知识支持方面，真人图书馆为学生提供了与特邀嘉宾面对面交流的机会，不同于传统上让学生以一种简单普通的方式参与到图书馆活动中，这种方式提供了一种书本无法做到的直接感知方式。当学生们发现关于这本"活字典"的某一个有趣话题时，他们就更会有动力去深度挖掘，并最终鼓励他们去解决问题，从而获得新知识和解决问题的能力。这样一来，真人图书馆就是学生和"活字典"之间的桥梁，拥有沟通交流和相互理解的特点。该项活动能使双方同时获益。一方面，学生了解了图书馆，学习了新知识，提升了自身能力。另一方面，图书馆开放门户，倾听学生声音，并最终以一种积极独特的方式提升自身的服务（自我提升机制）。在实践图书馆使命——支持学生的研究调查（紧密结合部门使命）方面，为学生提供具有丰富"活字典"和图书馆收藏（利用部门资源），并促进两者之间的融合，从而形成了优势互补。

通过真人图书馆的案例，我们可以得知"部门使命"是通过有效的部门活动来实现的，部门活动的"有效"则表现在以下方面：①与部门使命密切相关的清晰的活动目标；②鼓励学生参与其中；③提升学生的特定能力；④拥有自我改善机制，能够改善活动质量；⑤在部门现有资源条件下，具有较强可操作性。部门活动的成功开展可以确保部门使命得以落地，并帮助部门在"以学生为中心"的大学系统中更好地发挥作用。

（本章学生事务部分案例由西交利物浦大学学生事务中心同事提供，在此表示感谢）

本章参考文献

[1] ATTARD A，DI IORIO E，GEVEN K，et al. Student-centred learning：toolkit for students，staff and higher education institutions [J]. European Students' Union. 2010.

[2] BLAIKIE N. Approaches to social equity[M]. Cambridge： Polity press，1993：18.

[3] BOETHEL M . Office of Educational Research and Improvement （ED）[J]. Castl.duq.edu，2000.

[4] CROTTY M. The foundations of social research： meaning and perspective in the research process[M]. London： SAGE Publications Inc，1998.

[5] FOSNOT C T E . Constructivism. Theory，perspectives，and practice[M]. New York： Teachers College Press，1996.

[6] GILLANI B, O'GUINN C. Cognitive theories and the design of e-learning environments.[J]. Studies in health technology and informatics, 2003, 109: 143-151.

[7] GLASERSFELD E V. The radical constructivist view of science[J]. Foundations of science, 2001, 6（1）: 31-43.

[8] PIAGET J. Psychology and epistemology: towards a theory of knowledge[M]. The Viking Press, 1970.

[9] MACLELLAN E, SODEN R. The importance of epistemic cognition in student-centred learning[J]. 2004, 32（3）: 253-268.

[10] MERLEAU-PONTY M. Phenomenology of perception[M]. London: Routledge & Kegan Paul, 1962.

[11] PALINCSAR A S. Keeping the metaphor of scaffolding fresh—A response to C. Addison Stone's "The Metaphor of Scaffolding" [J]. Journal of learn disability, 1998, 31（4）: 370-373.

[12] SCHWANDT T A. Constructivist, interpretivist approaches to human inquiry[M] //DENZIN N K, LINCOLN Y S. Handbook of qualitative research. Thousand Oaks: Sage, 1994: 118-137.

[13] SEIFERT T, ARNOLD C H, BURROW J, et al. Supporting student success: the role of student services within Ontario's postsecondary institutions. Toronto: Higher Education Quality Council of Ontario, 2011.

[14] SEIFERT T A. Student affairs and services staff in English-speaking Canadian postsecondary institutions and the role of CACUSS in professional education[J]. Journal of college student development, 2014, 55（3）: 295.

[15] SLAVIN R E. Educational psychology: theory and practice, 10/E[M]. 2000.

[16] VYGOTSKI L S. Mind in society: the development of higher mental processes[M]. Cambridge, Mass: Harvard University. Press, 1978.

第三章
当前我国大学"以学生为中心"的实践

　　目前我国大学正在国家的推动下进行"以学生为中心"的改革，特别是在国家"十三五"教育发展规划发布后，几乎所有大学的改革都以"以学生为中心"为理念。重要的问题是，当前我国大学"以学生为中心"的程度到底如何？在实施"以学生为中心"改革方面的进展如何？还有哪些方面应该成为中国大学"以学生为中心"改革的重点环节？本章将以首批42所"双一流"高校为研究对象，通过收集这些高校育人过程和结果的大数据，分析讨论以上问题。

一、我国高等教育改革的背景

1. 立德树人成为国家教育战略的核心

　　党的十八大以来，国家突出强调人才培养在高等教育中的核心地位，明确"立德树人是发展中国特色社会主义教育事业的核心所在"。《国家中长期教育改革和发展规划纲要（2010—2020年）》指出教育是"立德树人"之根本，同时提出了教育质量提升作为高教改革和发展的核心。针对当前国家新一轮教育战略"双一流"建设的推出，习近平总书记强调："只有培养出一流人才的高校，才能够成为世界一流大学。办好我国高校，办出世界一流大学，必须牢牢抓住全面提高人才培养能力这个核心点，并以此来带动高校其他工作。"2015年，国务院印发《统筹推进世界一流大学和一流学科建设总体方案》，指出立德树人是一流大学建设的根本。党的十九大报告中再次强调要"落实立德树人根本任务"。可见，新时期国家高等教育的战略核心，就是如何贯彻落实好立德树人，实现内涵式发展。

2. 全球大学育人实践正面临根本转型

纵观国际,一流大学都将本科人才培养和本科教育教学质量作为学校的重要发展战略(钟秉林,2018)。当前的大学育人体系的核心是教学,只要一提到人才培养,则直接落实到教务部门,人才培养方案的核心部分包括专业、课程、教学、教材等要素,这是几百年前工业革命后形成的"以教师和教学为中心"大学人才培养模式(饶佩,周序,2016)。这一模式并不认为大学的学生管理、财务管理、人事管理和后勤服务等非教学事务为育人的组成部分。例如绝大多数的大学学生管理部门将自己定位为维护教学秩序辅助教学的部门,核心目标是不出事,并不是育人,财务和人事等部门则更难和育人联系起来。这些传统的观念将无法适应未来对大学的需求。

互联网和人工智能等新技术正在冲击大学的人才培养,要求大学建立"以学生为中心"的新型人才培养体系。这一体系提倡大学里所有的人和部门都是非常重要的教育者和育人部门(张晓军,李圭泉,李鹏飞,张琳,2014)。这和工业革命以来大学以课程、教材和教师作为主要的育人资源的传统有显著差异。近几年风靡世界的密涅瓦大学、奇点大学等新创大学,最核心的改变就是大学不再是简单上课学知识的地方,而是一个为学生提供了解甚至融入真实世界的学习环境,同时给学生提供解决真实问题过程中的指导和支持。这些探索都代表了互联网时代"以学生为中心"的大学新形态。而当前的大学,都面临着从"以教师为中心"到"以学生为中心"的转型。

3. 新时代"双一流"建设高校的历史使命

"双一流"建设是具有中国特色的高等教育发展战略,不仅要在硬件指标上比肩西方大学,更要体现中国高等教育独特内涵和特色的软环境及氛围,使中国的大学真正具备中国魂(史静寰,2018)。第一期选出的42所"双一流"建设高校,是国家落实立德树人根本任务、探索符合未来需求的"以学生为中心"的大学育人体系的先锋,承担着引领我国高等教育改革、通过建设教育强国实现伟大的中国梦的历史使命。在重要的历史节点上,"双一流"

建设高校需要认真分析互联网时代人类的学习需求，探索如何通过教育和教学方式的革命，来培养未来社会需要的人才。例如，互联网时代大学的育人目标是什么？大学如何通过自身的育人活动来培养具备知识、能力和素质体系的社会主义建设者？大学如何建立强大的网络和管理体系整合全球资源为学生的学习和发展服务？这些问题是"双一流"高校实现历史使命必须要关注和回答的问题（张晓军，2019）。

然而，从目前"双一流"各高校的建设情况来看，许多高校把精力主要放在加强科学研究上，高校亟须通过立德树人实现价值引领，统筹各方面形成人才培养合力（刘仁山，2018）。尽管在党的十八大以来中央通过一系列政策和文件推动高等教育的内涵式发展，强调提高人才培养质量的重要性，但是在实际工作中众多大学依然一味追求大学排名等学术 GDP（国内生产总值）的功利性目标，还亟须加强对于人才培养重要性的认识（眭依凡，2017）。要想使这些政策真正落实，关键还在于代表国家最高水平的"双一流"建设高校的实践创新。

4. "以学生为中心"的育人质量评估亟须创新

这个问题涉及教育质量的评估，实际上当前尽管国家一再强调新一轮高水平大学建设应该把人才培养作为核心，但实践中很多高校依然把科研作为重心，一个重要原因是科研有相对客观的评估办法，但是教育教学水平很难进行客观的评估。当前绝大多数引领大学发展的排名和评估指标普遍以科研质量为核心依据，很少把育人质量纳入考核范围，即使涉及也多以入学高考水平或者毕业生就业率等很难反映学生在大学中的学习所得以及大学给学生的成长带来的价值，难以对高水平大学提升育人质量提供有效引领和反馈。

2020 年公布的《深化新时代教育评价改革总体方案》，提出了科学的评估体系和评估机制对于高水平大学建设的重要性，并且强调现阶段高校需要坚持将"立德树人成效作为根本标准"，同时加紧建立教育评估监测机制，积极构建"政府、学校、社会等多元参与的评价体系"。把"改进教育评价制度"，建立"科学、公正、权威的教育质量监控机制、评估体系和督导公告制度"，作为当前改革的重点工作。基于这一精神，本章紧紧围绕提高等教育质量这一核心，积极响应《深化新时代教育评价改革总体方案》中提出的制定"双一流"建设成效评价办法，开发了一套衡量高校对于学生学习和成长的价值的"以学生为中心"育人质量评估框架，通过多种渠道收集高校的育人体系和办学行为数据，在评估"双一流"高校的育人质量水平的同时，考察高校在"突出培养一流人才、产出一流成果、主动服务国家需求，引导高校争创世界一流"方面的成效，并根据分析提出进一步提升"以学生为中心"的育人质量的策略。

二、"以学生为中心"理念下的高校育人质量评估理念与框架

高校的育人工作，必须把"以学生为中心"作为核心理念，整合课内外的所有学生学习活动，真正形成一个全员育人、全过程育人的体系（张航，陈怡，2019），并构建平台化的大学管理和支持体系。基于这一理念，本书从三个维度进行高校的育人质量评估，分别为育人目标、课外活动、课堂教学（表3-1）。

表3-1 "以学生为中心"的育人质量评估指标框架

一级指标	比重	二级指标	三级指标
育人目标	40%	定位	培养什么样的人？
		人才培养目标	目标的深度与广度
		规划手段	如何规划实现人才培养的目标？
课外活动	30%	理念与定位	课外活动在育人环节中的重要性
		支持体系	学生工作处构架
课堂教学	30%	目标	教学中心的转变
		学生学习支持	了解关注实践问题
			资料整合与分析
			合作与沟通（学生在课内学习的参与）
		教师	教师发展中心

1. 育人目标

育人目标是大学育人活动的"纲",引领着大学所有成员开展日常教学活动的方向(眭依凡,2017)。因此,育人目标是高校在制订育人方案时首先应该明确的部分。育人目标可以通过三个方面来衡量。首先是育人目标的定位,习近平总书记在2018年的全国教育大会中强调指出:高等教育的根本问题是"高校培养什么样的人、如何培养人以及为谁培养人"。这句话简要地说明了育人目标的重要性。育人目标的定位作为高校开展教学和管理工作的核心依据,反映了一所高校的价值取向、办学理念以及办学特色,高校一切工作的中心以及规章制度的建立都应紧扣人才培养目标(向兴华,李国超,赵庆年,2014)。其次,人才培养的目标是高校教育目的的具体体现,不仅蕴含着丰富的教育理念和思想价值,也体现了时代和社会的需求(张航,陈怡,2019;王丽平,高耀明,2019)。最后,学校的发展规划作为落实育人目标的重要途径,关乎高校发展的整体设计,同时对促进高校管理效能的提高和学生的全面发展有着重要的指导意义(陈建华,2004)。所以,高校规划措施是高校整体育人目标评估中不可或缺的维度。

2. 课外活动

学生课外活动作为"以学生为中心"高校育人模式的重要组成部分,不仅是课堂教学活动的延伸和补充,更是促进学生全面发展的重要平台(鲍威,杜嫱,2016;王文琦,2017)。因此课外教学这个维度在育人质量评估中有举足轻重的地位,本评估体系将从理念和支持体系这两个方面对高校的课外活动工作进行评价。首先,高校对于课外活动赋予的价值不应该仅仅停留在丰富学生的精神世界,而是应该将课外活动作为高校育人环节中不可或缺的一部分,在动员全体教职人员以及学生充分认识和理解课外活动的意义与内涵的基础上,促进学生全面发展,进而达到对高校的育人目标进行补充与升华的目的(瞿莹,2018)。其次,在学生对于教育资源和服务支持的需求日

大学转型

从教师主导到以学生为中心

渐多元化、个性化、精细化的时代，高校不能有效满足学生需求的局面愈加凸显（左殿升，方雷，王新波，2019）。因此，作为高校课外活动支持体系的学生事务工作至关重要，学生事务工作不仅是高校"双一流"建设的重要组成部分，更肩负着协同完成中国大学"立德树人"使命的重要任务。在评估高校育人质量的过程中，考查学生事务工作是否聚焦于助力学生学习与成长方面就显得尤为重要。

3. 课堂教学

高校人才培养目标的落实离不开课程，课程是解决"培养人"这个根本问题的关键，同时也是践行"以学生为中心"这个理念的最重要环节，然而课程却是中国大学普遍存在的短板（吴岩，2018）。因此，需要高度重视课程，特别是课堂教学在人才培养中所发挥的作用，课堂教学不仅是学校育人工作的中心，更是提升学生知识、能力以及素养最为重要和直接的途径。区别于传统的以客观主义为指导的学习理论，"以学生为中心"的评估框架秉持建构主义的哲学立场，评估教学情境（环境）、教学活动支持学生学习和成长的程度，重点关注课堂教学如何促进学生成长，从而助力于人才培养质量的提升。第一，该框架强调在学习过程中，尤其是在课堂上，学生的角色发生了转化，学生不再被动地接受知识，而是在学习过程中起到主导作用，通过主动获得知识构建自己的知识结构以及理解知识的意义（刘献君，2012）；第二，在课堂活动参与者角色转变的影响之下，教学方法方面也需要推陈出新作出相应变革（徐国兴，李梅，2018）。教师的角色由传统课堂的主导者变成了组织者、指导者、帮助者和促进者，同时通过对学生在实践、信息以及交流合作方面的支持，充分发挥学生的积极性、主动性和创造性（瞿振元，2015）。综上所述，在对于高校课堂教学的评估中，注重对于学生学习支持工作的考察至关重要；第三，教育部联合财政部在2011年发布的《教育部　财政部关于"十二五"期间实施"高等学校本科教学质量与教学改革工程"的意见》中提出要鼓励高校"建立适合本校特色的教师教学发展中心"，提高教师教学水平。因此，积极响应国家号召，建设好教师教学发展中心是高校必须重视的工作，本评估体系也纳入了对高校教发中心的评估。

三、研究方法

1. 研究对象

本研究的主要对象为2017年教育部、财政部以及国家发展改革委联合发布的"双一流"高校名单中的42所世界"一流大学"建设高校，其中A类大学36所、B类大学6所。根据"双一流"各校的信息公开程度，由于国防科技大学公开信息有限，没有包括在内，本研究最终对41所高校进行分析。

2. 数据来源

为了系统把握所选高校的育人质量，本研究收集了各高校的办学理念、人才培养目标、各类教育教学发展建设规划等规划类数据，以及公开发布的教学过程性数据和体现学生培养水平的毕业生质量报告数据，具体的数据来源如下。

（1）"双一流"各高校十三五规划。

（2）"双一流"各高校本科教学质量报告。

（3）各高校"一流大学"建设方案。

（4）创新创业教育改革实施方案。

（5）"双一流"各高校信息公开网页。

（6）"双一流"各高校学生工作处网站。

（7）"双一流"各高校教师发展中心、教务处网站。

（8）http：//www.moe.gov.cn/（中华人民共和国教育部网站）。

（9）http：//www.eol.cn/html/gkcx/pjf/（中国教育在线官网）。

3. 数据分析方法

本研究主要采用文本分析法对数据进行分析，由两位研究者共同完成。第一位研究者对收集到的所有数据按照表 3-1 的三级指标的问题进行编码，编码结束后，由第二位研究者进行确认。

育人目标主要考查高校育人目标的定位、人才培养目标以及后期规划实施。其中，学校育人目标的定位主要考查高校在育人方面希望培养什么样的人才，定位清晰明确且独特，则计满分，如只是一般性论述，无法识别本校育人目标的独特性（如只是笼统地说培养社会主义接班人），则根据论述情况酌情计分。学校的人才培养目标则关注学校对于学生的素养、能力与知识三个维度的详细表述。学校的规划重点关注高校如何通过一系列的改革措施实现育人目标，此部分按点计分，分为招生、教学、课外活动、就业以及支撑平台五个方面，按点计分。

课外活动维度考查课外活动支持学生学习与成长的程度，该维度包括两个方面：一方面评估课外活动的理念与定位，另一方面考查课外活动支持体系。

在具体评分时，课外活动的理念与定位主要分为三档：处于第一档的高校对于课外活动作为育人环节的支持部分只有比较浅显的认识，认为课外活动仅是为了丰富学生的校园生活，而对于课外活动在人才培养过程中所处的位置并没有明确的认识；处于第二档的高校在政策与规划文件中对于课外活动在人才培养过程中的定位有一定的认知，但是不够全面，仅按照传统观念将课外活动定位为"对学生的思想政治、心理发展还有身心健康产生积极影响的活动"；处于第三档的高校对于课外活动的定位以及在育人环节中的作用有明确而深入的认识，并且认可课外活动作为人才培养过程中不可或缺的重要部分，可为学生的综合素质提高提供支持的强力后盾，且明确将课外活动定位为协助高校全面实现育人目标的重要保障。

学生工作处作为举办课外活动时的重要支持，其规划对于人才培养也有着非常积极的作用。此处评分标准为三档，具体标准如下：处于第一档的高校在课外活动的支持体系方面并没有完善的架构；处于第二档的高校对于课外活动的支持体系建有完善的架构，包括学生就业指导、心理教育咨询以及思想政治教育等多个方面；第三档高校的评分标准主要考查高校在课外活动支持体系的建立方面是否有非常完整与健全的机制，即是否将所有与学生生活学习相关的工作都整合在一起，共同服务学校的育人目标。

课堂教学作为育人环节中最为重要的部分，在评分时重点评估三个方面：课堂教学的目标、学生学习支持以及教师。在对各高校的课堂教学目标评分时，主要考查高校对于学生学习的关注程度，是否明确提倡课堂教学的改革，即从"以教师为中心"到"以学生为中心"的转变。对于学生学习支持的评分，则细化为三个方面：第一，了解关注实践问题。此处主要考查高校是否支持学生在校期间的实践实习，是否集合校内校外资源为学生建立实践平台，是否提倡教师将学生学习与课外实践进行融合。第二，资料整合与分析。此处主要考查高校对于智慧校园的规划建设，以及是否有强大的教材建设以支持学生个性化的学习需求。第三，合作与沟通。此处主要评分标准为高校小班化的程度、研讨式教学的普及范围以及学校的校园环境是否对学生的学习交流起到积极的支持作用。最后，对于教师的评分则通过考查高校的教师发展中心来进行。以教师发展中心是否定期举办活动、活动的频率以及是否有非常系统化的指导体系为主要评分依据。

四、结果与分析

（一）"双一流"建设高校"以学生为中心"的育人质量水平及分析

表 3-2 为基于以上分析框架编码计算出的"双一流"建设高校"以学生为中心"的育人质量水平。

表 3-2 "以学生为中心"高校育人质量水平

ID	学校名称	育人目标	课外活动	课堂教学	总分
1	中国人民大学	33.6	24.0	20.4	78.0
2	浙江大学	27.2	26.4	22.8	76.4
3	同济大学	35.2	22.8	18.0	76.0
4	大连理工大学	33.6	19.2	22.8	75.6
5	四川大学	30.4	21.6	23.5	75.5
6	复旦大学	27.2	24.0	24.0	75.2
7	东南大学	27.2	25.2	22.8	75.2
8	上海交通大学	25.6	27.6	21.6	74.8
9	西安交通大学	25.6	21.6	25.2	72.4
10	吉林大学	28.8	22.8	19.9	71.5
11	北京大学	30.4	18.0	22.8	71.2
12	山东大学	28.8	21.6	20.4	70.8
13	南京大学	27.2	20.4	22.8	70.4
14	武汉大学	30.4	20.4	19.2	70.0
15	哈尔滨工业大学	27.2	21.6	20.4	69.2
16	中南大学	35.2	20.4	13.2	68.8
17	西北工业大学	24.0	24.0	20.4	68.4
18	湖南大学	27.2	18.0	22.8	68.0
19	电子科技大学	28.8	16.8	22.3	67.9
20	华南理工大学	25.6	20.4	20.4	66.4
21	北京理工大学	25.6	19.2	21.6	66.4
22	华东师范大学	25.6	19.2	21.6	66.4
23	北京航空航天大学	24.0	24.0	18.0	66.0
24	华中科技大学	27.2	18.0	20.4	65.6
25	兰州大学	25.6	20.4	19.2	65.2
26	南开大学	20.8	24.0	20.4	65.2
27	中国海洋大学	27.2	16.8	21.1	65.1
28	重庆大学	24.0	18.0	22.3	64.3
29	西北农林科技大学	25.6	19.2	19.2	64.0
30	云南大学	30.4	19.2	14.4	64.0
31	中国农业大学	25.6	16.8	21.1	63.5
32	清华大学	19.2	25.2	18.7	63.1
33	北京师范大学	22.4	19.2	20.4	62.0
34	天津大学	20.8	24.0	16.8	61.6
35	厦门大学	17.6	21.6	21.6	60.8

ID	学校名称	育人目标	课外活动	课堂教学	总分
36	中山大学	22.4	20.4	16.8	59.6
37	中央民族大学	28.8	16.8	13.2	58.8
38	东北大学	22.4	16.8	19.2	58.4
39	郑州大学	20.8	18.0	19.2	58.0
40	中国科学技术大学	24.0	20.4	13.2	57.6
41	新疆大学	17.6	16.8	16.8	51.2

1."双一流"高校育人质量总体水平

首先，"双一流"建设高校的育人质量综合平均分为 67 分，总体上处于中游偏上的水平，育人质量提升空间依然很大。

其次，育人质量评估结果与社会上公认的大学声誉有较大差距，综合得分前三的大学分别为：中国人民大学（总分 78 分）、浙江大学（总分 76.4 分）以及同济大学（总分 76 分）。大连理工大学和东南大学两所院校的育人质量得分在前十位。

最后，从育人质量各维度的平均分来看，育人目标维度的平均分与满分差距最大，仅为 26.3 分（65.8%）（表 3-3），说明"双一流"建设高校总体的育人目标不清晰，尚未形成特色。另外，课堂教学维度的平均分为 20 分，说明"双一流"建设高校的课堂教学也存在巨大的改进空间。

表 3-3　各维度得分情况

一级指标	最低分	最高分	平均分	标准差
育人目标	17.6	35.2	26.3	4.3
课外活动	16.8	27.6	20.8	2.9
课堂教学	13.2	25.2	20.0	2.9

2."双一流"高校育人质量的差异

首先，从 41 所高校的总得分看，不同高校之间的分数差距并不明显，说明"双一流"建设高校的育人水平总体上相似，并不存在遥遥领先的大学。这从一方面反映了当前我国大学在教育教学改革方面缺乏系统性创新的现状。尽管各高校在过去几年相继发布教育教学改革方案，但到目前为止尚没有提出系统性的改革方案并有效落地的高校。在全球高等教育重塑的关键时刻，中国高校如果想引领世界教育创新潮流，被寄予厚望的"双一流"建设高校仍任重道远。

其次，根据各高校育人质量水平的总体分布，大致可以分为三大集团，总体得分前十的高校作为第一集团，得分区间在 11～38 作为第二集团，以及得分最低的三所作为第三集团（表 3-4）。从第一集团在各个维度的分数分布来看，评估得分前十的高校总体得分的平均分数为 75.1。从四个维度的分数来看（图 3-1），第一集团在育人目标指标上的百分制得分领先第二、第三集团最大，说明当前教育改革最有成效的地方在高校对于育人方面的理解与认识，其次是课外活动和课堂教学。

表 3-4　三大集团得分情况

ILEAD 评估集团分布		育人目标	课外活动	课堂教学	总分
第一集团	平均分	29.4	23.5	22.1	75.1
	最低分	25.6	19.2	18.0	71.5
	最高分	35.2	27.6	25.2	78.0
	标准差	3.6	2.5	2.1	1.9
第二集团	平均分	25.7	20.0	19.7	65.4
	最低分	17.6	16.8	13.2	58.4
	最高分	35.2	25.2	22.8	71.2
	标准差	3.8	2.5	2.7	3.6
第三集团	平均分	20.8	18.4	16.4	55.6
	最低分	17.6	16.8	13.2	51.2
	最高分	24.0	20.4	19.2	58.0
	标准差	3.2	1.8	3.0	3.8

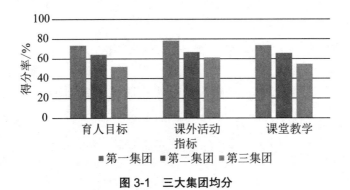

图 3-1　三大集团均分

3."双一流"高校育人水平的五种类型

不同的高校，在育人的理念和实践方面表现不同，从理念和实践两个维度，可以将41所"双一流"高校分为五种类型。

第一种类型为理念和实践同步推进的高校，处于图3-2的第一象限，这类高校总体上育人理念比较先进，并且落实也比较到位，同济大学、大连理工大学、中国人民大学和四川大学属于这一类型。

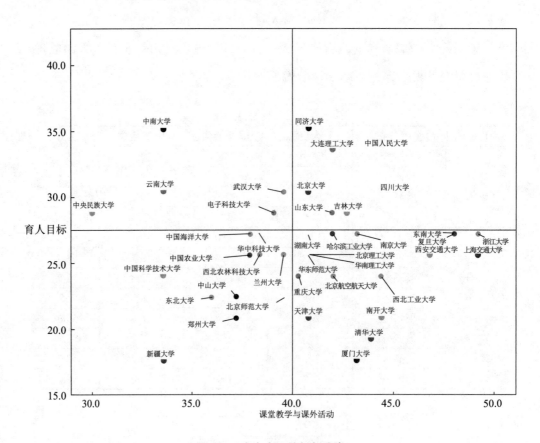

图3-2　育人水平特征与分类

第二种类型为育人理念先进，但落实相对滞后的高校，处于图3-2的第二象限。中南大学、中央民族大学、云南大学属于此类。如何将先进的育人理念有效地落实到育人实践中是这类高校需要探索与改进的方向。

第三种类型为育人理念和实践都需改进的类型，处于图3-2的第三象限，新疆大学、郑州大学、东北大学、中山大学和中国科学技术大学属于此类。此类高校尽管杰出校友遍布天下、科研创新精彩纷呈，但在育人方面却没有能够精准定位与科研相媲美的理念和实践。作为知名高校，如何在继承科学研究优势的基础上，进一步提升作为大学根本任务的育人的水平，仍有很大的探索空间。

第四种类型为育人理念相对传统，但实践表现突出的高校，处于图3-2的第四象限，上海交通大学、西安交通大学、西北工业大学、南开大学、东南大学、复旦大学、浙江大学、厦门大学和清华大学属于此类。这类学校要引领中国高教的发展，必须系统思考未来社会大学的价值和形态，并基于此确定自身的定位，形成独特的育人理念。

第五种类型为育人理念和实践两维度均处于中间水平的高校，包括吉林大学、南京大学、山东大学、哈尔滨工业大学、湖南大学、华中科技大学、中国海洋大学、中国农业大学、华东师范大学、北京理工大学、西北农林科技大学、兰州大学、华南理工大学、重庆大学、北京航空航天大学、北京师范大学、天津大学及北京大学等高校。这类高校的突出特点是，在育人改革方面做了一部分工作，但是缺乏系统的设计和深入的实践。

（二）育人目标维度总体表现分析

从表3-3与图3-3中可以看到各高校在育人目标这个维度的平均分为26.3分，按照百分制（65.8%）换算后与满分40分差距最大，这个维度中，得分最高的是同济大学和中南大学35.2分，最低的是厦门大学和新疆大学的17.6分。

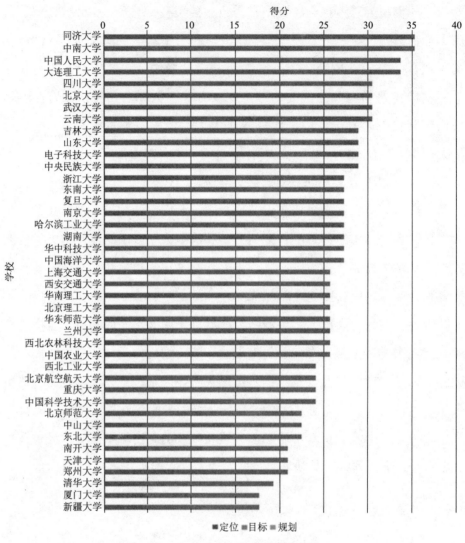

图 3-3　育人目标维度具体得分情况

　　因此可以看出"双一流"高校育人质量的短板主要在育人目标。各高校在育人目标维度的基本特征为：学校定位缺乏独特性，很多高校仅提出培养社会主义接班人，尚无更进一步的基于本校特色和独特性的育人理念和定位；育人目标缺乏系统性，很多高校的育人目标仅停留在知识传承的阶段，没有很好地统筹知识、能力和素质培养三大目标；在实现育人目标的规划方面，同样缺乏系统思维，很少有高校统筹全校各领域来支撑育人目标的实现。

（三）课外活动维度得分情况分析

本研究的结果显示，课外活动这个维度的平均得分为 20.8 分，得分最高的是上海交通大学 27.6 分。从高校人才培养体系的整体来看，课外活动发挥着某些课堂教学所无法替代的作用，但是目前国内的很多高校并没有充分意识到课外活动的重要性。从图 3-4 可以看出"双一流"高校在课外活动定位这个指标的得分参差不齐，大多数的高校对于课外活动的定位仍然只停留在丰富学生课余生活的层面。因此，大学应当积极协调课外活动与课堂教学之间的关系，使得两者在人才培养中形成分工协作，共同推进高校育人目标的实现。

另一方面，由于目前国内高校对于课外活动重要性的认识并不深刻，因此对于课外活动支持的不足也成为高校课外活动开展中的突出问题。目前国内大学虽然都设有学生工作处，且学生工作处基本拥有完整的架构来服务学生在就业、心理咨询、思想政治教育等方面的需求，但是"以学生为中心"的课外活动不应该仅仅停留在这些方面，而应该重视从学校战略层面支撑育人目标的实现，并与课堂教学紧密结合形成良好互动，且协调相关部门形成系统的体系。

（四）课堂教学维度得分情况分析

"双一流"各高校在课堂教学这个维度的平均得分为 20 分，距离满分 30 分有较大的差距，说明"双一流"高校的课堂教学水平尚有较大改进空间。西安交通大学在课堂教学这个维度取得了最高分 25.2 分。

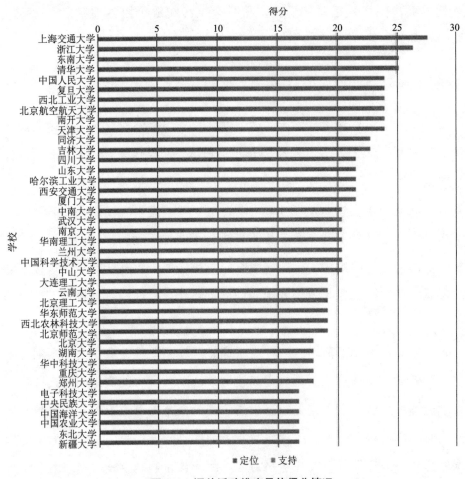

图 3-4　课外活动维度具体得分情况

　　从图 3-5 可以看到"双一流"高校在课堂教学这个维度的具体特征：部分高校对于课堂教学的目标不明晰，更多的是采纳传统的"以教师为中心"的知识传递；当前很多大学的课堂教学远离真实的社会和学生的生活，学生的学习多数属于浅层学习；学生课堂学习的视野有限，多数局限于教材之内；课堂中的合作和沟通机会少，培养合作和沟通能力的机会有限；教师专业能力提升缺乏系统的框架和实践等。综合来看，各高校对于学生学习支持方面特别是校园环境的规划比较欠缺。教育的关键是创设一个有利于学生发展的优良环境，教育不可能由教师单方面来完成，而是在师生活动中促使学生成长的自然过程，学习是在一定的情境中发生的。因此，学习环境直接影响着学生的成长与发展。而大多数"双一流"高校的学习环境的构建更多的是从基建的角度进行设计创造，而缺乏对于公共空间的改造、增加学生学习交流区域等育人视角的详细设计方案。在课堂教学维度，各高校在支持学生学习特别是智慧校园的建设与教材建设这几个方面得分较高，大部分高校都十分重视校园信息化以及图书馆信息化的建设，且对于教材建设十分重视。

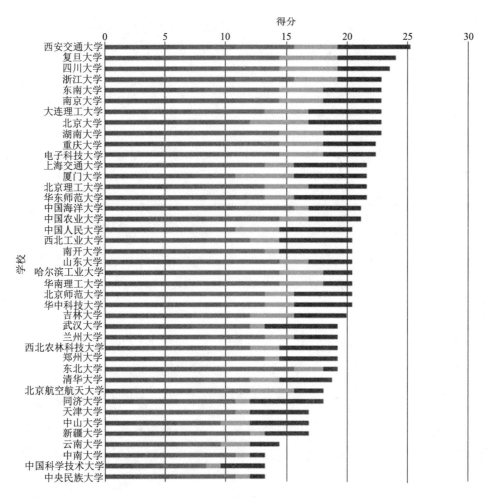

图 3-5　课堂教学维度具体得分情况

（五）"一流大学"建设高校、"双一流"建设高校以及广东省高校改革情况对比

为了进一步了解我国不同类型高校在实施"以学生为中心"的育人理念方面的差异，本文采用同样的方法对更大范围的高校样本进行了分析，包括142所"一流大学"建设高校和67所广东省高校。142所高校的样本，是对第一期41所高校样本的扩充，可以进一步反映中国最好的142所高校在"以学生为中心"的教育改革方面的进展。广东省是当前走在我国经济社会发展最前沿的地区，教育的改革发展也是广东省近几年的工作重心，分析广东省的案例，可以直观看到我国教育领先区域的改革进展。

表 3-5　不同样本高校"以学生为中心"的教育改革对比情况

高校类型	"一流大学"建设高校	"双一流"建设高校	广东省高校
育人目标均分	26.3	25.6	22.1
课外活动均分	20.8	19.8	19.4
课堂教学均分	20.0	15.3	18.0
总平均分	67.1	60.7	59.5

表 3-5 反映了"一流大学"建设高校、"双一流"建设高校以及广东省高校"以学生为中心"的教育改革情况的对比。可以看出，从总平均分来看，处于三个样本中游的142所"一流大学"建设高校得分（67.1分）明显高于处于样本顶端的"双一流"建设高校和处于样本低端的广东省高校，说明当前我国高校"以学生为中心"的育人体系的质量和水平基本上呈现出橄榄球形态势，即处于中游的高校水平最高，传统上最好的一批大学和排名靠后的大学，都相对处于低位。这里一个突出的结论是"双一流"建设高校的水平和广东省高校的水平相当，这也基本印证了大家的直觉，实际上当前绝大多数"双一流"高校依然在把科研作为最核心的工作，教学还没有体系化的改革实践。

从育人目标的平均得分来看，广东省各高校的得分（22.1分）明显低于其他两类高校，说明省域高校需要在学校规划中加强对于育人定位的考量，

同时应思考如何有效融合区域优势，突出学校育人特色。"一流大学"建设高校与"双一流"建设高校在育人目标这个维度的得分比较相近，但是距离总分 40 分还有不小的差距，因此如何更加合理地定位学校育人目标仍是知名高校需要深入思考的问题。

三种类型的高校在课外活动维度的平均得分差距不大，属于中等偏上的水平。由此说明，过去几十年的教育改革，以及对高校的资源配置的差异化，基本没有对课外活动造成大的冲击，各类高校在课外活动方面表现类似。当然，当前我国高校在课外活动直接贡献于学生健康成长方面，依然有很大的探索空间。尽管当前高校把学生工作纳入了育人体系中，但是，学生工作的很大一部分仍然是教学的辅助性活动，即使开发了培养学生的活动，也冠以"第二课堂"的帽子，这些第二课堂的活动并没有进入高校的人才平培养方案中，从而也不作为育人特别是学生毕业要求的核心环节。更重要的是，不出事依然是很多高校学生工作部门的第一目标，育人目标如何真正成为每一位学生工作者的工作目标，依然是首要的挑战。

从课堂教学维度的平均分来看，"双一流"建设高校的得分（15.3 分）明显低于其他两类高校。在实践中，越是好的大学里面的教师，在科研成果方面的压力越大，因此就需要花越多的时间和精力在科研上面，因为科研和教学是不同的两类工作，一位教师科研好并不自然导致教学也好，再加上科研占用了大量时间后，知名大学的教师并没有足够的时间和精力去琢磨和迭代改进自身的教学水平，更没有时间去投入从"以教师为中心"到"以学生为中心"的范式转变中。2018 年以来，国家提出一系列教育教学改革的口号和项目，更重要的是提出要彻底改革高校教师的考核评价方式，要把立德树人即教学的育人工作作为其工作绩效考核的核心，如果这一理念真正能够落地，那么知名大学教学水平的提升指日可待。

（六）结语

立德树人是新时代高校发展建设的根本目标，在"以学生为中心"理念的指导下提升育人质量是当前高校的核心任务。其中一个核心的问题是，如何才能相对有效地衡量一所学校育人质量的水平，从而能够科学地抓住育人改革中的关键问题，有针对性地制订改革计划。本研究基于"以学生为中心"的理念，开发提出了包含育人目标、课外活动和课堂教学三个维度的高校育人质量分析框架，并通过收集41所"双一流"建设高校、142所"一流大学"建设高校以及68所广东省高校的数据，分析了这三类高校的总体育人质量水平并进行了对比，提出了这些高校未来基于"以学生为中心"的理念提升育人质量的重点。

本章参考文献

[1] 刘仁山."双一流"建设与新时代人才培养[J]. 国家教育行政学院学报，2018（6）：50-55.

[2] 史静寰."形"与"神"：兼谈中国特色世界一流大学建设之路[J]. 中国高教研究，2018（3）：8-12，23.

[3] 钟秉林. 一流本科教育是"双一流"建设的核心任务和重要基础[J]. 中国高等教育，2017（19）：16-17.

[4] 眭依凡. 关于"双一流建设"的理性思考[J]. 高等教育研究，2017，38（9）：1-8.

[5] 眭依凡. 论大学问题的"悬置"[J]. 华东师范大学学报（教育科学版），2017，35（6）：82-94，155-156.

[6] 王严淞. 论我国一流大学本科人才培养目标[J]. 中国高教研究，2016（8）：13-19，41.

[7] 吴岩. 建设中国"金课"[J]. 中国大学教学，2018（12）：4-9.

[8] 沈慧. 我国大学生课外活动管理存在的主要问题及对策[J]. 中国电力教育，2008（1）：136-137.

[9] 吕立杰，李刚. 人才培养目标的课程转化路径探析[J]. 教育研究，2018，

39（12）：56-62.

[10] 张航，陈怡. 高等教育人才培养目标的时代变迁与路径选择[J]. 江苏高
教，2019（9）：35-40.

[11] 向兴华，李国超，赵庆年. 高校人才培养目标定位绩效评价研究——以
HL和HK两所大学为例[J]. 教育发展研究，2014，34（Z1）：23-30，85.

[12] 王丽平，高耀明. 本科人才培养目标系统及其一致性建构[J].江苏高教，
2019（7）：40-47.

[13] 陈建华. 作为发展过程的学校发展规划[J]. 教育发展研究，2004（11）：
14-17.

[14] 刘献君. 论"以学生为中心"[J]. 高等教育研究，2012，33（8）：1-6.

[15] 瞿振元. 提高高校教学水平[J]. 中国高教研究，2015（12）：1-5.

[16] 徐国兴，李梅. 一流本科如何建设——基于"双一流"高校本科课程综合
改革的实证分析[J]. 教育发展研究，2018，38（17）：28-35.

[17] 左殿升，方雷，王新波."双一流"建设背景下高校学生事务工作的英国
启示[J]. 江苏高教，2019（4）：104-108.

[18] 王文琦. 高校大学生课外活动积极性及相关因素分析——基于中国海洋大
学的调查分析[J]. 上海教育评估研究，2017，6（4）：42-46.

[19] 饶佩，周序. 大学教师中心与学生中心的时代辨析[J]. 当代教育科学，
2016（1）：31-35.

[20] 张晓军，李圭泉，李鹏飞，等."以学生为中心"的育人体系——西交利
物浦大学人才培养模式案例分析[J]. 世界教育信息，2014（22）：13.

[21] 张晓军."互联网+" 时代，高等教育何去何从[J]. 教育家，2019
（22）：15.

[22] 翟莹. 美国大学课外活动的价值观教育研究——基于对美国大学宿舍的考
察分析[J]. 现代教育科学，2019（3）：27.

第二部分

"以学生为中心"的育人体系

　　明确了从"以教师为中心"到"以学生为中心"的理念转型之后，最关键的就是要在实践层面落地这一理念。"以学生为中心"并不仅是教学环节的改变，而是大学整体的重塑。特别是包括教学创新、学生工作改革、支持课内课外活动的体系以及大学国际化几个领域。这些领域可以作为有志于落地"以学生为中心"理念的大学首先突破的领域。

第四章
"以学生为中心"的教学创新

本章主要讨论以下问题：

● 当前大学教学的主要问题和挑战

● "以学生为中心"的教学改革的目标

● 什么是好的"以学生为中心"的教学创新

● 技术如何促进大学教学创新

● 研究导向型教学的理念与案例

● 新工科（人工智能）专业改革剖析

第一节　大学教学改革的十大常见误解

现在教学改革已经在大学里掀起热潮，从最高教育行政主管部门的大力推动，到一线教学的火热教改实践，让我们有理由期待大学教学的质量将会得到提升。

尽管如此，关于当前大学教学应该往哪个方向改、什么样的大学教学是好的等问题，还没有充分的讨论，特别是在互联网和人工智能对教育的冲击逐渐显现的时候，如何保持大学教育对学生的价值，是每一个大学课堂应该考虑的问题，也是当前大学教改是否有效的重要影响因素。

大学教改应该首先考虑为什么要改革、改革的目的是什么、技术对改革的影响是什么等基本的问题，如果不搞清楚这些问题，则教改很有可能走入误区，成为瞎折腾。本节列出十个当前比较典型的大学教改误解。

一、误解一：上课最重要的是教知识点

受苏联教育理念和体系的影响，我们国家的大学教学历来重视知识点的讲授，这在互联网出现之前是有效的，因为那个时代大学是主要的知识储藏地，但互联网让知识变得无处不在，大学不再是学习知识的主要场所。大学教学的目的是什么，值得深思！

因此，大学课堂单纯教知识也会成为过去。当前的大学教改，就是要改变以知识灌输为目的的大学课堂，给予学生更多能力和素养层面的高阶性收获。然后，目前绝大多数的大学教学改革，并没有充分思考清楚课堂教学的目标，很多改革看似很花哨，但还是翻来覆去考虑如何把知识给学生教好，这种改革，不管能否有效地改进学生对知识的学习，毫无疑问很难跟得上这个时代的需求。基于上课教知识点的教学改革，无疑是当前对教改最大的误解。

二、误解二：知识点讲得越清楚的老师是越好的老师

这一误解和上一个有关，但更多的是说教师的角色。过去一个好老师的评价标准，主要是能否把知识点给学生讲清楚。但现在不同，如果关注学生自主学习能力的培养以及解决问题能力的提升，大学老师的角色主要是学生学习的引导者和辅助者，老师需要留足够的空间给学生自主学习，真正关注学生一个学期下来的收获是什么，而不是把所有的内容都包办下来，整天琢磨如何尽可能简单地把知识教给学生。

三、误解三：学生没有相关知识背景很难开展自主学习

尽管目前很多老师都清楚要培养学生的自主学习能力，但是他们很难放手让学生去学习，主要的顾虑是不相信学生在知识储备不足的情况下自己能

有效开展学习，因此还是想方设法提前教给学生很多东西。实际上，只要学生的能量被充分地激发和调动，其学习的潜力是无限的，如果老师能想方设法调动学生学习的主动性和积极性，则大学阶段的学习内容，学生都可以通过自主学习有效达成目标。

四、误解四：研究导向的学习会导致学生对知识掌握不牢固

近年来尽管有很多新的教学理念和模式涌现，如问题导向的学习、探究式学习、研究导向的学习等，但在大学中的使用很少，其中一个重要原因是老师们普遍觉得这种看似在玩的学习不靠谱，一学期玩下来学生肯定学不到什么东西。之所以有这一误解，是因为大部分老师对学生的学习行为不了解，不知道现在的大学生喜欢什么样的学习环境和氛围。实际上，项目式学习或者更高级的研究导向的学习，学生能够在学到更多的知识的同时，锻炼他们解决问题的能力。

五、误解五：运用所学知识练题是能力培养

现在各个层面都在倡导培养学生的能力和素质，所以很多大学教改的出发点也是培养学生的能力和素质。遗憾的是，很多老师对能力和素质有误解。例如，有数学老师认为，多让学生练课后练习题就是培养解决问题的能力。这一误解的根本原因其实是现在大学普遍对能力和素质没有一个清晰的定义和共识，笔者认为这也是接下来深化教学改革首先需要明确的事情。

六、误解六：把课堂交给学生就是培养自主学习能力

越来越多的老师认可大学课堂要培养学生的自主学习能力，于是很多老

师通过翻转课堂、混合式学习等方式，把大量的学习都留给学生，以为这种完全让学生自学就是培养学生的自主学习能力。这其实是对教师在培养学生自主学习能力过程中重要作用的忽视。学生的自主学习能力，并不是自主掌握特定知识的能力，而是包括如何看待社会现实，如何把知识和现实的问题相联系，如何形成一套思考社会和解决社会问题的方法论和体系，而这些方面的获得，都需要老师的引导。

七、误解七：学生在大学里的学习主要是在课堂发生的

尽管现在很多老师把大量精力花在如何提升学生学习体验上，但遗憾的是，绝大多数的改革主要聚焦于如何改进课堂，把学生的学习主要设定在课堂的环境中。实际上在互联网之后，学生的学习可以变得无处不在，特别是如何把学生的日常生活和学习联系起来，变得越来越重要。大学教学改革，如何拓宽学生学习的情境，更多地把真实场景中的学习纳入改革范围，是当前大学教学改革需要考虑的问题。

八、误解八：所有的学生考 90 分以上的课程是成功的课程

学生学业评价对于学生学习的重要性不言而喻。很多老师指出学生的学习很功利，只盯着考试和成绩看，一点都不假。其实，如果学生不功利，连自己的成绩都不看重了，不知道老师还有什么办法能把学生调动起来。这实际上考验大学里面到底应该如何测评学生的学习。现在很多教学改革在谈成效的时候，往往通过学生考试成绩的提升来说明，有些老师把某课程所有学生都及格，一大批学生都考 90 分以上作为很骄傲的事。这实际上是有问题的，一门课程如果所有学生都在八九十分，基本可以判定这个考试是失败的。

大家都知道现在倡导过程性考核，而不是终结性考核，而过程性考核的

优势之一就是能够给学生的学习提供反馈，从而引导学生接下来的学习方向。如果若干次过程性考核，学生的结果是 90 分，基本上对于学生的学习不会有多少反馈，应该是考核设计不合适的表现。

九、误解九：把课程搬到在线平台是一种教学创新

混合式教学、MOOC 课程、翻转课堂等无疑是这个时代的教学创新聚集地，很多老师的教学做得非常花哨，但是很少考虑这种花哨到底对学生的学习有什么价值。从本质上讲，整合在线学习只是手段，要达到什么目的必须明确。笔者看到很多老师在做在线课程时，一味追求在线视频的质量，好像视频质量好了学生就学习体验好，实际上是很大的误解。

所有整合线上线下的学习模式，都首先必须回答，这种新模式对学生的学习意味着什么，不应该盲目去追求视觉上的美观，也不要觉得运用了技术手段就是创新，而是真正考虑这些创新对于学生的价值。

十、误解十：做科研好的老师教学也会好

尽管这是最后一条，但绝不是最不重要的一条，相反，这条在当下的国内大学，堪称最大的误解之一。我们的教学改革要做得好，纠正这一误解必不可少。

仔细观察目前的大学教学改革，可以说很多还在用科研的思维在做教学。例如，很多学校教学改革的一些规定：教授给本科生上课，把学校引进多少人才（如杰青、长江学者）作为教学改革的举措。有很多学校的教学改革经费主要花在了引进少数几个人才身上，而不想着如何利用有限的经费提升学校里所有老师的教学能力。

这些现象，除去用教学改革的幌子来做科研做指标的情况外，可能存在的一个深刻误解就是，认为科研做得好的老师教学也会好。殊不知教学和科研是两个完全不同的领域，每个大学老师都知道太多的科研人才的课堂惨不

忍睹，也见到太多科研上寸草不生的老师课堂生机勃勃。这一误解的另一个直观体现就是现在高校设立了很多老教授组成的教学督导组，还赋予了这个团队非常大的权力，甚至有时候会当场训斥很多年轻老师很好的课堂教学，阻碍大学里真正的教学创新。笔者曾在很多场合表示高校应该取消督导组，或者至少重组这个团队，让真正做创新的老师在这里指导其他老师。尽管学校教务部门不喜欢这样的观点，但这实际上决定了真正的教学创新能不能在一个学校生长和持续。

一言以蔽之，大学要想做好教学改革，首先要放弃引进科研人才的想法，把目光聚焦到大学已有的教师队伍上，想方设法去提升所有老师的教学能力，不要妄想通过引进几个人才就改变一校的教学水平。

第二节　教师的想象、大学的立身之本以及教育的未来

不知道在大学工作的同人们，会不会经常考虑这几个问题：

学生在大学四年，到底能收获什么？

大学老师上一门课对学生的影响有哪些？

我们每个人所做的工作，对学生成长的价值是什么？

大学作为一种专业的机构，应该有自己在支持学生成长中很清晰的独特的逻辑和路径，这样才能让大学和社会、家庭支持人成长的功能相区分，才能让大学长久存在下去。这种独特性，在过去很长时间可能就是传授知识，而且确实也管用。现在教知识可能不再是大学的独特之处，而且单纯靠教知识也支撑不了现在人的成长。所以，大学的专业价值到底在哪里呢？如果我们想象中的一套能影响学生的逻辑和路径不能清楚地表述和复制，大学如何才能为学生提供价值？

之所以有这样的追问，源于和很多大学管理者、教师以及教育研究者针对开篇那几个问题的对话。在这些对话中，笔者越来越感觉到即使是身处一线的教育者，自身也说不清楚教育中这些关键的问题。

不难发现，现在教育一线中做得最扎实也是最通透的，就是给学生教知识。翻开一门课的大纲，关于如何给学生教知识的设计很详细很具体。同时我们也发现，很多一线老师想象的自己课堂的价值，其实远不止教知识。

例如，有老师说：我的课上会教知识，但是学生获得的不仅有知识，还有其他的东西。如追问：还有什么。答复是：这个说不清，但是凭我这么多年的教学经验，只要学生认真学，肯定有丰富的收获。

也有老师这样回答开篇的问题：大学的主要价值不是给学生教知识，而是依靠大学的文化来育人。很有意思的观点，如追问：什么是大学的文化？这种文化是如何来育人的？答曰：我对文化了解不深。

也有老师这样回答：我是教理科的，我们这种学科知识点太多，都是基础性的，所以是教知识为主，文科的课程可以更好地培养学生那些能力和素养。

更多的感触，来自近几年主办西浦全国大学教学创新大赛时看到的很多教学创新案例，每年的决赛很精彩，二十组入围选手同台切磋一整天。每位选手上台一开始就会有很吸引人的观点，诸如我的课程目标是培养工程师，我的课程以培养学生解决问题的能力为目标，我的课程瞄准高阶目标……

每次听到这些，都会聚精会神听他们介绍自己是如何在一门课中实现这些宏伟的目标的。但遗憾的是，很多时候大家都不会介绍自己如何提升学生的高阶能力和素养。大家讲完了高阶目标，就转身开始介绍自己是怎么一步步把知识教给学生的。当然也会有一小部分选手会提出一些超越教知识的举措，但是细究起来，教学的实践和目标之间并没有明显的逻辑关联。

我们把这种老师们实践中在努力地教给学生知识，但心里却想象着自己正在提升学生的素养，或者心里想象着自己要提升学生素养，但是教学实践却无法支撑自己的目标的现象，称为教师的想象。这是一种典型的话语体系和实践体系的分离。

当然，在大多数情况下，老师们并没有意识到自己身上存在这种现象。尽管这种教师的想象在各级各类学校中广泛存在着。这几年国家大力推动教育教学改革，强调高阶目标的重要性，因此老师们也都一股脑儿往前冲，一眼望去课程的目标全是高阶的，但是基本上没有逻辑可靠的、可复制甚至仅仅是能说清楚的实现高阶目标的教学策略。

当然，这种现象的存在，也并不必然说明学生上大学就只能得到知识，可能真的还收获了其他很多东西。只是说不清楚学生是如何得到这些东西的，哪些教育的活动对学生获得这些东西起了支撑作用。而且，由于大学是以支持人的成长为核心使命的，而由于每个人的差异很大，对这个人的成长管用的东西对另外一个人未必管用。一位老师用起来有效的教学策略其他老师拿去也不一定能有好的结果。这些因素极大地增加了教育的复杂性，更不用说还有更宏大的社会的、文化的和制度的因素也会影响特定教育策略的效果。

这样看来，当下大学的一个基本的特征就是，极力追求对学生高阶能力和素养的影响，但是并没有一套说得清的可在不同学生和老师身上复制的提升能力和素养的逻辑和做法。这种现象，很有可能会动摇大学当前在社会体系中不可替代且不容置疑的发放文凭的垄断性地位，也会让教育质量保障的一些基本理念无法落地。

从现在丰富多样的教育变革实践可以有直观体会。例如现在创新创业能力是高校非常重视的一个人才培养目标，国内几乎每所大学都开了相关课程，但是问题是，通过课程教授到底能在多大程度上提升学生的创新创业能力呢？

有位朋友介绍美国一个创新创业培训项目提升学生创业能力的做法：在为期一周的课程中，学生被分成小组，每个组给一定数额的资金，然后利用这些资金购买一些生活必需品，接下来在荒无人烟的沙漠中度过一周时间，大家成功地坚持下来，这个课程就算通过了。这也是创新创业教育。那这两种教育方式哪种更有效呢？可能没人能回答这个问题。因为我们很难去衡量这两种情境中学生的收获到底是什么、有多大。

再举一个培养学生国际视野的例子。国际视野几乎是现在每所大学的人才培养目标中都有的一个词。但是大学怎么才能有效提升学生的国际视野呢？不同的大学有不同的做法。有些学校开设诸如跨文化沟通这样的课程，有些学校通过扩大留学生规模来营造国际化氛围。这些举措到底是否能有效提升学生的国际视野呢？

再介绍美国密涅瓦大学的例子。这所学校很重视培养学生的国际视野。其主要做法是让学生在大学四年到全球五大洲不同的城市中和当地人一起合作解决当地的一个真实问题。这也是国际化教育。以上两种国际化教育哪一种更有效呢？可能也很难有确切答案。因为我们说不清到底这两种教育对学生国际视野的提升贡献有多大。

接下来的问题是：这种说不清道不明的东西，会是大学在未来的立身之本吗？之所以这么问，是因为现在社会上关于大学未来的讨论和担忧越来越多，有很多人认为现在由于线上教育的普及知识的学习变得很简单，人们不再需要到大学去学习知识，因此大学存在还有什么价值呢？于是很多人就提出，大学接下来应该注重能力和素养的培养，这个功能很难像教知识那样被线上教育取代。

如果果真这样，我们该如何去想象大学的未来？

首先，如果大学最核心的价值——培养学生的能力和素养——无法表述清楚也无法衡量的时候，如何持续地赢得社会的信任？这可能并不是杞人忧天。其实在今天，很多用人单位已经看破了大学的神话，意识到大学毕业并不意味着就一定可以具备某种能力。

从竞争环境看，如果我们把视角放到正在快速变化中的教育生态体系，会发现在这个处于绝对核心地位的高等学位颁发者——大学周围，已经出现了很多与之合作的各种各样的创新性企业，这些企业关注某一个方面，但是在这个领域比大学做得好很多。例如阿里云物联网学院、刺猬科技、得到大学、混沌大学、淘宝大学等，这些企业都开发了自己的育人产品，这些产品的逻辑听上去一点都不比大学的逻辑差，可能还会更好。大学如何在与这些体制灵活、创新精神十足的企业的竞争中取胜呢?

如果按照很多专家讲的,未来大学不再是唯一的学位颁发机构,或者当下文凭社会的文化被打破,大学如何与这些机构竞争并保留其一席之地呢?

其次,对于大学自身来说,守卫大学质量的保障体系如何落地操作也将是一个大挑战,最近国家提出"学生中心,结果导向,持续改进"的高等教育质量理念,理念本身非常好,但是需要把"目标—结果—任务—衡量"这样一条线走通,教师的想象恰恰无法满足这里的基本逻辑。

其实这个问题目前已经困扰着很多学校,如最近推动的师范专业认证,听说要求计算出来每门课程每个专业对毕业要求的贡献度,要用数字来表达。很好奇这需要多么神奇的手段才能把这种对学生能力和素养的贡献用数值计算出来。

最后,面向未来,希望把这几个问题抛给未来的大学:

未来上大学还会是年轻人追逐的目标吗?

在未来学生到大学四年,到底能收获什么?

未来大学里面每个人所做的工作,对学生成长的价值是什么?

第三节　高校教学改革要防止打错靶子

一、潜心教学改革老师的别样烦恼

一位大学老师在微信朋友圈分享了她的教学改革故事,她的学生这样评论她的课堂:"某老师和我们吹,前几届学生都不用她上课,她就坐在下头听学生讲,偶尔纠个错就好了,她很怀念以前那种课堂氛围。我头一次听说把吃白饭说得这么清新脱俗的"。下面是这位老师的感想:"雾霾天一大早看到这样的评价也是心塞和冒火——选择以学习者为中心的教学改革本来是想通过做中学让他们学到更多的东西，居然被认为是'吃白饭'！而设计和组织一个这样的教学比自己单纯讲授花了太多的时间和精力！不得不说，面对这学期某些专业课程自己要追着某些童鞋要作业、一再重复基础课程的知识点等等导致教与学效率的下降，确实让我想起几年前专业课上与学生共同探讨课题的活跃气氛！本来还在反思这学期课程出什么问题怎么改进的时候，这个帖子真让我开始怀疑某些教学付出的价值呢？！[发怒][抓狂][咖啡]"。

这位老师是笔者的朋友，笔者深知她在教学方面做了很多探索，也积累了不少经验。但即使是这样对教学有激情的老师，有时候也难以招架学生似乎不甚人情的评价，如果学生再闹到学校去，可能教学改革也要夭折。举这个例子，是想说现在老师很难做教改不仅是因为没时间做，很多时候是吃力不讨好，明明为了学生好，反而得不到学生的理解和配合。其实在实践中我们还经常听到老师抱怨，笔者的另外一位朋友很苦恼，因为每到期末考试学生就逼着自己画重点，尽管他不厌其烦地给学生解释，学习不只是为了这些所谓的"重点"，这门考试也不会简单考这些知识点，但学生还是会翻脸，指责他不负责任，还说其他的老师都是划好重点帮助学生复习。笔者也听到有很多老师为了学生评教自己的分数不要太低，本来有一些很好的改革理念和想法却不敢付诸实施。

我们往往说教学改革让大学育人质量更高，实际上学生有时候并不买账。学生会说原来的教学方式很好，老师上面讲我下面听，现在折腾我每天要做作业还要跟老师互动讨论。如果每门课都是这样，可以大概测算一下，现在大学里面大一、大二学生一天绝大部分时间都在上课，每一门课都翻转，学生课前预习、课上讨论、课后复习，学生的学习时间显然是不够的。这个问题是多方面原因造成的，所以并不是说老师改变了，教学改革就成功了，还有很多其他问题。更重要的是首先要搞清楚，教学改革对学生来讲意味着什么。

二、当下绝大部分的高校教学改革打错了靶子

作者认为，教学改革不等于学生的成长，当前很多大学的教学改革没有对准靶子，仅仅在教师和教学相关的要素（课堂、教材、专业等）上做文章。笔者检索了第一期部分"双一流"高校最近一次公开发布的本科教学质量报告的主要教改措施（表4-1），可以看出，不管学校的排名如何，教改基本上围绕着几个部分：一是国家或者学校主导的人才培养改革计划（实质是对课程、培养年限、教材和专业等教学要素的重新组合）、课程改革、实践教学、教材建设等，里面偶尔涉及一些关于创新能力和创新创业教育的内容，也基本上是从教学的角度来谈的。尽管这些高校都狠抓改革，可以说花了很大的工夫改进教学，但所有这些改革都是课程、课堂和教材这些以"教"为主导的理念之下的要素的改革，这些改革基本上把手段当成了目的，打错了靶子（图4-1）！

表 4-1　部分高校的教学改革主要措施

学校名称	本科教学质量报告中的主要教改措施
北京大学（2015）	1. 顺利开展"基础学科拔尖学生培养试验计划"；2. 稳步推进人才培养基地建设；3. 加强课程改革和建设，持续推进英文、小班；4. 医学部教学改革（八年制人才培养方案）；5. 加强本科生国际交流；6. 学生科研创新能力培养；7. 加强实践教学，梳理人文社科实践课程，开展创新创业教育；8. 完善教材建设体制机制，强化教材调研工作
清华大学（2016）	（一）教学条件建设。1. 教学经费投入；2. 图书和信息资源；3. 校园信息化建设；4. 实验室和设备；5. 教学用房。（二）专业建设与改革。（三）课程与教材建设（精品课程建设，教材和教学资源建设）。（四）实践教学。（五）创新创业教育。（六）教学改革成果（启动本科培养方案修订工作；要求各专业进一步凝练专业主修课程；进一步梳理通识教育课程体系，灵活大学外语课程学分要求）。（七）本科招生。（八）国际化培养
复旦大学（2015）	1. 专业建设；2. 课程建设；3. 教材建设；4. 实践教学；5. 毕业论文与毕业设计；6. 创新创业教育；7. 拔尖人才培养；8. 国际化培养
东北大学（2011）	1. 专业建设。2. 培养方案特色。3. 课程建设。4. 教材建设。5. 实验室建设。6. 校内外实习基地建设。7. 对外交流与访学。8. 教育教学改革。（1）"十二五"改革与发展规划的制定；（2）创新型人才培养模式的探索；（3）推进"卓越工程师培养计划"的实施

学校名称	本科教学质量报告中的主要教改措施
湖南大学 （2015）	一、专业建设。1.专业培养方案修订与实施；2.专业综合改革。二、课程与教材建设。1.课堂教学规模；2.国家精品课程建设；3.慕课建设；4.通识教育课程建设；5.课程中心平台建设；6.教材建设。三、创新创业教育。1.制订创新创业教育实施方案；2.营造创新创业氛围；3.加大创新创业活动投入；4.建立校企合作育人机制。四、实践教学。1.工训中心建设；2.实验室建设。五、本科生毕业设计。六、人才培养国际化。七、教师发展。1.优化新聘教师入职培训；2.加强骨干教师教学培训；3.改革本科教学助理候选人培训；4.搭建教师发展平台
西北农林 科技大学 （2016）	1.创新人才培养模式。2.教学基本建设。（1）专业建设；（2）课程建设；（3）教材建设；（4）教学激励。3.教学改革（促进现代教育技术与教学方法融合，推动实践教学方法改革，加强教育教学研究）。4.创新创业教育。5.国际化办学。6.思想政治与文化素质教育
郑州大学 （2016）	（一）专业建设与人才培养方案修订。1.优化专业结构，强化专业内涵建设；2.深化教学改革，科学制订人才培养方案。（二）课程建设与教材建设。1.课程建设；2.教材建设。（三）教学改革。1.创新人才培养模式，提高人才培养质量；2.积极开展教学改革研究，培育教学成果；3.加强实践教学改革，强化学生实践能力；4.加强学生创新创业教育，强化学生创新能力
新疆大学 （2015）	（一）专业与课程建设。（二）人才培养模式改革。（三）实践教学与创新能力提升。（四）教育教学改革研究。（五）国际交流与合作
云南大学 （2014）	1.着力推进协同育人、文化育人、科研育人和实践育人；2.完善专业分流和副修制度；3.加强专业建设，深化综合改革；4.规范课程开设；5.加强教学建设，深入实施"本科教学工程"建设；6.加强学生创新创业教育
东北师范大学 （2013）	（一）本科教学工程项目建设。（二）专业建设。（三）课程与教材建设。1.继续推行大类平台课建设；2.加强精品资源课程建设；3.完善实践课程体系。（四）教学改革。1.持续建设学科创新人才培养基地班；2.实施本科生导师制；3.教学方法改革；4.无纸化考试改革；5.学院主动改革；6.本科教学研究。（五）学生创新创业教育。1.开设创新创业课程；2.加强创业指导；3.搭建创业平台；4.开展创业竞赛；5.扶持创新创业项目
东南大学 （2016）	一、深化培养模式改革，拓宽成长路径选择。二、优化课程资源配置，促进教学模式改变。三、加强创新创业教育，强化实践能力培养。四、加强联合协同育人，拓展学生发展视野。五、完善教学培养，促进教学能力提升
华中农业大学 （2015）	1.培养方案；2.专业建设；3.课程教材；4.课堂教学；5.实践教学；6.教学改革；7.师生关系；8.合作培养

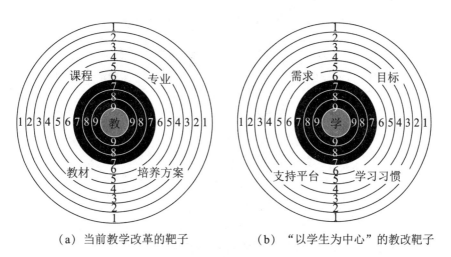

（a）当前教学改革的靶子　　　（b）"以学生为中心"的教改靶子

图 4-1　当前的教学改革打错了靶子

如果再考虑到互联网和人工智能来临以后对传统以课程、课堂和教材为主导的教学模式的颠覆，那么当前高校对基于工业革命发展起来的教学框架的修修补补显然无法满足未来社会对高校教学的需求。从这个意义上说，高校当前的教改也错把过去的教学框架中的问题作为了靶子，而没有真正注重未来社会的人的学习需求。

三、教学改革最根本的是改变支持学生学习的实践

当前的高校教改理念需要彻底的颠覆。教育教学的目的是支持学生的学习和发展，因此，教学改革最根本的是要改进大学支持学生学习和发展的体系和实践。如果把教学改革比喻为射箭，那么靶子应该是学生的学习和发展，而不是课程、专业、教材和教师，这些要素仅仅是箭头或者弓等为了射中靶心需要的工具。当下的高校教学改革，需要把学生的学习和发展作为靶心。按照这一思路，可以得到图 4-2 所示的教改思维图，瞄准学生的学习和发展后，首先要分析大学生在学习和发展方面有什么需求，哪些需求是大学可以提供的，从而得到大学的育人目标，然后基于育人目标制定实现目标的策略，这些策略包括课内和课外的活动，最后大学要有一个平台来集聚和整合资源以

支持策略的实施。可以看出，当前的教改只是在这个过程中的一个环节上（课内，已在图中标出）下功夫，显然难以真正实现教改目标。

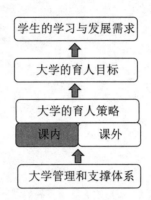

图 4-2　"以学生为中心"的大学教改思维图

真正有效的教学改革，要从源头开始，仔细分析图 4-2 中的每一个环节，而且最终的目的一定要对应到学生的学习和发展上，要把学生作为一切改革的最终受益者。以下举几个例子来说明当下每个环节的问题。

首先，我们必须承认当前学生对于自身的学习和发展需求的思考甚少，学生自己都不清楚大学学习会给自己的发展带来什么影响。北京大学的一份新生调查报告曾引起社会的广泛关注，北京大学心理咨询中心副主任在一次演讲中透露，对北京大学一年级新生的调查发现：30% 的一年级新生厌恶学习，40% 的学生认为活着没有意义，也就是不知道自己活着的价值是什么，不少人有自杀倾向，倾向自杀的学生都有抑郁症特征，情绪低落、兴趣减退，有强烈的孤独感和无意义感，不知道为什么来上学；令人奇怪的是这些学生都有良好的人际关系；另外就是家庭教育环境的独特性，并不是这些人都来自落后边远的地方，而是人群当中中学老师的子女更容易存在这样的现象。仔细思考其实不难理解这一让人十分震惊的调查报告。名校的学生在初高中的时候承载了自己甚至家庭的梦想，拼命努力考上名校，自己和家庭的梦想已经实现了，后面不知道要追求什么。在从初高中以来的整个学习过程中，除了考高分考上大学，学生好像很少思考学习对自身成长的价值是什么，因此上了大学实现了目标就很难找到新的目标。因此，大学在教改中需要梳理学生在这个阶段的学习和发展需求，并能让学生有充分的理解，这一点非常重要。

其次，学生甚至社会对大学育人目标不甚了解。尽管分析当前大学写在文本上的育人目标可以得到很多有意思的结论，但本文希望换一个思路来看看在学生和社会看来，学习的目标应该是什么。笔者在百度上输入"好学生的标准"，百度知道给出点赞最多的答案是："好学生一定要好好学习，因为学习是学生的主业，尊师重道是学生的本分。上课注意听课，遵守纪律，完成各种作业。当然还要全面发展，参加各种有益的活动，锻炼自己的各种能力。所有人都应该有知识，有技术，有理想，有礼貌，有修养。尊师重道，孝顺互让，团结互助，通过努力学习考上大学或学成一门技术，学有所成。这样才能成为一名对社会有用的人，成为一名成功的人。同时在学习的成功中获得快乐。"这种导向性和制度化的东西对学生成长有很大的影响，学生会向着这个方向去努力，但是这些描述中并没有看到人，也就是学生本身，因此这是一种看不到人的社会教育观念。

为什么会这样？从基础教育到高等教育的教育体系在很大程度上影响和塑造着学生学习的行为和习惯。表4-2和表4-3展示了对两个学校学生的调查，表4-2是清华大学大一到大四学生课内学习和课外学习的比例。从大一到大四没有太大变化，课内学习远高于课外学习，表4-3是西交利物浦大学的情况，可以看到80%以上的学生课外学习时间大于课内，超过60%的学生课外学习时间是课内时间的三倍。两校的学生在入校前都经历了基础教育的学习，几乎都有相同的学习习惯，所以这种差别都主要是进入大学以后在特定的大学制度影响下形成的，从中可以看出一个大学的体系可以对学生的学习行为有多么大的影响。所以我们谈到上文学生出现的问题的时候，不要怪学生，这些我们不喜欢的学生学习习惯都是学校高度制度化的体系造成的。

表4-2　清华大学学生课内外学习时间对比

年　　级	大一	大二	大三	大四
本学年学分	42.75	39.85	33.75	28.16
周均课外学习时间/小时	18.28	18.44	18.81	18.38

数据来源：文雯，史静寰，周子矜.清华大学教育研究，2014.

表 4-3　西交利物浦大学学生课内外学习时间对比

选　　项	小计	比例 /%
A. 自学时间：上课时间约 5∶1	92	21.65
B. 自学时间：上课时间约 3∶1	174	40.94
C. 自学时间：上课时间约 1∶1	86	20.24
D. 自学时间：上课时间约 1∶3	54	12.71
E. 自学时间：上课时间约 1∶5	12	2.82
F. 我几乎不自学	7	1.65
本题有效填写人次	425	

最后，回到现在教改的领地课内教学环节，学生的课内学习行为已经出现了巨大的制度性偏离。1996 年联合国教科文组织"德洛尔报告"指出学习的四大支柱：学会认知、学会做事、学会做人、学会共存。但是当下学生对学习的理解和这一表述有较大差距。曾经有一位改革很深入的大学领导谈到所在机构的改革时，感叹最难的还是提升学生的主动性。他介绍学校希望给学生选择的空间，让学生对自己的学习负责，但学生往往不能理解这一做法。学生希望学校最好帮他们设计好，不要让他们选择。可见，即使是当下各高校花巨大精力做的课内教学改革，也没有真正引导学生从这些改革中受益。

所以，大学改革首先需要改变学生，不仅仅是改变老师。一味给学生选择，去帮助学生提升除了知识以外的能力和素养，学生不一定能跟得上，不一定能理解为什么这样做，有时候还会有抵触情绪。之所以出现这样的状况，是因为学生的学习行为已经被过往接受的教育体系塑造成一种特定的方式，这种学习方式很难适应当前从教师和课堂出发的教学改革。

四、行政主导让教改脱离学生

当前的大学教学改革实践，可以用图 4-3 来描述。从图可以得出以下几个特点。

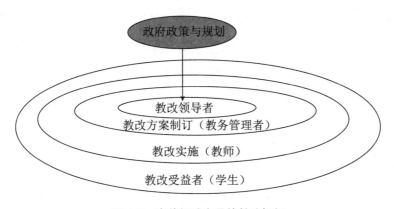

图 4-3 当前行政主导的教改框架

第一，当前的教学改革以外部政策和规划驱动，学校层面的领导缺失。我们国家的教育改革自中华人民共和国成立以来基本都是由政策或者中央政府的规划驱动的，当前双一流的规划也不例外。这种改革模式导致了学校层面的领导缺失，由于当前教育领域很少有强有力的领导者出现，学校很难根据自身的基础和实践，基于并且跳出中央的规划制定更有利于学校发展的改革策略，让改革无法体现学校的特色。

第二，教改以教务管理者主持，教师处于被动地位。当前的教改方案，基本上是学校的教务处主持制订的，体现的是管理者的意志，改革的目的是维护教务管理者所熟悉的课程、教材、专业等已经难以满足互联网时代学生学习需求的要素，教学的主要实施者教师则处于被动的位置。再加上"双一流"进一步向学校和教师要学术 GDP，导致当下学校的教学改革中，教师由于忙于发表论文而实际上处于缺位的状态，从而导致图 4-3 中外围的学生和内部的教改断了联系，而且可以预测，在双一流的政策周期内，一流大学和一流学科的教师集体上还会处于缺位状态。

第三，教改方案制订者并不与学生接触，因此难以了解和触及学生的真正需求。政府的政策制定者和学校教务管理者作为教改方案的制订者和主持者,基本上很少与学生接触，他们对当前学生的学习需求和状态并不十分了解，了解学生的教师甚至学生本身并没有参与教改方案的制订，因此，当前的教改很难触及学生的学习和发展需求。

简言之，当前教改的主要问题在于脱离了学生，面向未来的高校教改需要从理念到体系进行全面的颠覆，踏踏实实从学生的需求出发开展改革。

第四节　教学改革如何从学生端做起：引导学生改变学习习惯

前文提出，当前的高校改革必须从学生端开始做起，不能仅仅围着教师和课程转，而应该把改变学生的学习习惯从而帮助学生提升自主学习的能力作为改革的出发点和归宿，这种学生端的教学改革包括五个关键方面。

一、教改目标要清晰具体，大学教学改革要以学生成长为根本目的

大学、教师和学生都需要清楚课堂教学的目标是什么，具体是为了学生哪些方面的发展。曾经有专家调侃现在大学课程的教学大纲中关于育人目标的描述，说这短短两三行字，几乎可以适用所有课程的目标，把英语课的育人目标换成化学课的也没什么不妥。这说明大学里面对课程教学目标的思考不细致，连老师都不清楚一门课到底要给学生什么，只是一些宏大的一般性表述。比如说大学数学课到底能够给学生提供什么样的帮助，让学生在哪些方面提升，数学课的目标和英语课的目标有什么不同，很少有人能够回答出来，自然地学生学习了这门课程在哪些方面提升了也不甚清楚。近些年来国家和大学都提倡素质教育，也就是把学生除了知识以外的能力和素质的提升看得很重，但要真正帮助学习提升这些方面，首要的是想清楚大学课堂的价值，并和具体的知识、能力和素质相联系。

二、教改策略要系统，大学的教学改革要从学生出发做系统改革

学生是改革的第一步，只有瞄准了学生的需求，老师、课程、专业等的调整才有方向，而且老师也不是教学改革中唯一的主体。学生在大学里的学习，更多地受整个大学的氛围和文化环境的影响，教学改革只有和课外的要素如学生工作等结合起来，才能取得好的效果。我们时常能看到一些大学对毕业生的访谈，请他们回顾在大学期间对自己影响最大或者最难忘的事情，很多学生的回答都和课堂没什么关系，说明课堂在学生的整个大学生涯中的作用是有限的。学生成长是大学整体氛围作用的结果，课堂只是一部分，因此改革要从学生出发，做一个系统的方案（图4-1）。

但从大学整体的角度来支持学生成长的"以学生为中心"的视角在当下的大学实践中并不多见，当前主导的理念还是以教师和行政为中心。常见的情况是只要谈到人才培养，一般都是教学院系和教务处的工作，包括学生工作部门、国际处、人事处、财务处等其他行政部门并不觉得和学校的育人工作有直接关系，这是当前大学系统地改革育人体系非常困难也迫切需要改进的部分。

改进的第一步是大学中的所有人需要转变自身的角色认知，要充分认识到每一个人和学生学习和成长的关系，当然，认知的转变是最困难的，很多资深的员工浸淫于以教师和行政为中心的体系中几十年，对自身的角色形成了根深蒂固的看法。为了帮助大学所有的员工理解自身在学校育人体系中的价值，西交利物浦大学领导与教育前沿院开发了一套大学育人质量评估框架。这一评估框架是围绕"以学生为中心"的教育理念而开发的针对大学育人质量的全面评估体系。该体系的核心内容是评估学生在校期间的收获以及大学的育人目标、课堂教学、课外活动、管理体系、学习环境等五个方面支持学生学习和成长的程度。这个诊断式框架希望帮助高校认识到自身在这五个方

面支持学生成长的程度、最优实践以及需要改进之处，并有针对性地提供改进建议。

这五个方面，实践中课堂教学是大家关注最多的，学校除了需要反思课堂教学是否真的支持学生成长以外，还需要关注其他四个方面。例如大学管理体系对育人也有很大作用。现在很多学校学生到了行政部门办事，很多时候都会遇到门难进、脸难看、事难办的情况。这种氛围显然是无法培养出来有责任感、热心的人才的。学校如何对待学生，学生将来就会怎样对待别人。所以任何一个学校的人和部门，都对学生有影响，学校的管理体系如何能够关注到学生成长上面，也很重要。

三、大学教学改革要把提升学生主动性作为关键环节

教学改革真正关注学生本身，最难的在于如何通过教学提升学生的特定能力和素质。例如，瓦格纳在《教育大未来》一书里提出了未来社会高竞争力人才需要的七种能力，包括：好奇心与想象力，跨界合作与以身作则的领导力，批判性思维与解决问题的能力，灵活性与适应力，有效的口头与书面沟通能力，评估与分析信息的能力，主动进取与开创精神。先不评判这是不是就是未来人才需要的能力，假如说这七种能力在未来很重要，就要问几个问题，大学是不是能在这方面给学生有改进和提升？学生如何在大学提升这些能力？大学的课堂真的可以帮助学生提升吗？需要怎么做？文雯、初静、史静寰（2014）研究提出四种高校里面的高影响力活动，包括学生在真实情景中发现和解决问题，学习任务涉及知识面广，需不同学科、不同专长的学生合作完成，教师是学生自主学习的引导者和促进者。这为大学有效提升学生竞争力提供了参考。

从学生端出发进行教学改革，关键在于调动学生的积极性和主动性，让学生真正成为自己学习的主导者。这其实是对学生学习习惯甚至对学生对于自身学习的认知的改变，需要和学生的校园生活相关的所有活动主管部门和

教师共同努力才能有实质改变。我们听到很多老师抱怨自己设计精美的课程教学方案很难通过学生这一关。例如布置了课前课后作业不做，鼓励课堂讨论但没人愿意发言，这些问题除了教师本人的教学技巧外，也与整个学校的大环境有关，试想一下，如果一个学生的五门课中有四门课是通过老师讲知识点划重点、学生短期突击通过考试的方式学习的，只有一门课采用过程性考核和研讨式教学等新的理念和方案，这门课很多时候不会得到学生的好评，学生也不会买这个老师的账。因此，要改变学生的学习行为，需要五门课同时作出改变。当然，这种改变对当下的高校难度很大，首先需要有一套系统的课程改革模式和方案。

四、建立教学改革的共同体

首先，教改必须作为学校的"一把手"工程，由书记和校长亲自主持改革。由于"以学生为中心"的改革要求所有的学校部门和员工都成为改革的参与者，因此只有书记和校长才能推动这样的行动，仅由主管教学的副校长负责很难取得实质性进展。书记和校长作为改革主持者主要负责两件事，一是教改的理念和基调要确定好，特别是"以学生为中心"这一理念要成为统领全校所有部门的核心理念；二是要领导建立教改的共同体，把教师和管理者的命运绑在一起，通过机制的改革调动所有人投身改革当中。

其次，要重新定义学校所有员工的角色。"以学生为中心"的教改和当下"以教师为中心"的教育体系存在的一个根本不同就是，大学里所有的员工都要把学生的学习和发展作为自身工作的核心追求。因此，当下所有员工（领导者、管理者、教师、行政员工）对自身的身份认同需要作出改变。领导者要从过去的管理者变为理念的引领者，管理者要从行政资源分配者转变为学生学习和教师教学的支持者，教师要从过去课堂的主导者转变为学生学习的辅助者，行政员工要从官僚职员转变为专业的学生发展支持者。

五、成立教学改革的协调体系和部门

当前高校的教学改革，基本上是教务处支持和协调的，简单分析一下教务处的组织架构，不难发现基本上都是以对教的管理为主要业务，并没有对学生学习的支持和服务，因此，当前的教务处基本上无法主持"以学生为中心"的教学改革任务，必须改革教务部门或者成立新的教改主持部门。

"以学生为中心"的教改主持部门要满足几个条件。一是能平等地协调全校的所有资源和员工。当前的学校发展和规划处或者党办校办具备这样的特点，但也存在通过行政命令的方式来调动资源很难真正调动所有参与者的积极性的问题。二是需要深刻地理解当前学生的学习和发展特点和需求，现在的高校行政部门基本没有这样的员工，国内除了专门研究学习的教育专家外，也没有这方面的专业人才。三是要直接对书记和校长负责，而不是对其他领导负责。四是要按照学生的学习和发展需求来设立组织结构，如至少应该有专门的学生学习研究和评估部门、学生学习方案设计部门、学生学习资源协调部门。五是要能相对超脱地设计教改的方案，而不需要把自身的利益牵涉其中。

很显然，这样的部门在当前的大学里面是不存在的，并且在既定的行政体系框架内也无法建立这样的部门，因为既要能协调所有人，又不能使用行政权力，还要懂学生学习和发展的专业问题，并且能和自身的利益撇清关系。因此，改造现有的大学部门或者建立新的部门都很难从根本上推动改革，有效的做法是建立一种网络化的平台和协调机构。

第五节　教学创新的三重境界

当下教学改革和创新在基础教育和高等教育阶段搞得轰轰烈烈，国家也不断号召学校和教师教学创新。大量的教学创新案例随之涌现，本节主要讨论两个创新中的基本问题：什么样的教学创新是好的教学创新？如何评价形形色色的教学创新案例的优劣？

笔者认为，教学创新可以通过两个维度来评价，一是教学的目的或者学生收获，二是教学的手段或者学生的学习流程。

教学手段

教学目的	旧手段，旧目的 0	新手段，旧目的 1
	旧手段，新目的 2	新手段，新目的 3

图4-4　教学创新的二维度划分标准和等级

按照这个划分，可以得到三种类型的教学创新，新手段新目的，新手段旧目的，旧手段，新目的。

因为教学创新都是基于已有的实践而言的，此处的新和旧主要是针对当下的教学实践当中是否存在特定的创新要素。例如，如果一位老师在一门课程的教学中提出目前教育中很少关注但对学生发展非常重要的目的，那就是新目的，如果这位老师实现这一目的的手段也是一种新的不常见的方法，则也是新手段。

什么样的创新是好的创新，和时代背景有很大关系。结合当下互联网和人工智能对教学的巨大冲击,这个时代的教学创新的三种类型有不同的价值，可以分为教学创新的三重境界。

一、第一重境界：新手段，旧目的

新手段，旧目的是一种非常常见的教学创新类型，当前大部分的教学创新均属于此类。其基本的特征就是创新手段更好地达到旧的目的。例如，给学生教知识是一个被广大教师广泛接受的教学目的，现在很多教学创新就是通过运用新手段来更好地达到这个目的。例如通过录制慕课帮助学生学习知识，通过师生互动来帮助学生更好地消化知识，等等。

尽管手段创新也能更好地促进学生学习知识，但是在当前的教育大变革时代，单纯的手段创新对于学生长远发展的价值很有限，因此是一种较低价值的教学创新类型。

二、第二重境界：旧手段，新目的

旧手段，新目的主要包括那些重新认识和塑造教学和课堂价值的改革。例如，讲授式教学是一种非常常见的教学手段，过去几十年老师采用这种手段主要是给学生传授知识，但是现在知识爆炸的时代，学生不再需要花费大量时间听老师传授知识，而是通过老师的引导来进行自主学习，培养自主学习能力，因此讲授就变成一个引导过程，而不是知识点的传授，这是典型的旧手段，新目的的创新。

再如问题式教学，过去主要是通过问题引导学生的知识学习，但近几年用来提升学生解决问题的能力，尽管流程大同小异，但目的差别很大。

旧手段，新目的之所以是一种较高境界的创新，主要体现在其相对前沿的符合未来社会对人才需求的教学目的，其用相对熟悉和成熟的手段来达到更加高阶和高价值的目的的特征也使创新本身更具有可操作性。

三、第三重境界：新手段，新目的

毫无疑问，新手段，新目的是当前教学创新中难度最大价值也最大的教学创新类型。现在全世界的教学改革所共有的特征就是颠覆性，即我们过去教育中非常基础的一些理念和做法在当下都需要重塑。例如过去教学目的以教知识为主，现在更多地强调培养学生的能力和素养等高阶目标，过去的教学更多地依赖教师在课堂中的讲授，现在强调在全新场景中的体验式学习，如在线学习，虚拟现实场景甚至真实社会场景中的学习。

一方面当下的很多教学创新强调高阶目标，另一方面要实现这些高阶目标也需要寻找和创造新的教学手段。因此，如果能做到教学目的和手段的双重创新，这毫无疑问是具有极高价值的创新类型。

本章接下来介绍的研究导向型教学，就是一种试图运用新手段（项目式、研究型）来培养学生新目标（问题解决能力、批判性思维、合作能力、信息素养等）的教学创新类型。

对于有教学创新热情的个体老师，当然鼓励大家去追求高境界的教学创新，这样自己大量的付出才能够创造更大的价值。

第六节　什么是好的教学创新

什么是好的教学创新，是当前每一位想做教学创新的老师需要首先明确的问题，更是高校的教学部门应该明确并引导老师的方向。

在详细论述这三条标准之前，首先有必要讨论一下，为什么要做教学创新，因为这个问题直接影响了教学创新的评判标准。

普通的一线教师，为什么每个人都要做教学创新？有三股力量不容忽视。

一是现在的学生毕业后的工作中的能力需求。毫无疑问，我们今天课堂上支持学生的学习，都是为了帮助他们将来走向工作岗位后，具备胜任这个岗位的能力。由于人工智能技术的影响，很多行业和岗位发生根本性变革，牛津大学的研究者预测，未来十年内，65% 的现有工作岗位将会消失，实际上现在 70% 以上的会计师工作都可以由机器人来完成。也就是说，现在的大学生，在他们毕业五年之内，其工作场景和能力需求会发生根本性的变化，那么，作为大学老师，如何才能支持自己的学生在未来具备应对工作场景和能力需求变化的能力？这应该成为老师做教学创新的源动力。

二是互联网对于老师和大学知识垄断地位的冲击。新冠疫情之前，

MOOC 课程建设已经成为教育部的重要工作，已经作出规划要在几年之内建设两万门精品慕课。世界知名大学实际上已经开发和共享了很多优秀高质量的在线课程，可以说，凡是我们大学里教授的课程，可能都可以在网上找到优质的在线课程。当然，疫情以后，进一步极大地丰富了在线学习资源，据统计疫情的一个学期在我国产生了一百多万门在线课程资源。可以想象，假如我是一所普通的大学里的一位普通的老师，我的学生可以很轻松地在网络上找到我所教授的课程的在线课程，这些课程很有可能是这个领域最知名的教授开设的，还有不同语言的版本，当我站到教室的讲台上，如何才能吸引着学生专门到教室来上我的线下课程呢？我的线下课程如何才能区别于这些线上课程呢？更进一步，我如何才能利用这些线上资源优化我的线下课程呢？这些问题也应该成为老师做教学创新的源动力。

三是我们如何才能给背景越来越复杂多元的学生群体个性化的学习体验。随着大学毕业生终身学习的需求日益强烈，大学可能很难再仅仅给 18 ～ 22 岁的学生提供学习支持，而是对录取的学生提供终身学习的服务。想象一下，当老师们的课堂上有从 18 岁到 60 岁不同年龄的学生在一起上课的时候，我们应该如何设计教学？这也应该成为老师做教学创新的源动力。

把上面的三点总结一下，就是面向未来的才是好的教学创新。这里的面向未来，最重要的是面向学生未来的发展需求和学习需求，以及面向未来的教育发展趋势。

具体地讲，面向未来的教学创新，有三个基本标准。

1. 瞄准高阶的目标

这个是最根本的标准，一个教学创新的价值大不大，首先要看教学的目标是什么。如果还是以知识的传授为主，则不管老师花了多少精力用了什么花哨的技术，都不会是好的教学创新。好的教学创新，一定要瞄准高阶的学习目标，如这几年大家讲了很多的自主学习能力、解决问题的能力、数字素养以及跨文化沟通合作能力等。其实这些能力并不是新鲜事物，我们教育系统中已经喊了很多年，只是从来没有老师真正把这些目标落实到自己的课程中。

一线老师把高阶目标作为自己课程的目标，需要勇气，因为这有不小的难度。难点之一在于，现在国家倡导至少几十种高阶的能力和素养，而一门课程只有三四个月，可能只能较好地支撑一两个高阶目标，那到底应该选什么能力和素养作为一门课程的目标呢？这需要充分的论证，好的教学创新，应该有好的论证。

难点之二，就是对于能力和素养的分解，这是绝大多数老师忽视的地方。很多老师一开始介绍自己的课程时，开始的时候气场很大，说我的课程培养这样那样的能力和素养，继续追问是怎么来支撑学生这些方面能在几个月的时间内有变化时，很多老师就答不上来。这个问题出现的根本原因是，很多老师的高阶目标太宏大、不具体，因此往往老师自己都抓不住其核心。例如，很多老师都说解决问题的能力是自己课程的核心目标，但是解决问题的能力是一个抽象的概念，如果一门课程的目标仅仅停留在这个层面上，老师是很难有效支持学生的。老师们还需要做的，就是把解决问题的能力这个目标进一步分解和具体化。例如可以分解为提出和识别问题的能力、根据问题搜索和整合相关知识的能力、与别人合作开发解决方案的能力，以及评估问题解决方案的好坏优劣的能力等。如果老师们能把解决问题的能力细化为这些具体的能力，则可以更轻松地给学生提供支持。

总结一下，课程瞄准高阶目标，老师不仅要把高阶的能力和素养列为课程的目标，还需要有清晰的思路为什么这些能力是自己课程的目标，以及把抽象的能力和目标具体化为可操作的能力和素养。

2. 对高阶目标的达成度有清晰的衡量

设定好了高阶目标，接下来就是要在一门课实施的过程中以及课程结束后的考核和学业测评环节，把这些高阶目标的达成度作为设计的基本原则。换句话说，就是要通过考核来衡量学生通过这门课程的学习，其高阶目标的达成情况。

这是这几年流行的结果导向的教育（outcome-based education，OBE）的一个核心观点：设置了什么目标，就要在考核中考核什么目标。这个说起来容易，做起来很难。为什么？因为 OBE 是在传统的知识传授为主要目标的实践中发展起来的，我们现在相对比较在行的是考查学生的知识掌握程度，所以在以知识导向的教育中，OBE 体系不难实施。但是在能力导向的教育中，OBE 很难，难就难在很多能力和素养，我们也不知道有什么好办法去相对准确地衡量。例如，我们把解决问题的能力作为一门课的目标，那么老师如何才能衡量学生通过几个月的学习，解决问题的能力的改进水平呢？我们还很少见到有什么好的办法。当然，难衡量的高阶目标还有很多，例如自主学习能力、社会责任感、爱国主义精神，这些目标都很难衡量。这也给当下的教学创新提供了崭新的话题，谁能开发出一套衡量高阶目标的办法，一定是很有价值的教学创新。

3. 有系统的学习活动和流程设计支撑高阶目标的达成

最后一条标准是是否有设计有效的学生学习活动和流程，来支撑高阶目标的达成。我们在一门课程中设计了高阶目标，这些目标并不能自动达成，而是通过学生参与特定的学习活动后形成的。那么问题就来了：什么样的学习活动才能有效地提高学生的高阶能力呢？例如，学生参与什么样的学习活动，其解决问题的能力能有效提升？听老师在课堂讲课能提升解决问题的能力吗？学生自主学习能力、社会责任感和爱国主义精神等能力和素养，要靠什么活动来支撑？现在还没有一个可以广泛复制的做法，因此，好的教学创新，需要说清楚提升学生高阶能力的有效学习活动和流程是什么。

学习活动的创新，是目前做得最多的创新领域，大多数的教学创新，其主要贡献就是设计了一些新颖的学生学习活动，例如历年西浦大赛中出现的研究性学习系列活动（识别问题，检索信息，解决问题）、把竞赛的流程引入课程当中等。

简言之，好的教学创新，是有高阶的学习目标，有丰富的学习活动来支撑高阶的学习目标，且通过测评学生的高阶目标有效达成了的创新。

第七节　技术促进教学的三重境界

现在大学教学中利用技术已经不稀奇，甚至技术已经成为教学创新中必不可少的要素。但遗憾的是，并不是用了技术的教学就是好的教学，本节就和大家探讨如何利用技术做好的教学。

首先，技术是双刃剑，用到教学上也一样。

尽管我们都希望技术促进学生的学习，但也在实践中看到利用技术强化那些我们正在或者需要抛弃的传统理念的例子。笔者看到有一所学校，花了很大的人力和物力，开发了一套非常先进的系统，这套系统可以通过在教室安装摄像头，通过人脸识别实现点名功能，可以监控是否有老师迟到早退等问题，也可以通过分析学生的抬头率和课堂表情来分析和考核教师教学质量。系统的中央控制平台可以随时调取正在上课的所有课堂的情况。这是一个很恐怖的故事，不知道学生和老师们知道了会怎么想。

除去技术对教学产生负面影响的情况，本节主要希望讨论技术正面促进教学的三重境界。这种划分主要是依照技术是否改变学生的学习目标和学习流程两个维度来作出的。

第一重境界是利用技术强化或者改进传统线下学习流程的某些环节。此处传统线下教学是指在技术出现之前的主导性教学模式，一般包括课程设计、课堂教学、师生互动、考核评价等关键环节，其对学习目标和学习流程有相对确定的设计。当新技术出现时，新技术可以让这些环节更高效地完成，但是不会改变学生的学习目标，也不会改变学生的学习流程。例如师生互动，对于大班教学来讲往往是一个挑战，但在线学习平台可以通过创建虚拟在线讨论组很好地支持大班教学中的师生互动和小组合作。

目前慕课的教学创新很火热，国家也提出要建设上万门慕课课程。慕课尽管利用了技术，但是不一定就是好的创新，有学者研究了中国 1 388 门慕课课程后发现，95%的慕课是把传统的灌输式教学模式搬到了互联网上，这种创新，充其量只是利用新技术来强化传统的教学中的某些环节。

第二重境界是利用技术扩展学生学习空间和场景，改变学生的学习流程，但是不改变学习目标。例如在线学习的一些方法，翻转课堂，微课等。这些方法基本上还是以知识学习为目标，但是改变了学生知识学习的流程。例如过去学生的学习基本上是先教师讲授，然后学生理解和练习应用，翻转课堂则是通过在线平台学生先自主学习，然后老师讨论和互动，学生知识学习效果往往更好。

第三重境界是利用技术环境收集的大数据驱动学习流程和学习目标的持续重构。毫无疑问这是一种崇高的境界，也是最难以达到的境界。现在很多虚拟学习平台可以收集到学生的大量学习行为和结果数据，如果把这些数据进行系统分析，则可以一方面充分地了解学生的日常学习习惯，然后帮助学生更好地调整学习行为；另一方面也是老师甚至整个学校持续改进教学理念、学习目标设计以及教学管理和政策的出发点和驱动力，同时还是开展个性化教学的基础。目前有些学校建设的智慧教室（需具备大数据收集分析与反馈功能），就可以实现同时革新学习目标和学习流程两个方面，是比较典型的高阶创新。

尽管我们很难精确地把所有依靠技术的教学创新划分到这三种类型中，但是希望这种划分对打算利用新技术的老师最大化教学创新实践提供启发。

其次需要指出，利用技术的教学创新能到什么境界，除了和教师自身相关外，还取决于学校层面的技术环境和平台资源。如果学校没有一个适合于本校的虚拟学习平台，那么谈高境界的创新对老师而言往往是空中楼阁。

第八节　研究导向型教学：面向未来的教学创新

随着互联网和人工智能等新兴技术的冲击，教育正面临着根本的变革，

大学转型

从教师主导到以学生为中心

变革最微观的表现就是专业和课程教学的改革。2018 年以来，国家先后提出课堂革命、一流专业和金课等项目，掀起了专业和课程层面的改革浪潮。

这轮改革的核心特征是系统的范式革命，即从过去"以教师为中心"到"以学生为中心"的转变。当前实践中的教学创新可以分为两类，第一类是对"以教师为中心"体系下存在的问题的改进，其背后的逻辑依然是"以教师为中心"。这类教学创新多从教学内容出发，探索如何更好地把知识教给学生，其创新的着力点在教师、教材和教学。第二类是针对如何实施"以学生为中心"的教学探索。这类创新以培养学生面向未来五年、十年甚至更长时间需要的能力和素养为出发点，革新学习结果、学习环境和学习活动等方面，寻找真正能提升学生能力和素养的教育方案。这些探索是真正面向未来的教学创新。

一、面向未来的教学创新要解决的核心问题

面向未来的教学创新，即是把支持学生未来五年、十年甚至终生的生活和工作需求作为教学基本使命的创新，也是秉承"以学生为中心"理念革新既有教学理念和实践的过程，其基本出发点有三个。

1. 去探索今天的学生在未来生活和事业中所需要的核心素养和能力是什么

众所周知，互联网和人工智能已经改变且仍在改变人类的生活方式，引发第四次产业革命。在数智化时代，人类幸福生活和成功事业所需的能力和素养和工业革命时代不同。例如数字素养、创新能力以及可持续发展理念等将成为未来每个人最基本的需要，这也是今天的大学课堂必须支持学生提升的目标。除此之外，由于人工智能和机器人的快速发展，未来各行各业每个人的工作环境可能都是人与机器人的合作，机器从事其所擅长的工作，人则专注于机器无法从事的诸如复杂问题解决、情感关怀及创新等方面的任务。这就要求每位大学老师去梳理自己课堂中的学生将来会从事什么样的任务，这些任务需要学生具备什么样的能力和素养。这是面向未来的教学创新中非

常重要的学情分析，也是确定课程学习结果的基本方式。

2. 通过线下教学如何引导学生自主学习海量的在线学习资源解决真实的问题

在互联网技术的支持下，最近十年出现了海量的在线学习资源，如慕课以及在线数据库等。这挑战了传统的知识传授教育模式的根基，即大学课堂和教师对相关领域知识学习的垄断地位。互联网出现之前，学生要想学习深入的专业知识，主要的学习途径只能是课堂和老师。但今天大学课堂中老师教给学生的知识，学生可以非常轻易便捷地通过其他途径学习到。那么教师显然不能再像过去那样一门课只是教几十个知识点给学生。现在的大学课堂需要整合利用海量的在线学习资源，引导和支持学生具备自主地学习和利用这些资源的能力，从而当他们毕业后，具备终身学习的能力。

3. 如何通过课堂给学生创设激发兴趣和追求个性的空间和环境

每个学生是独特的，每个学生内在的潜能都是无限的，大学课堂的价值不在于给学生教会了多少知识，而是是否能给予每个学生个性化关怀的环境，激发每个学生的内在潜力，让学生对自己充满信心。要做到这一点，老师不能再为所有的学生提供一样的支持，不能要求所有的学生学习同样的东西。

二、研究导向型教学

研究导向型教学就是在以上三个核心问题的牵引下提出的一种面向未来的教学理念和方法论。研究导向型教学既不是在教学中引入最新的前沿成果，也不是让学生去做研究，而是把学生的学习过程设计为一个研究的过程，学生在真实问题的引导下，通过自主学习解决问题。

（一）基本理念

1. "以学生为中心"

研究导向型教学秉持"以学生为中心"的理念，认为学习不是习得客观的知识，而是学生认知和行为的永久改变；提倡学生通过体验而不是灌输来达到目标，致力于让学生在实践和生活中学习，而不是把学生隔离在远离真实社会的教室里。

2. 以能力和素养为目标

研究导向型教学注重培养学生解决问题的能力、合作沟通能力、自主学习能力以及创新能力。学生在这些能力的训练过程中，会在问题的引导下自主地学习需要的知识和能力。因此，在研究导向型教学中，知识的学习是实现能力训练的手段，不是课程的目的。

3. 实践问题导向

研究导向型教学倡导学生在课程中的学习从关注真实社会中的问题出发，而不是从理论和知识体系开始，为学生设计一个以解决实际问题为线索的学习流程。

4. 个性化的学习空间

研究导向型教学希望给每个学生提供充分发掘自己的兴趣、并且按照自己的兴趣来开展学习的机会。这种个性化包含了学习动机、内容以及评价的个性化。

（二）学习流程

研究导向型教学包括学生研究导向型的学和教师研究导向型的教，图 4-5 和图 4-6 分别展示了研究导向型的学习和教学的流程。

图 4-5 学生研究导向型学习的流程

图 4-6 教师研究导向型教学的流程

学生的研究导向型学习，有四个环节非常重要，一是课程的学习从学生感兴趣的现实的现象和问题出发，而不是从理论体系和知识点出发；二是学习的内容是在特定的问题引导下广泛收集各类知识和信息，以及对各类知识和观点的整合吸收，而不是在一本教材或者教师划定的范围内的知识记忆与反复训练；三是学生要有广泛深入的小组合作经历，而不是自己一个人得到一个问题的解决方案；四是学生的学习终结于提供特定问题的解决方案并对方案的评估。

（三）教学流程

教师要支持好学生的研究导向型学习，需要把握几个关键步骤：第一，引导学生从自己身边的现实问题和现象出发进行学习；第二，引导学生的自主学习流程和活动；第三，引导学生在特定问题下收集和整合相关知识和信息的活动；第四，对学生的学习及成果提供过程性反馈；第五，为学生创设小组合作空间并做合作学习引导；第六，引导学生开发问题解决方案并学会评估解决方案的优劣和适用条件。

（四）适用范围

研究导向型教学的根本不是具体的教学技巧，而是一些教学中的基本理念和原则，这些理念和原则可以随着学生、老师和课程的不同而有不同的表现形式。因此，研究导向型教学具有广泛的适用性，能够适用于不同的专业、课程及学生。

当然，不同的情境中，可以设计独特的研究导向型教学策略。例如，工科和社会科学由于离现实生活很近，其实施研究导向型教学相对简单清晰。理科特别是数学一般认为实施研究导向型教学有挑战。其实，大家之所以认为数学难运用，并不是学科本身不适合，而是数学教师难以转换理念，从以教知识特别是公式定理的既有观念中解脱出来，真正培养学生通过学习数学提升他们未来急需的问题意识、问题的符号建构、创造性解决真实问题、使用计算资源以及协作等数学技能。

再如，研究导向型教学对所有年级的学生也都适用，只是不同年级和背景的学生教师的角色需要有不同的侧重。例如对于低年级和没有研究导向型学习经验的学生，可适当侧重问题设计引导、学习流程引导、知识框架引导，降低学生的问题解决方案的要求。对于高年级和有研究导向型学习经验的学生，则可把重点放在问题解决方案的改进上，对于问题设计、学习流程和知识框架等方面的引导可以弱化。

最后，对于学校的类型，所有希望面向未来社会的需求培养学生的能力而不是知识的学校都适合采用。很多人认为只有研究型大学或者学生成绩好的大学才适用，这是误解。采纳研究导向型教学和学生的学习成绩没有直接关系，并不是说高考成绩不好的学校的学生就不适合。我认为研究导向型学习作为一种新型的学习理念和模式，对于所有通过高考进入大学的学生而言，其运用的难度是相同的。

研究导向型教学的核心，不再是强制学生学会多少知识，而是通过和学生的日常生活相联系，调动学生学习的动力和积极性，并且通过一个问题解决的流程去训练学生的能力，释放学生的内在潜能。只要把握住这一点，就会理解即使是高考成绩差的学生，也同样适用采用研究导向型学习。

三、讨论

（一）理论教学与实践教学

理论教学和实践教学是大学中两类基础的教学模块。其中理论教学负责知识的传授，实践教学则注重知识的应用。在国内大学人才培养方案中，一个基本的假定是，学生要先学知识，然后才能去运用知识解决问题。因此，我们的教学设计也是先做理论教学，然后做实践教学。

这一假定在教育实践中有巨大挑战。首先，学生在一开始学习知识体系时，往往不知道为什么要学习这些知识，茫然且不感兴趣。很多学生因此丧失了上课及参与的主动性和积极性。其次，很多实践教学并没有发挥既定的目标，一些实习实践项目往往走马观花，学生根本没有机会去尝试运用自己学习的知识。因此实际上目前大学教学中还是以理论教学为根基的。

除了正规教育体系，我们每个人在日常的生活和工作中，从来不是自己先去学习一个知识体系，然后寄希望于将来会利用这些知识去解决碰到的问题。而是我们先会碰到各种各样的问题，当碰到的问题我们不知道如何解决时，就会通过各自途径去收集知识，把有用的知识进行整合，最终解决问题。这个过程中会涉及一个人解决问题能力的几大核心环节，如是否能深刻认识问题的本质，是否能有效收集和整合对解决问题有用的知识，是否能基于已有知识创新性提出自己的观点和方案，是否能提出和衡量一个问题解决方案的优劣和适用条件等。这些同样也是当前我们大学教育中希望训练学生的能力环节，但是由于先理论后实践的设置，一门课很难真正有效提升学生的这些方面。

研究导向型教学倡导先做实践教学，让学生在真实的社会和实践中去发现问题，提出问题，然后通过开放性的视野去收集学习所有能解决问题的知识，最终解决问题。这颠覆了先上理论后实践的假定，而是借鉴我们人类日常生活中解决问题的路径，通过问题调动学生学习的积极性，通过问题带动学生自主学习整合多元的知识，提升问题解决能力。

（二）知识传授与能力训练

这几年提出要把能力和素养作为教育的核心目标，这在很大程度上是针对过去几十年整个教育体系把知识学习作为核心目标的做法提出的。目前教育实践中存在着一个基本的悖论，即一方面我们提倡要把能力和素养作为核心目标，而另一方面大学专业的人才培养方案和课程教学大纲基本上是围绕知识体系建构的，老师们的课程教授，很多时候连知识的传授都来不及做完整，从而很难有时间有机会去关注能力的训练。

这一悖论的形成，源于我们这个教育体系中的另一个关于知识学习和能力训练之间关系的基本假定,那就是学生只有学习了知识,具备了一定的基础,才能去训练能力。

研究导向型教学实际上颠覆了这个假定,学生能力的提升,可能并不一定需要以特定的知识作为基础和前提。知识的学习和能力的提升可能是同时发生、相互促进的。因此,研究导向型教学并不追求一门课程是否给学生教授了一个完整的知识体系,因为这个体系和训练学生能力之间并没有前后关系。研究导向型教学的核心理念,是一开始就让学生走入真实的世界,在这一情境中找到自己感兴趣的问题,在感兴趣的问题的引导下自主地学习知识。这是一个从一开始就瞄准能力训练的路径,当然学生在解决问题的过程中也会学到知识,只是这个知识学习更多的是学生主导的,学生最后得到的是围绕特定问题的跨学科的知识体系,而不是在某一个细分学科领域的知识体系。

(三)教师与学生的角色

最近几年的教学改革中,经常提到教师和学生角色的重塑,从过去教师主导的状态向"学生主体、教师主导"转变。其核心目的是希望从学生学习的需求出发而不是从教师的教学需求出发来设计教学,也是希望学生能够通过实质性参与到学习中从而提升学习效果。但是,由于目前的课程设计主要是围绕内容进行的,老师在一门课中的教学,最关注的还是课程内容,而课程内容基本上是提前由老师或者课程大纲确定下来的,学生并不能实质性参与到学习的设计中,本质上还是被动地参与。这就导致学生很难通过课程的学习训练其自主学习能力。

研究导向型教学倡导学生既是学习的主体也是学习的主导者,而老师是学生学习的支持者和引导者,不再是主导者。教师不做主导者,就给了学生自己去针对学习目标设计学习计划的机会。例如学生可以根据自己的兴趣提出个性化的问题,可以自主决定如何收集资料,自主地进行团队合作,自主地提出问题的解决方案。基于这些活动,学生的自主学习能力得到训练。在这个过程中,教师的引导角色体现在引导学生如何提出一个有价值能解决的好问题，引导学生如何收集有效的资料，如何整合知识形成自己的观点，如何与不同的人进行合作，以及如何去开发和评价一个问题解决方案等。因此，老师也真正从一门课教给学生几十个知识点的压力中解放出来。

（四）终结性考核与过程性考核

大学课程中考核方式是非常核心的创新环节，也是最近几年实践中改革最频繁的一个领域。其基本的改革方向是从终结性考核向过程性考核的转变。这种转变的核心理念也是为了体现"以学生为中心"，即课程的考核也要以促进学生的学习为目标。研究导向型教学没有特别规定需要采用的考核方式。但是，研究导向型教学对于考核的价值有特定的理解。考核的目的不是给学生一个分数，而是给予学生反馈，促进学生的学习。而要发挥这种作用，一般要采用过程性考核的方式。

在以知识为导向的教学中，考核的反馈作用很难有效发挥出来，因为知识点的学习，过程比较短暂，现在很多考试，多是考查学生基于特定知识点的反复强化练习的效果，考核前后学习内容没有太大变化，因此没有多少实际反馈信息。

研究导向型教学的过程性考核，多以学生解决特定问题的方案的优劣作为主要考核点，给学生的反馈也主要聚焦于学生的解决方案还可以如何进一步改进。

（五）研究导向型教学如何培养学生的自主学习能力

首先，学校应该给学生充分的自主学习空间。在西浦，每个五学分的课程，学生总学习时间（学时）是 150 小时，这其中有大约 30 小时的授课时间（课时），以及 20 小时左右的讨论课，剩下 100 小时左右是学生自学时间。这就给学生清楚地展现了在一门课上的学习，不能仅参加 30 小时上课和 20 小时讨论，这只是三分之一，还有另外自主负责的三分之二也是必要的。这就从学校层面给学生自学时间，而不会出现学生从早到晚都在上课，无法有自主学习的时间的情况。

其次，教师要引导学生的自主学习活动。研究导向型学习对于通过高考进入大学的学生会有不小挑战，因此，不管是引导学生从现实问题出发，还是在特定问题下整合知识、小组合作等，都是老师引导学生自主学习的有效举措。一个学生自主学习能力高不高，直接反映在其自主地运用图 4-5 所示流程的程度。老师引导学生的自主学习，就是帮助学生熟练地运用这个流程。

（六）研究导向型教学如何培养学生的批判性思维

批判性思维包括用证据说话、整合不同观点，以及对因果和相关性因素的重视。在开放性问题环境下，批判性思维才有价值，才有训练提升的可能性。研究导向型教学提倡从开放性问题出发开展课程学习，这就为批判性思维的训练提供了前提，对任何观点的批判，只有针对特定的情境和问题才有意义。

另外，批判性思维的训练需要多种观点的碰撞，如果老师把一本教材或者事先假定为正确的东西教给学生，则很难训练其批判性思维。研究导向型教学鼓励学生在特定问题引导下广泛搜索相关的资料和信息并进行整合，这个过程可以很好地训练学生的理解并取舍整合不同观点的能力。

（七）研究导向型教学如何培养学生解决问题的能力

解决问题的能力，包括通过现象抓住问题的本质、能够找到和问题相关的知识并通过整合形成自己观点、能够形成问题解决方案并且学会评估方案等方面。这几个方面的能力分别在学生研究导向型学习的几个阶段进行训练。例如，在第一阶段从开放性问题出发的学习，就可以训练学生对社会问题和现象的洞察力。形成透过现象看本质的能力。第二阶段广泛搜索资料则是训练学生的知识收集和整合能力。全过程中教师的反馈则是训练学生对自身解决方案的认知和评估的能力。

（八）研究导向型教学如何培养学生合作沟通能力

合作沟通能力需要在学生执行特定的合作沟通任务的过程中来训练。在研究导向型教学中，学生需要在特定的问题的引导下开展学习并提供解决方案，这为合作学习提供了空间。同时，在开放性问题解决环境下，才能有效锻炼学生的沟通协调能力。当然，在这个环节，教师对于学生的合作进行引导往往是很必要的，特别是当学生合作中出现搭便车或者少数学霸包揽所有任务的情况，老师如何引导学生的参与性和合作行为就非常重要。

第九节　研究导向型教学案例：可持续发展课程

本节以作者设计实施的一门大一跨学科社会创新课程为例，来展示如何在大学课程教学中采用研究导向型教学。本门课程在 4 所国内高校落地，称为"第一届跨学科社会创新课程"。

一、课程基本情况介绍

第一届跨学科社会创新课程项目由西交利物浦大学领导与教育前沿院发起，联合其他 3 所各具特色的中国高校（四川大学、西南交通大学和山西师范大学）合作开展，由澳门同济慈善会支持，探索一种符合互联网和人工智能时代的新型大学课程，从而提升学生解决问题的能力、社会创新的能力和沟通合作的能力，最终解决当前高等教育改革中对课程改革以及学生引导方面的不足。

项目的实施横跨文理工科，西交利物浦大学从 2019 年 2 月起以"可持续城市与社区""淡水生态系统"为主题进行实践，3 所合作院校从 2018 年

10月起以"绿色校园"为课题，从备选的10个主题自选或自主拟定相关话题进行实践，与学生校园生活息息相关，且有助于推动高等院校的校园可持续生态文明建设。

各院校开展此类课程的经验不同促进了本次项目的多样化。西交利物浦大学作为中外合作办学机构，在课程建设方面融合东西，并且在过去几年两次开展类似的课程，有丰富的经验；四川大学作为知名高校，合作团队已经连续4年开展跨学科的可持续城市系统项目；西南交通大学则在全校范围内推出近60门跨学科课程，有在学校整体推进跨学科课程建设方面的经验；山西师范大学作为西部省属院校，过去几年把大学的教学改革和研究导向型教学作为重要的战略，进行了全校范围的教学大改革，具备开展进一步课程改革探索的条件和氛围。因此，各校项目的具体执行计划均由各校负责人根据实际情况制订。

为跟踪各校社会创新课程（"绿色校园"项目）的实施情况和中期学生转变，针对跨学科社会创新课程体系建设的几个关键性问题进行集中讨论，四校合作团队合作举办了跨学科社会创新课程主题论坛（中期互访交流活动），来自4所高校的50多名学生和20多位课程相关教师齐聚成都，不仅分享了各校学生和老师上学期项目的进展情况和心得体验，更重要的是集合了学生和教师两种角度共同讨论跨学科社会创新课程的核心环节和基本原则。学生分享了项目中期成果及其在此过程中的收获，尤其是在学习方面的认知转变和能力提升。授课教师及相关教务人员分享了跨学科社会创新课程体系建设的过程、主要环节和关键要素，同时提出了在课程运行过程中遇到的困难及其解决方案。会上，4所学校几十位同学和几十位老师同场平等研讨什么是好的跨学科社会创新课程。

2019年10月12—13日，首届四校社会创新项目成果展及研讨会在西浦举办，四川大学、西南交通大学、山西师范大学与西浦师生共20组团队在决赛现场展示了他们实施一年的跨学科社会创新项目成果（表4-4）。除了展示这一年的成果，本次活动还邀请不同院校、不同年级的学生与社会创新领域的专家、学者及教师实践者共同就跨学科研究导向的社会创新课程的建设进行研讨。研讨内容包括跨学科社会创新课程面临的课题选择、课程评估、学生自主学习、课程组织管理及推广、教师工作量等 9 个核心问题，聚焦学生和教师在项目开展过程中遇到的痛点和难点，分享各校不同的解决方案，从而梳理出跨学科社会创新课程的框架、关键步骤与基本原则，促进此类课程建设的可持续发展。

表 4-4   第一届跨学科社会创新方案大赛参赛项目

学　　校	序号	项 目 名 称
山西师范大学	1	校园废纸现状调查及再利用策略
	2	舒翼计划——校园女性力量项目
	3	特色教育——二十四节气
	4	新校区绿化
	5	便捷空间
	6	师大 GC 时代
四川大学	7	四川大学江安校区用电现状与节电潜力研究
	8	可持续城市系统（校园绿色屋顶）
	9	宿舍垃圾分类回收"一网打尽"
	10	四川大学江安校区长桥改造设计
西南交通大学	11	VLK 废旧自行车再利用——健身与手机充电相结合的趣味装置
	12	互联网＋交换柜
	13	基于 LCZ 理论的校园热环境调查与优化策略——以西南交通大学犀浦校区为例
	14	大型木质繁花规
	15	闲置书籍的重生——循环利用交互性平台的设计与创新
西交利物浦大学	16	创新饮用水中微塑料的检测方法
	17	公共场所人流监控方案
	18	雨污水临时处理装置
	19	基于对苏州明月湾古村落的认知与保护的游戏策略
	20	居民生活垃圾分类面临的问题及解决方案——以月亮湾社区中的菁英公寓为例

结合首届项目的探索和反思，西浦 ILEAD 已建立"高校跨学科课程创新联盟"，邀请对此类课程感兴趣的学校与老师加入，进一步探索如何把这类课程在不同的高校落地。

二、课程的基本原则

（1）本项目由学生主导，不是教师主导。学生根据兴趣和自身需求进行报名和选题，教师主要起引导、咨询和激发学生的作用，包括背景讲授、指导学生修正研究课题、指导研究方案、指导学生掌握相关知识与基本研究技能。

（2）本项目探索的话题一定是现实生活中亟待解决的社会或校园问题，该问题无专业限制，具有一定挑战性，有利于促进社会各方面的可持续发展。

（3）每所学校的项目团队（教师团队和学生团队）一定是跨学科团队，并且每个研究小组的学生和其对应的指导老师需要跨 2 个及以上专业。

（4）本项目由学生自主报名并通过教师筛选后进入。本项目主要面向学有余力并对跨学科学习感兴趣的学生，没有专业与年级限制，但是建议报名学生有时间并对跨学科学习有充足的热情。另外，允许学生在合理的情况下提前和导师协调后退出项目。

（5）本项目的最终成果为针对特定问题的解决方案，以及基于方案和校园可持续发展相关的机构合作促成方案落地的行动与实践，我们鼓励学生团队在得到特定解决方案后促成方案落地实践。落地合作方的评估反馈亦是体现项目是否成功的重要指标。

（6）本项目指导老师团队的组建由各学校自主组织和管理，教师自愿报名。鼓励对教学创新感兴趣并有时间贡献于教学创新的教师参加。同时，各学校可根据自身情况设定教师激励制度和项目跟踪反馈制度。

（7）本项目并无强制的学分要求，各学校可根据自身情况设定学分制度以及对学生和教师投入时间的要求。

（8）项目组织方将为各校在项目研究阶段产生的实际开销进行补贴。补贴申请流程为：提交研究方案及预算—方案及预算通过—产生开销后用发票进行报销，补贴无具体金额限制，依据实际发生金额。

（9）项目组织方主要负责搭建平台和提供一套完整的项目流程，并补充缺乏的资源。组织方前期将提供一套基本的项目流程方案供各校参考，中期将持续维护四校交流平台，收集、整理并分享各校项目进度与实施情况，终期将协助各校进行成果考核和交流分享。

（10）项目结束后将举办与项目相关的比赛，但大赛不以评奖为目的，主要为各校参与项目的教师和学生提供更多的交流机会并引导学生反思通过此项目实现的能力和素养的提升。

三、课程的核心环节

本课程采用研究导向型的教育理念，该理念提倡学生明确大学课程学习的人生意义和价值，从实际问题出发，在教师的引导下，广泛收集资料，通过小组合作，提出问题解决方案并反思学习收获。因此，本过程包含六大核心环节：育人目标—问题驱动—资料收集—小组合作—解决方案—反思总结。

1. 育人目标

课程应以学生成长为根本目标。课程带给学生的价值不应该仅仅是知识点的传授，教师在课程开始初期需要明确大学定位及社会发展趋势对人才素养、能力和知识的需求，而通过本课程的教授又能相对应地提高学生哪方面的能力和素养。因此，教学大纲中关于育人目标的描述不应该是笼统的、通用的,而应该是明确地、具体地说明学生完成本次课程学习后将获得哪些知识、提升哪些能力和培养哪些素养。然后在课程开始的第一堂课上，教师已不再是简单地告诉学生通过该课程的学习将掌握到什么知识点，而应该是侧重地向学生描绘学习此课程会给他们带来什么认知和能力方面的影响、对学生的人生意义和价值，并介绍教师为何如此设计与安排和课程相关的学习活动。例如在"可持续发展"课程中，学生需要就一个社会问题提出一种解决方案，课程伊始，教师应该点明该课程目标之一为提升学习者对可持续发展观的理解,提醒学生在设计解决方案时,应思考如何促进该解决方案的可持续发展性。培养学生的社会责任感也是该课程的目标之一，那么教师可以阐明关注社会问题的重要意义和其与个人社会责任感培养之间的关系。

2. 问题驱动

本课程由一个或多个真实的社会问题驱动。该问题应该具备以下特征：第一，它与现实生活相关，它发生在真实的情景下，研究需求是真实存在的，研究对象是真实具体的，为提出解决方案，学生需要完成真实的任务，如实地调研、居民走访等。例如，"居民生活垃圾分类面临的问题及解决方案——以月亮湾社区中的菁英公寓为例"项目中，随着中国垃圾分类时代的到来，居民垃圾分类意识亟待提高且垃圾分类能力亟待培养，学生前期实地调研对比上海地区和苏州地区的垃圾分类现状，然后提出解决方案后在菁英公寓进行试点实践，因此驱动探究的问题需要有真实性。另外，解决真实的问题可以为学生带来成就感，源于生活也将激发学生探究的兴趣。第二，它应该有较高的社会价值，这个问题在人类社会中是普遍存在的，并且解决此问题存在紧迫性，解决后将产生巨大的社会影响力和社会价值，有利于促进社会各方面的进步与发展。第三，它应该具有挑战性，具有挑战性的问题一般是开放的（没有标准答案）、复杂的、无专业限制的、需要学生通过大量的研究调查和跨学科的整合分析从而提出解决方案。第四，它应该是清晰具体的，在一个大的主题下，对学生所探究的问题的陈述应该是方向明确的、细致清晰的、具体完整的，因此开始研究项目的第一步应该是探究问题的澄清和研究目标的确立，基于对不同的研究问题的兴趣，学生组建不同的研究小组。

3. 资料收集

本课程需要学生主动地进行资料的收集与整合。首先，教师不需要将所有知识点在课堂上进行完整讲授，可以给学生留出一定的学习空间，当学生发现所学知识不足够解决问题时，便会在课下主动地寻找学习资料进行补充学习。其次，教师引导学生正确地理解自主收集资料进行学习的目的和意义，这是对学生学习习惯的重塑，是从传统的被动接受"喂食"到主动地寻找"食物"的转变，这将培养学生独立思考、调动主观能动性为解决问题寻找大量资源的能力。最后，教师教授学生资料搜索的方式和途径，这便是"授人以鱼不如授人以渔"，既然没有也做不到将"海"中的"鱼"全部填鸭给学生，那就应该教给学生"捕鱼"的方式，例如，对于线上的资料收集，教师主要教授学生如何使用图书馆或外部资源进行相关文献的检索、如何辨别可靠的网络资源、如何正确地引用学术资源、如何采用批判性思维进行文献综述等；对于线下的资料收集，教师应该引导学生确立实地调研的目标、方式、行动计划并参与指导调研后的总结反思等。例如，在"运用游戏策略进行古村落保护——以苏州明月湾古村落为例"项目中，教师先引导学生在网络上搜寻相关政府政策及规划，从而对地区情况进行充分了解后，学生开始实地调研，在线下实地探访过程中了解政策的实际执行情况并进行数据采集，最后，教师根据学生反馈的真实现象引导学生思考其背后反映出的根本性问题。同时，在实践中可以发现，线上收集资料技能的教授不是仅仅发生在课堂上的，很多高校的图书馆或信息支持部门也为学生提供了相关的技能培训活动或信息咨询服务。例如，在西交利物浦大学，图书馆每学期都会为学生开设一系列的文献检索课程，邀请来自外部数据库公司的专家为学生介绍如何使用其数据库资源，同时，图书馆专门开设了数据咨询服务，学生可以根据需求预约相关教师一对一提供数据咨询服务。

4. 小组合作

本课程的学习均由学生小组合作完成。以下因素会影响小组合作的顺利进行。

第一，学生如何进行组队？在本课程中，学生组队均由学生自主完成，学生因为拥有共同的研究兴趣而组成研究小组，不是由教师提前根据成绩搭配或随机分配完成。例如在四川大学的"可持续城市系统（校园绿色屋顶）"课程中，学生进入课程后先填写研究兴趣或希望探究的话题，然后教师将拥有共同研究兴趣的同学或提出类似研究话题的同学进行初步组队，在研讨课程中学生组内或跨小组交流确定最终的组员名单。

第二，小组组长如何确定？大量的实践表明，小组合作中组长很少由教师指定，更多的是学生自主提出然后组内讨论通过，或组内投票产生，这种民主自治的方式有利于调动学生的积极性。

第三，组员如何进行分工合作？一方面每位学生都应该有清晰独立的任务，另一方面组员之间要保证信息互通和深度合作。任务开始之初可以由学生小组讨论后自主挑选最擅长的部分进行处理，但是对于组内每位学生都不擅长的工作和需要共同交流讨论后才能产生结果的工作，应该由组长带领组员通过合作解决，此刻也需要教师的引导，如教师可以设立定期的小组讨论时间，引导学生养成定期会面分享进度或交流所遇困难的习惯，同时倾听每组情况，适时提醒或引导学生进行跨专业思考与合作，对于学生无法解决的学术问题，教师可以提供相应的资源或教授学生获取相关资源的方式。例如，在西南交通大学的"'微'可持续校园设计与建造"课程中，教师在课程刚开始的几周将教授与可持续发展相关的知识，随后在每周一安排了探究小组与教师见面讨论的工作坊，教师也会针对学生普遍遇到的问题进行系统的知识补充。

第四，如何评价小组合作？很多教师反映在小组合作中经常出现"搭便车"的行为，目前最有效的方式便是给予每位学生不一样的分数，那么难题便是如何给学生打不一样的分数。基于此次实践，团队合作的评价应该由两方给予，一方是教师，教师可以根据学生口头演讲介绍和答辩提问确定每位成员的贡献程度；另一方是学生，应该建立完善的学生组内互评机制，学生匿名对组员进行量化打分（可以要求每组将 100 分对不同组员进行不平均分配），最后综合所有组员对其的评价形成学生互评的成绩。教师和学生的评分维度可以包括组员角色是否清晰、任务完成情况是否符合预期、参与组内沟通是否积极等。

5. 解决方案

本项目的最终成果为学生针对特定问题提出的解决方案。提出解决方案的过程包括对探究问题的清晰阐述→大量资料的收集整理→相关数据的批判性分析→解决方案的可操作性验证→落地实施后的成效展示→对解决方案优缺点的反思总结，这些步骤在学生的自主探索中一环都不可缺少，因此需要教师引导学生逐步建立解决问题的逻辑思维。此外，评价学生的解决方案可以从以下方面展开：创新性、可操作性、可推广性和完成程度。创新性体现着学生的创造力，要求学生不仅了解前辈的经验，避免雷同，还要打破固有思维。可操作性要求学生提出的解决方案不能是天马行空的，而是在现实条件下有限的时间和经费范围内，通过真正地落地实施检验该方案的可操作性，并且通过真实的数据反馈不断弥补漏洞从而实现方案的升级。可推广性促进学生思考该解决方案的适用范围，也许是将使用条件描述得更加具体详细，也许是发现适用范围甚至超出预期。完成程度是引导学生建立目标导向的思维方式，将大目标分解为阶段性的小目标，一步步完成项目整体目标。

6. 反思总结

教师和学生都在课程结束时进行反思总结。实现促进学生个人成长的育人目标不只是依赖于教师对课程设计的变革，更重要的是引导和启发学生反思自己的学习过程，这种行为的引导甚至可能引发学生对人生价值和生命存在意义的重新思考。一方面，教师对课程的总结力求对准育人目标，反思自己是否带领学生实现了课程育人目标中提及的知识、素养和能力的提升。知识的掌握可以通过项目解决方案的阐述进行体现，但是素养和能力的提高比较难以量化，可以通过问卷的方式收集学生的主观反馈，也可以在学生开始学习此课程前收集其在相关素养和能力方面的量化指标，然后在课程结束后再次收集其指标数据，通过对比验证其是否有所提升（如西浦 ILEAD "育人指标评估"方法）。另一方面，学生对课程的反思总结可以由教师组织开展，教师在结束一段时间的学习后，如项目中期和结尾，特意留出一堂课的时间或举办一场沙龙活动，组织学生交流学习体验，可以是对自己的评价、对教师的评价、对队友的评价、对其他组表现的评价等，既促进小组之间的互相了解，为学生的同伴学习创造空间；也鼓励学生进行自我反省。例如，对于社会创新项目，除去各校自己组织的反思环节或相关活动，主办方举办了两场跨校的交流活动，分别是主题为"未来课程之社会创新课程论坛"的中期交流和主题为"跨界学神：社会创新方案大赛"的结项交流，论坛或比赛只是活动开展的形式，更重要的是通过此类活动促进不同学校之间学生的互相交流与学习，最终引导学生反思通过参与此项目实现的个人成长与收获。例如在大赛中，学生需要展示的已不再是自己的研究项目本身，而是通过思考和回答以下问题，梳理和反思自己在项目中的收获。

（1）你发现的社会现象是什么？

（2）现象背后反映了哪些问题？

（3）你关注于哪一个问题的解决？

（4）这个问题的解决方案是什么？

（5）解决方案的可操作性（落地情况）、创新性和社会价值是什么？

（6）整个过程中你有什么独特的经历？遇到过什么困难？有什么收获？

四、课程的难点

1. 如何引导学生确定探索的问题？

（1）以案例的形式引导学生发现问题。例如，阐述一种社会现象，表明该现象的普遍性。介绍现象背后所反映的多种问题，包括问题的紧迫性，并引导学生学会透过现象分析其背后反映的根本性问题。引导学生思考解决此类问题的社会意义。

（2）用实际案例训练学生辨识和提出真正有意义的研究问题的能力。增设问题的交流机会。例如在介绍案例前，先让学生思考自己的答案，然后教师对其答案进行驳论式的提问，促进学生对问题的批判性思考。

（3）学生提出自己希望探究的问题并进行阐述。学生在提出自己的探究问题前应该收集相关文献资料，了解该现象或问题的背景和相关研究历史，细化自己的研究方向，并与教师反复讨论。

（4）此外，教师可为不同层次／年级的学生设置不同难度的问题。问题的设立虽然需要具有挑战性，但尽量不要过分超出学生能力范围，否则会增加学生的挫败感，不利于保持其研究兴趣。当然在探索的过程中，教师可以逐步引导学生修正问题至合适的难度，从而动态调整，因材施教。

2. 学生在哪些环节需要教师的引导？

（1）研究技能。例如，如何发现问题？如何评估问题？如何分析问题？如何收集数据？如何开展调查？如何整理分析数据？如何提出解决方案？如何检测解决方案的有效性？等等。

（2）专业知识。教师需要在关键的技术环节或学生遇到学术型难点时补充相关专业知识或提供相关学习资料。

（3）素养提升。例如，如何与他人沟通？如何与他人合作？如何进行批判性思维？如何提升创新思维？等等。

（4）心理疏导。例如，如何调动主观能动性？如何评价自己的学习？如何看待挑战？如何看待学习压力？如何平衡各类课程的学习？等等。

（5）自我反思。在项目阶段性任务完成后，教师应该引导学生辩证地审视项目进展并制订合理的阶段性目标，包括项目完成度、成员的表现与配合程度等。

3. 学生主导表现在哪些方面？

（1）选题。教师可以提供主题范围，但是具体的探究问题由学生自主设定，教师指导修正。

（2）组队。学生自主选择队友并完成组队。

（3）数据收集、整理与分析。学生自主进行线上和线下的数据收集和整理，然后进行批判性分析。

（4）解决方案的设计与实施。解决方案应该进行落地实施并验证其有效性。

（5）评估方案的制订。考核方案可以征集学生建议，尽量避免学生反感的考核方式。

（6）提出预算并管理项目经费。当项目需要经费运作时，应给学生空间自主制定预算、寻求经费支持并管理经费。

4. 如何评估该类课程？

（1）学生作业的形式可以是多样的，如项目报告、学术海报和口头答辩。

（2）评价者可以包括任课教师、学生和行业实践专家。

（3）评价维度可以从方案（社会价值、创新性、可操作性、有效性、可推广性、落地情况、项目完成度等）、能力（整合分析能力、沟通能力、合作能力、表达能力）和素养三个方面进行评价。

（4）此外，可以为学生建立个人成长档案，学生的评价不仅仅有横向的比较（与同伴之间的比较），更应该体现学生自身的纵向成长（即参与该课程前后在知识、能力和素养方面的变化）。

5. 如何减少教师的工作量？

（1）转变学生学习习惯，培养学生主动性。当学生遇到问题时，首先应该自己思考解决方案，仍旧无法解决时应该思考如何调动多渠道寻找解决方案，如咨询相关专业的同学或学长学姐，而不是遇到任何问题都采用单一的渠道不经思考便直接询问课程教师，这一习惯需要教师在课程开始之初就慢慢帮助学生建立。

（2）该课程一般由一个教师团队负责，因此每位教师的角色分工应该清晰明确。团队内部可以制定严格的教师奖惩制度。另外，为保证教师团队成员的信息互通，团队应定期组织会议，分享优秀实践或集中讨论棘手的问题。

6. 如何促进课程的组织管理积极并高效？

（1）教师团队对于课程的目标、定位、开展形式等方面的认识是一致的。

（2）课程的设计是完善的（如课程流程、时间节点、考核方式等）。

（3）教师团队在学期前、中、后需要定期进行头脑风暴式的教学研讨。

（4）提升教师团队的凝聚力，如组织户外素质拓展活动等。

（5）组织教师参加提升个人授课能力的培训项目，更新教学理念与授课技巧。

（6）注重每次的课程反馈。

（7）调动学生积极性，在行政管理方面进行放权，鼓励自主管理，如项目组组建等。

7. 如何与实践项目中不同利益相关方合作？

（1）本课程可能涉及的利益相关方有：学校教学单位、教学管理部门（如教务处、信息中心）、学生管理部门（如学工部）、学校环境建设部门（如后勤集团）、地方政府及相关部门、学生、教师等。

（2）鼓励学生主动与相关部处进行接触，了解真实的需求并获取基础数据，如邀请相关部门负责人向学生介绍他们的职责范围以及管理难题。选题确定后可以寻求相关部门的支持。

（3）邀请利益相关方作为课程评价的参与者或课程导师，从第三方角度给予学生帮助与反馈。

8. 如何在校园内引导学习和教学氛围?

学校应该为学生提供充足的校园资源（如学习和研究空间、小组讨论会议室、多媒体设备等）和与相关行业专家或导师进行交流的机会（如邀请专家提供指导讲座）。

五、第一届跨学科社会创新项目在不同院校的实施

1. 组织方面的最佳实践

西南交通大学（以下简称"西南交大"）在全校范围内推出近60门跨学科课程，采取多部门联合的全员育人模式，有着从学校层面整体推进跨学科课程实践的丰富经验。西南交通大学的跨学科课程从2015年开始立项，专业设置涵盖工学、理学、经济学、文学等学科门类的多种专业，设置五课堂融合的跨学科的个性化培养方案，由专家学者、行政管理人员、学科教师（不同学科的名师、长江学者、杰青等高水平教师）共同组成跨学科教育教师团队。教学团队中，将原本相对独立的各学习知识体系进行融合和再构建，团队进行理论和实践研究，探讨合作式学习、思维导图以及学习效果综合评价体系在教学中的应用。同时，实行专业导师制，开展小班化、研讨式、国际化和跨学科的课堂教学。

学期初，学生根据兴趣及特长选择一门主修和一门辅修专业，可从多种专业组合中选择进行跨学科的学习，此类课程一般为3学分。第一周学校为

学生安排了试听课程，第二周学生确认最终的选课课程，第三周学生将进行分组和立项，往后便是多方协作的教师授课与以学生为主导的项目探索，比较有特色的是，该课程得到了西南交大创客空间的大力支持，教师在学期中开展了许多设计——建造工作坊和主题研讨会。其间，茅以升学院领导、教务处领导、学生工作处领导、相关专业学院教授、创客空间工程师、心理中心教师与教师发展中心专聘教授组成专家团队，与教学团队的教师们一同参与学生研讨。另外，图书馆阅读与写作中心开设的阅读课程、新生研讨课中嵌入的写作模块等都有效推动了跨学科课程教育理念的更新和教学改革。

同时，教师团队通过跨学科课程评审会、午间教学沙龙等环节，以多种形式的教学思想碰撞和教学改革实践将"创新型的教学、研究型的学习、跨学科的课程"深入每个教学环节，创新教学方法，改善学生学习体验。截至目前，学校层面组织了三次大型课程论坛。例如2017年10月西南交大联合西浦ILEAD共同举办了"重构本科教学，提升学生体验"教学创新与教学管理主题论坛，其间有来自全国的300多位教师报名参加。

为保证该课程的学生体验，教务处和茅以升学院组织了一次关于跨学科课程的问卷调查。本次问卷的调查形式为茅以升学院教务办公室在各课程课间统一发放并回收，共计回收38门课程的问卷，有效问卷数为887份。对问卷统计分析，形成有效数据，并在此基础上对跨学科课程建设进行完善。

2.产学结合的最佳实践

山西师范大学作为西部省属院校，过去几年把大学的教学改革和研究导向型教学作为重要发展战略，进行了全校范围的教学大改革，具备开展进一步课程改革探索的条件和氛围。该项目目前由教务处作为一个特殊实验项目来管理，课程开设2个学期（共4学分），一学期有34个课时（2学分），以公共艺术类课程为主。学期初，本科专业二年级的学生在学校的通识课程平台进行自主选课，由于报名不到3小时报满300人，因此教师开展了一系列选拔工作，包括课程宣讲、分组面试和3次试课。最终有46人加入此课程学习，教师一方面进行理论模块的讲授，如社会创新理论、领导力理论、绿色校园相关专业知识；另一方面教师为学生提供了许多技能训练课程，如创新思维训练、领导力技能训练、研究技能训练等。相应地，学生在教师的引导下进行议题讨论、确定项目、组织调研、项目设计与实验、项目推进。

在此实践过程中，教师将此项目与创新创业项目相结合，鼓励学生思考每个项目的商业意义和社会价值，从而促进其落地实施。教师团队首先将社会创新概念进行定义，它是非商业的，但它不是反商业，更不是简单的产品设计，可以有商业的技术融入项目中，但更重要的是创新，它可以是社会制度的创新、文化的创新、观念的创新，也可以是一个行为方式的创新。

3. 科研方面的最佳实践

四川大学作为知名高校，合作团队已经连续 4 年开展跨学科的可持续城市系统项目。四川大学的本科教学正在努力推进跨学科的项目式学习课程建设，因此 2018—2019 学年，该课程开始给予学分。与传统课程相比，可持续城市系统项目课程不仅有知识点的讲授，更加注重培养学生的国际视野和本地行动。第一，该项目与美国斯坦福大学有合作，每期参与项目的学生都有机会去美国斯坦福大学进行成果汇报展示与交流访问，第二，项目探索的主题是离学生很近、又极具挑战性的校园可持续发展问题。

2018 年 10 月项目启动，由教务处在网站上发布招募书，学生自主在线提交报名信息并通过教师团队的全英文筛选进入该项目。第一学期（2018 年 10 月至 2019 年 1 月）集中在学术方面，教师教授与可持续发展理论相关的知识点，学生尝试确立研究课题。第二学期（2019 年 2—7 月）集中在实际操作层面，学生在能源、建筑、食物、垃圾、水、交通、土地和采购方面进行实践探索，形成针对第一学期提出的探究话题的解决方案。全程由学生主导，教师在每周六固定时间举办研讨会与小组学生见面讨论。

四川大学项目主要有以下特色，第一，该项目团队的 12 位教师在项目负责人带领下还分配了不同角色和任务，大家分工合作达到了管理最优化，一位项目负责人下设置了四类分管负责人——执行主管、研究主管、学生主管和财务主管。执行主管负责协调教师之间、教师与学校之间的问题；研究主

大学转型

从教师主导到以学生为中心

管负责探讨教学方法研究；学生主管负责协调学生问题；财务主管负责财务管理。第二，该项目团队教师的组建由一位教师通过邮件或非官方渠道发起，感兴趣的教师自愿参加，从而自主组成教学团队。第三，该项目鼓励学生主动对接真实用户，如四川大学相关部处、后勤集团、江安校区管委会和相关企业等，让学生身处一个真实的社会并寻求资源。

第十节　综合案例：人工智能专业人才培养范式革命

本节以当前非常前沿的新工科专业建设为例，来分析如何转业层面进行"以学生为中心"的创新。

随着新工科建设走向深入，人工智能专业成为当前高校新兴专业建设的重点之一。2018 年至今已经有 222 所高校获批设立人工智能专业，可以说人工智能专业的布局已具规模。接下来的问题是如何建设好这些人工智能专业，新工科之"新"如何落地在专业建设方案中。

笔者认为，人工智能专业的建设，需要遵循新工科建设的基本理念，瞄准未来社会对人工智能人才的需求，从专业的人才培养理念和目标、教育教学方式以及教学组织模式等方面进行系统革新，践行当前教育领域从"以教师为中心"到"以学生为中心"的范式变革。本文从四个方面分析新时代人工智能专业的建设理念和策略。

一、基于人工智能发展趋势把握未来专业人才的核心特征

实际上当前不仅人工智能专业需要人才培养模式的革新，高校所有的专业都需要。这恰恰是由于人工智能对教育的冲击造成的。

随着互联网和人工智能技术的深入发展，产业变革和社会演化加速，人的生活方式和学习方式正在发生翻天覆地的变化。在这种情况下，未来社会中的人才需要具备的素养和能力发生了变化，解决问题的能力、终身学习能力、创新精神、沟通合作能力等变得更加重要。要有效提升学生的这些能力，革新过去300年来主导的"以教师为中心"，以知识传授为目标的人才培养体系迫在眉睫。

对于人工智能专业，除了要适应这些变化外，还需要考虑其独特性。人工智能在未来可能不仅是一个行业，而是其他很多甚至所有行业依赖的基础技术，甚至可能成为颠覆很多行业的武器。

因此未来的人工智能人才不仅需要精通人工智能领域的知识和技能，还需要熟悉这种技术的应用场景，即各行各业的发展和变革。只有这样才能真正推动国家倡导的通过人工智能加快产业革新的战略。因此高校人工智能专业培养的人才，一个很重要的特征就是拥有利用人工智能技术来解决特定产业场景中的问题的能力，以及利用人工智能技术来变革既有产业或者创建新产业的能力。

二、重新定义人工智能专业的培养目标

我国当前高教体系中的专业人才培养目标基本上沿袭了20世纪50年代从苏联引进的模式，即以学科知识体系为基础设计相应的培养目标，学生课程学习的主要目的是学会某个学科领域的知识。

直到今天，国内大学专业人才培养方案中对于目标的描述依然非常简洁，主要强调学生需要掌握的知识。人才培养方案的主要内容是罗列具体的知识点以及把这些知识点安排到一个学期的教学中，遵循的是以知识点为导向的理念。

重新定义人工智能专业的培养目标是高校创新发展引领新工科建设的第一步，也是目前国家一流专业建设中产出导向理念的具体要求。重新定义专

业目标，首先是从低阶目标到高阶目标的升级。国家在倡导金课建设时提出要把高阶目标作为衡量课程质量的重要标准，所谓的高阶目标是相对于过去知识和技能类低阶目标而言的，包括问题解决能力、批判性思维、合作沟通能力、自主学习能力、数字素养等。

笔者看到近两年新成立的人工智能专业中，已经有个别专业的目标中设置了高阶目标，说明高校在这一轮的大改革中已经意识到革新目标的重要性，并且已经开始付诸行动。但是，针对人工智能专业人才未来需求的独特性，这些专业还需要研究的问题是如何把引领产业发展与变革的能力、定义和解决社会问题的能力纳入专业培养目标中。

三、探索全新的教育教学模式

要真正实现上述的人才培养目标，当前大学的教育教学模式也需要作出根本性革新。这种革新的核心理念是从过去的"以教师为中心"到"以学生为中心"，从以知识学习为中心到以健康成长为中心的转变，具体体现在以下三个方面。

第一，实际问题导向，而不是知识体系出发的学习。新工科的基本理念之一是构建跨学科的知识体系，对于人工智能专业，可以整合计算机科学、大数据处理、人工智能技术等领域的知识，形成跨学科的体系，这已经在获批的专业中得到体现。但是，能力导向的学习，并不简单是从一个窄的学科知识体系扩展到一个更宽的知识谱系就能达到，而是需要改变学习的出发点和目的。

面向未来的学习的出发点不是学会特定的知识，而是通过学习知识的过程，训练学生的问题解决能力、沟通合作能力和自主学习能力等面向未来的人才素养。而要通过这个过程训练这些能力，就需要从实际问题出发开展学习，而不是从特定的知识和理论体系出发。特定的真实问题既是调动学生积极性的有效策略，更是训练学生透过现象抓住问题本质的能力的载体。

从问题出发，是连接学生的理论学习和实际应用的桥梁。这种链接与传统教学中先理论学习后实践应用的逻辑不同，倡导学生一开始就要关注真实社会中感兴趣的问题，然后广泛地搜索和整合对解决问题有帮助的知识。这个过程是先关注需要解决的问题，再去学习解决问题需要的知识，正好与传统的教学过程相反。这个过程对学生的训练主要是面对特定的真实问题，学生可以通过一套程序提供完整的解决方案的能力，这可以有效解决传统教育中先理论学习后实践应用导致的知识体系很完善但是实际应用能力不强的问题。

对于人工智能专业，大学需要建立起学生的理论学习和广泛的人工智能技术应用场景之间的紧密联系，不仅让学生学会和人工智能相关的知识，更重要的是训练他们如何在具体的应用场景中利用人工智能的理论和技术解决特定的问题，或者主导特定的产业变革和重组。

第二，重构学习流程，采用研究导向的学习支撑学生能力和素养的提升。学习流程是一系列学习活动按照特定逻辑的组合。特定的学习活动，会产生特定的学习结果。例如，集中听讲的学习有利于学生记忆和理解特定的知识，小组学习活动有利于训练学生的合作沟通能力，以问题解决为目的的项目式学习有利于培养学生发现问题和解决问题的能力。

在传统的教学中，学生的学习活动主要包括课前预习、课中听讲、讨论和课后作业等，这些活动在课程学习中往往重复度高，其中学生较为被动的课中听讲很多时候占据学生绝大部分的学习活动时间，这样的设计很适合知识的习得，但不利于学生能力和素养的提升。

培养面向未来的人工智能人才，需要重构学生的学习活动。人工智能专业的学生学习活动，需要瞄准专业的人才培养目标。例如，利用人工智能技术解决特定场景中的问题的能力，学生需要参与大量的从真实场景中提炼核心问题以及面对特定问题设计解决方案的训练，这些活动需要设计在人工智能的专业培养过程中。

同时，未来人工智能专业的学生要推动产业的变革，必须和熟悉产业的以及善于创新的人一起合作，因此学生与不同学科背景的人在一起合作的活动就非常重要。要训练对每一个大学生都非常重要的自主学习能力，就需要大幅减少教师通过课堂讲授知识点的活动，增加教师引导学生在特定问题下自主和整合知识的活动。

可以说，一个人工智能专业的质量，很大程度上取决于是否充分设计和囊括了这些学习活动，把它们整合为一体并落实到位。

第三，革新学习场景，让学习从教室和实验室走向真实世界。要实现上述第一条从真实问题出发的学习，以及第二条学生的学习活动和真实的世界紧密相关，学生的学习环境需要从传统的课堂中脱离出来，更多地接近真实的世界，特别是人工智能技术的真实应用场景。

近年来，在教育部产教融合战略的引导下，很多学校的很多专业都开始重视为学生提供在真实的场景中学习的机会，这对人工智能专业尤其重要。但是，目前学生在真实场景的学习，大多还是进行传统的学习活动，多是在传统的先理论学习后实践观察的框架下的实践教学和实习。本书所倡导的学习场景的革新，是在真实的环境中开展以真实问题而非知识为导向的学习，并且学生的学习活动包括问题识别、知识和信息的搜索和整合以及与他人合作开发问题解决方案等一系列核心的学习活动，而不是理论学习后的实习。

要实现这种革新，靠当下大学和产业之间松散和相对浅层的合作方式是很难支撑的。探索大学和产业界之间的深度融合，是当前人工智能专业需要应对的挑战。这种深度的融合，不仅是企业为大学生提供实习机会，也是大学和企业共同设计学生的学习方案，共同支持和引导学生在真实环境中开展核心的学习活动，不局限在当下主流的学生实习环节。由于这一模式下企业的付出很多，如何通过大学和企业之间的合作机制设计调动企业的积极性，是亟须突破的难题。

四、改造人工智能专业的教学组织形式

人才培养方案的革新以及教学过程的变化，必然要求教学组织方式的改

变。特别是像人工智能这样的新兴专业，面临着在高起点上如何持续改进教学质量，如何真正体现新工科专业带给学生切实的学习成效，以及如何协调不同背景的人引导和支持学生的学习等挑战。下面主要从两个方面简单论述如何应对这些挑战。

第一，打造持续改进的质量保障体系。人工智能作为新专业，很多实践尚属探索中。如何确保专业建设不断完善、持续改进，对于刚刚拿到专业建设权的高校来说至关重要。而要实现这一点，最关键的是要建立一套以持续改进为理念的质量保障体系。持续改进的理念，提倡不简单以某个时间点达到某个标准为理念，而是以每时每刻发现问题并随时解决问题的理念来不断提升质量。

构建一个随时解决问题、持续改进的质量保障体系，有三个关键行动。首先需要在教学的治理上作出安排，要把所有的教学人员纳入质量保障体系中成为主动责任者，改进由某个办公室或者少数几个人来监督其他教学人员的质量保障体系。可以通过建立委员会的方式把所有教师纳入质量保障框架，赋予他们特定的职责。其次，需要建设持续讨论教学质量、同行判断教学水平的教学共同体，一门课程的水平高下，不能简单由行政领导说了算，而是首先确定标准，交给由普通老师组成的委员会来判断。这种普通老师之间广泛地讨论教学和判断教学质量的组织就是教学共同体，简单讲是一种通过教学同行来评议教学的机制。最后，教学共同体要想运转，需要有一致的教学理念和标准，目前在工科领域，全世界都在倡导的结果导向的体系值得参考，即任何关于教学的水准的讨论和判断都要基于其在多大程度上能促进学生的学习结果这一准则。

第二，建设跨界教学团队。要培养学生在真实场景中解决问题的能力，大学和产业的融合以及跨学科的团队建设是必然选择。首先是产业界和教育界师资的融合，这里最具挑战的是如何确保产业界教师的教学质量。其次是大学里面不同专业的教师的融合，这里最大的挑战是由传统的大学按照学科门类分割为不同的院系来管理的体系所造成的不同部门的人很难合作到一起的问题。

本章参考文献

[1] 文雯，史静寰，周子矜.大四现象：一种学习方式的转型[J]. 清华大学教育研究，2014，35（3）：45-54.

[2] 文雯，初静，史静寰."985"高校高影响力教育活动初探[J]. 高等教育研究，2014，35（8）：92-98.

第五章
以育人为核心目标的学生工作体系

"以学生为中心"的育人体系，最核心的特征是全校所有部门和所有人都要为学生的健康成长服务，特别是学生工作部门，也要把育人作为自己的核心使命。本章主要讨论学生工作如何作为直接的育人部门促进学生的成长。

本章主要讨论以下问题：

● 新时代学生工作要把育人作为核心使命

● 学生工作育人的理念和原则

● 学生工作育人的关键环节

第一节　新时代学生工作要把育人作为核心目标

一、新时代大学学生工作的重要性

全球化、知识经济和信息技术革命等新趋势已成为影响大学发展的重要因素。《统筹推进世界一流大学和一流学科建设总体方案》指出要突出人才培养的核心地位，把学生成长成才作为学校一切工作的出发点和落脚点。2018年召开的新时代全国高等学校本科教育工作会议中坚持"以本为本"并强调在深化人才培养改革中要推进"四个回归"，加快建设一流的本科教育。很多学校把创新人才培养机制作为改革的重中之重，全国很多院校都掀起了"以学生为中心"的教改潮。这轮改革的核心任务是从过去专注于通过课堂的知识传授转向对学生能力和素养的培养，然而，能力和素养的培养仅靠老师在课堂中的讲授是不够的，而需要整个学校中每个部门和每个人的贡献。

特别地，学生工作在学校人才培养特别是学生能力和素养的培养中已经变得不可或缺。教育部《普通高等学校辅导员队伍建设规定》中明确表示要"把辅导员队伍建设作为教师队伍和管理队伍建设的重要内容"，要"切实加强高等学校辅导员队伍专业化职业化建设"。传统的以管理为导向的学生工作模式已经不能满足时代的要求和未来教育的发展趋势。因此理念上必须从学生的实际发展需要出发，"以学生为中心"，构建专业化、职业化的学生工作体系，将学术型事务和非学术型事务融合，实现由管理功能向服务育人功能的转变，推动形成全过程、全方位、全员育人格局。特别地，辅导员的角色也需要从事务性工作向服务育人转变。

实际上，大学生通过课堂之外的活动来塑造自我，提升能力和素养，并不是新近才有的实践。耶鲁大学前任校长理查德•莱文曾基于对耶鲁大学的学生的观察提出"所有对学生产生深远影响的具体事件，有4/5发生在课堂外"。Seifert，Arnold，Burrow & Brown （2011） 和 Serfert （2014）从国家层面和国际层面上对"学生事务和服务"（student affair and service）进行了研究。研究者发现不同的学生事务部门之间的隔阂阻碍了学校的育人目标的达成。此外，很多其他的支持部门，如行政管理部门一直被认为是与学生不相关的，但事实上这些部门的工作深深根植于学校的人才培养过程中，因此对学生的成长有重要的影响。如若研究者和实践者仅仅着眼于那些与学生课堂密切相关的领域，要建成"以学生为中心"的育人体系是不可能的。

二、高校课外活动育人的现状

课外活动是学生在校学习和生活的重要组成部分，对高校而言，帮助学生开展课外学习是"以学生为中心"的育人体系中的重要环节。然而，课外活动相比于课堂教学所发挥的作用更容易被忽视和淡化。当前国内各高校在课外活动育人方面尚有很多可以改进之处。

1. 课外活动定位需升级

"课外活动只是课堂教学的辅助，课外活动只是丰富学生的业余生活，课外活动会占用时间或影响学生的学习……"类似的表述还经常见于高校学生工作相关的工作文件中。近年来，尽管很多高校大力开展第二课堂教育，但第二课堂从本质上是不同于第一课堂的活动，其在学校育人中的地位也无法和第一课堂相提并论。更关键的是，学生毕业要求中挂钩的学分，基本上都在课堂教学部分，课外活动和第二课堂直到最近几年才出现有学分的学习活动。没有学分的活动，不管是否能发挥育人的功能，对于注重功利性结果的学生而言，都不会像重视课堂学习那样认真对待。而专业的学分系统其实不是一个学校可以决定的，而是有统一的国家框架和标准。因此，课外活动的定位要从丰富业余生活上升为对学生大学的学习结果有重要贡献的部分，不仅需要课外活动部门的努力，还需要国家政策部门的支持。当然，从改革的角度看，需要首先在实践层面探索和总结出一些课外活动育人的成熟做法，然后通过政策固化和拓展。

2. 课外活动的育人目标需进一步明晰

尽管课外活动可以促进学生能力和素养的提升有相当的共识，但是到底什么样的课外活动具体能提升学生什么样的能力和素养仍不明确。很多时候学生参与课外活动也单纯是兴趣驱动或者对于学习生活的调节。对于学生工作部门而言，其支持的课外活动也没有对应到具体的能力和素养目标上。例如，社团几乎是每个高校学生参与度最高的课外活动，但是，社团到底能培养学生什么样的能力和素养？大学很缺乏对这一问题的研究，从而也难以把这种育人的活动标准化。例如 X 大学的学生 A 反映"自己在社团所开展的活动中能够学到什么是不明确的，开始时因为新鲜感而加入社团，后来发现似乎（社团活动）质量不高，活动中能够学到的东西不多……"J 大学的学生 B 也指出"学校社团所开展的活动无目标、'专业性'不足，自己在参与社团活动的过程中并没有了解到相关的基本运营知识，不知道学到了什么……"可见，学生工作部门需要通过实践和总结进一步明晰课外活动能够贡献到什么样的学生能力和素养上来。

3. 课外活动需促进与课堂学习的协调

尽管课外活动和课堂学习贡献于不同的学生学习结果，但是，对于学生而言，如果有一条把课外和课内有机整合的学习流程，无疑会使学习体验得到很大提升。同时，课外和课内的协同也可以进一步提升学生能力和素养。在现实中，课外活动与课堂教学、课外活动之间协调的不当是高校课外活动开展中另一个重要问题。

首先，课外活动与课堂教学在人才培养中并没有形成"分工协作"，没有充分结合自身不同优势形成良性互动，有时候会出现课外活动与课堂教学之间的无意义重复。例如，S学院希望通过开展学生干部培训增强其领导能力，然而S学院所设计的课外培训却采取了与课堂教学类似的讲座形式，内容上也并没有针对学生领导力的提升有效拓展课堂教学内容，因此，对学生来说似乎是"多上了另一次课"，并没有充分发挥课外活动与实践密切互动的优势，也没有对课堂教学形成必要的补充。

其次，课外活动之间也出现缺乏协调的问题。虽然多数高校都开展了各种各样的课外活动，但课外活动之间的协调还没有受到重视，从而出现课外活动目标、形式、内容重复等问题。例如，Q大学根据学校地理位置的特殊性将其社会工作专业发展为特色专业，为了保证此专业的人才培养，Q大学重视通过课外的实习实践来配合课堂教学的开展。然而，在所开展的课外实践活动中，Q大学表现出对不同活动间协调的不足。如在劳动路小学社会工作站、H河乡社会工作站、社区摸底、Z村垃圾清理活动、免费医疗服务活动、合作社的扶持、学生成长陪伴活动、最美夕阳红项目等一系列课外活动开展的过程中，Q大学并没有很好地厘清这些活动之间的差异从而更有针对性地协调参与学生与活动之间的匹配问题。此外，课外活动间的重复也会导致学生在选择中的迷茫。例如J大学学生C在访谈中提到："学校社团所组织的活动重复性太高了，各种活动很相似，似乎参加哪个都没有什么差异。因此大多数学生也变得很'功利'，反正活动差不多，就哪里奖品多、哪里好玩去哪里……"

4. 对课外活动的支持需强化

从高校人才培养体系的整体来看，课外活动发挥着某些课堂教学所无法替代的作用。然而目前高校对课外活动支持的不足也是需要解决的一个问题。课外活动中所需的支持是多方面的，无论是硬的物资支持，还是软的发展引导，都是影响课外活动质量的重要因素，是高校在接下来促进学生工作育人中需要强化的。

首先，我们研究发现，目前不少高校并没有为课外活动提供足够的物资支持。例如J大学的学生D反映："在社团所开展的演讲培训活动中，聘请专业培训老师的经费成为负担（学校内部并没有对口的老师可以帮助），学校财务不给报销。为了解决这个困难，社团目前是通过与校外的某企业合作得到培训机会，但是他们为我们提供免费培训的前提是需要我们社团成员花费大量时间参与到他们的公益活动中……"其次，课外活动中教师的专业支持欠缺也是学生们普遍反映的问题，多数学生在访谈中表现出渴望在课外活动中得到专业指导，然而对现实中得到的此类专业指导的机会学生们也普遍反映不足。例如，学生D在访谈中说道，"社团指导老师目前并没有很好地发挥引导作用，大多时候只是给签字，除了签字平时对学生活动基本上没有什么指导……"学生F提出"社团活动中能够得到的学校老师的专业支持很少，之前还有过学校内部懂演讲的老师过来做专业的讲座，后来（该老师）走了后就再也没有这种机会了……"。

第二节 学生工作育人的理念和原则

要设计系统的学生工作育人的体系，需要坚持一些基本的理念和原则。

高校学生工作部门要打造课外活动支撑学校育人目标的体系，首先需要争取学校战略层面的重视和支持，最好在学校层面形成对课外活动的战略定位，课外活动不再是可有可无的课堂教学的补充，而是和课堂教学在育人中具有同等地位的实践育人环节。例如，在实现西浦人才培养的三大核心要素（知识、能力、素养）的提升进而实现世界公民的育人目标中，课外活动与课堂教学具有同样重要的地位，三大核心要素的提升需要课外活动与课堂教学形成配合。

当然，学生工作部门需要非常清楚，课外活动到底可以对学校的哪些育人目标提供什么样的支持。已有的实践和研究都表明，不同类型的课外活动可以促进学生不同维度的健康成长。例如，参与体育类的课外活动可以提升学生设立目标、努力坚持、问题解决、情绪管理、时间管理、团队合作、领导能力以及性格的发展（兰公瑞，丁文杰，米振宏，盖笑松，2018）。Eccles 和 Barber（1999）提出，学生参加休闲活动可以获得特定的社会技能、身体技能和智力技能，对个体所在团体的幸福做贡献，培养个体作为团体一员的主人翁精神，有归属感，并且和同伴和成人建立支持性的社会网络，同时还能经历和应对挑战。再如，学生参与志愿者活动可以增强个体的社会责任感，有助于个体的道德和政治同一性的形成（Yates & Youniss，1996）。参加志愿者活动还能增强个体内在取向的工作价值观，可以减少个体的偏见，增加个体对多样性的接纳。学生参与社团活动也是自我提升的一种重要经历，特别是在发现自我的兴趣、更好地认识自己，提升自我，以及促进学生的行为规范、目标形成、自我管理、角色关系等方面有很好的效果，同时，学生社团还是联系学校与社会的纽带，可以帮助学生学习如何发展人际关系（兰公瑞，丁文杰，米振宏，盖笑松，2018）。

可以看出，学生参与课外活动对于很多课堂内很难培养的能力和素养有很好的提升作用。学校课外活动的支持部门需要对准学校的人才培养目标，精心设计课外活动具体能够支撑的目标，然后，在明确课外活动所要达到的目标后，对课外的具体活动进行清晰和详细的设计，以确保充分发挥课外活动在育人目标实现过程中的作用。具体来说，对课外活动的设计包括活动开展形式、活动参与者、活动支撑部门、活动支撑人员、活动场景、活动流程等。课外活动系统设计的意义在于给出活动实施的明确指导。

以西交利物浦大学为例，为了实现世界公民的核心育人目标，西浦提出能力、知识、素养三大核心要素以建构"以学生和学习为中心"的育人体系。这一目标突破了"知识"的单一层面，学校战略层面从考虑高等教育面临的新挑战出发，强调在现代科技的引领下学生获取知识、掌握知识越来越容易，因此需要对于学生素养与能力的培养给予更多的重视。为了同时实现对学生知识、能力和素养的培养，西浦从战略层面对课外活动在"以学生为中心"的育人体系中所发挥的作用进行了思考和定位，课外活动在育人目标实现层面与课堂教学互为补充，成为同样重要的组成部分。为了实现三大核心育人要素，西浦五星育人模型强调通过综合教育策略和支撑平台积极发挥课外活动与课堂教学的互补作用，实现对课外和课内的必要支撑。具体来说，五星育人模式中实习实践、职业发展与创业教育、学与教、国际交流等都在积极发挥着通过课外活动支撑育人目标实现的作用（图5-1）。

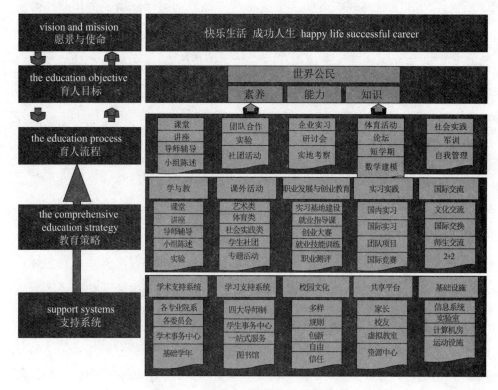

图 5-1　西浦课内课外融合育人的框架

西浦对课外活动在学校人才培养目标中的定位融合了高管团队、学术部门、学术支持部门、学生事务部门等多个部门的协作，以高管团队为核心，课外活动所发挥的育人作用得到了学校战略层面的重视。西浦的高管团队把校园看成学生成长的社区，将学校的职责定位于聚集资源、建立联系、提供支持和服务，让学生在社区中尽可能多地和不同的人和组织互动，并且每一项互动都遵循帮助学生学习和成长这一原则。以学生社团活动为例，西浦为学生活动的开展提供了宽广的空间，在遵循学校社团成立规则的前提下10名学生以上就可以自由地成立各种社团。每个活跃的社团每年都可以得到一定的经费支持，每个社团的学生活动，学校还在场地、活动策划以及社团发展战略等方面提供服务和指导，每年专门组织社团负责人的领导力培训等。

1. 课外活动与课堂教学协同互动

作为对学生学习和生活影响最为直接的两个方面，课外活动应该与课堂教学形成紧密互动，共同发挥作用服务于学校育人目标的实现。课外活动与课堂教学的互动可以是多种形式的，依据课外活动和课堂教学各自在实践和理论方面的优势，两者之间互为补充，分工协作发挥不同作用。一方面，课外活动对于加深课堂教学的理解，为课堂教学提供丰富的实践经验具有重要的作用；另一方面，课堂教学中知识的补充对于课外活动的有效开展具有重要的引导作用。不少学校对课外活动的理解仅局限于丰富学生业余生活，对课外活动在人才培养中作用的忽略也显示出高校课外活动的开展缺乏与课堂教学的有效互动。

要全面构建"以学生为中心"的育人体系，将"以学生为中心"的教学原则贯穿于每个育人环节之中，推动育人目标的有效达成，从建构主义的角度看，需要遵循以下原则：①理解学习者；②理解学习过程；③创设支持性和具有挑战性的教学过程；④建立有益的同伴关系；⑤密切联系社会和文化情境（钟志贤，2008）。这些原则实际上为高校通过课内和课外的融合来育人提供了很好的引导：①理解学生，不管是课内的教学，还是课外的各种活动，都应该以了解学生的需求为前提，设计学生真正喜欢的、能有效提升其能力和素养的学习活动；②理解人才培养过程，在过去的实践中，我们很容易把学生的学习过程理解为其在课内的学习中的行为，但是，如果把课外也作为培养学生的重要阵地，那么，学生工作部门也需要思考和设计自身的学习过程，更重要的是，课内的学习过程和课外的过程最好能够天然地整合在一起，而不是各自为战；③在学习活动的设计中，要切实考虑活动本身是否可以支撑学习的目标，这对于课外活动的设计者而言十分重要，课外活动的好坏，往往靠观感和体会，但是，如果是育人的活动，则需要清晰的衡量标准，另外，课外活动的设计应该具有挑战性，不仅是为了娱乐学生的课余生活；④建立有益的同伴关系，协作学习建构主义的核心概念，通过协作学习从而形成学习群体可以共同完成对所学知识的意义建构，在大学教育的整个过程当中，学生应与同学、老师、家长、教辅人员等建立良好的协作关系，构建学习共同体促进自身的全面发展，这对于课外活动而言是至关重要的机会。课外活动可以把那些不在一个年级和一个专业的同学按照个人兴趣聚集起来，这种社会型连接和同伴学习是课堂学习无法促成的；⑤凸显育人的社会和文化情境性，在学生的学习活动设计中考虑社会和文化因素很重要。例如中国的教育体系中家长非常重视子女的教育，也有很强的动力投入子女的学习过程中，因此，在课外活动的设计中，可以考虑把家长也纳入其中，同时引导家长改变其对子女的教育理念。再如，中国的学生普遍独立意识不强，这可以作为课外活动设计支撑的目标，通过特别的活动，来激发学生的独立意识。

高校课内和课外培养人才的融合，首先需要突破当下的教务和学工二分体系。例如在组织架构上的二分，在绝大多数高校中，教务系统和学工系统是两个非常独立的部门，各自有各自的架构以及工作范围（图5-2），二者在工作职责上并没有太大的共性和交叉点。曾经有学工处的领导抱怨，学校开人才培养会议时，学工处都不在受邀之列，其反映的核心问题就是架构对于课内课外融合的阻碍，这是高校首先应该突破的。

机构设置

- 综合办公室
- 计划与管理科
- 教务科
- 实践教学科
- 教材中心
- 注册中心
- 教学研究与培训中心
- 招生办公室
- 教学质量办公室

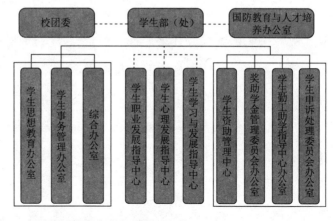

图5-2　某高校的教务处和学工处架构

除了组织架构的融合外，在学校层面促进课内课外融合的关键，是梳理形成一个融合课内课外的学生学习流程。图5-3和图5-4给出了两种不同的融合模式。

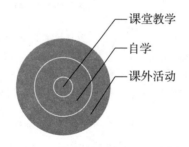

图5-3　课内和课外整合的学习流程

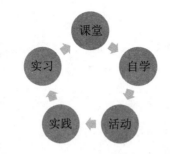

图5-4　课内和课外深度融合的模式

其中图 5-3 的模式是当前大学实践中比较常见的模式。即课内和课外的育人流程分为两条线分别来进行。课堂教学的活动处在学生学习的中心，俗称"第一课堂"，外围是学生的自主学习活动，目前高校内这种活动总体时间很少，因为正式的学习环节占用了学生大量的时间，学生每天从早到晚几乎都在上课，最外层则是课外活动，俗称"第二课堂"。从里到外按照学校和学生的重视程度由高到低，对活动本身的监控也由强到弱。这一模式和过去只重视课内学习相比，已经有了突破，但是对于学生而言，需要同时关注不同的相互没有关联的活动，有些时候也会迷茫于到底该选择什么样的活动。因此并不是课内课外融合的理想模式。

图 5-4 表达了一种课内课外融合的理想模式，在这种模式里，学生的学习是在一个整体的流程下发生的，不管是课内的学习还是课外的活动，都被整合在这个流程之下，而且课内和课外的活动之间相互关联、相互促进，协同育人。要想打造这种流程，负责课内和课外学习的部门需要针对学校的育人目标，找到各自的贡献点，先把不同的活动纳入同一个体系下，然后再分析不同的活动可以如何联系在一起，整合到一个流程中。

课内课外整合育人案例 1：西浦如何培养学生的社会责任感

公益慈善事业是当前国内社会发展的重要推动力量。公益人才则是发挥这一作用的核心，公益人才的培养成为保障公益慈善事业长期可持续发展的重要基础。近年来，国内社会组织数量快速增长，对于专业人才的需求也快速扩大。同时，随着互联网、大数据以及人工智能等新兴技术的推动，公益慈善行业正在发生根本转型，跨界融合新公益及公益产业集群正在浮现，多元化和国际化趋势明显。然而，当前我国高等教育体系尚缺乏专门针对公益人才的培养体系，使得公益行业的人才缺乏，特别是互联网时代复合型公益人才的供给不足，已经成为制约公益行业发展的一大瓶颈。探索能培养信息技术时代引领公益慈善行业发展的精英人才已经成为当前最重要的"公益"事业。

行业精英培养是西交利物浦大学提出第二个十年探索的融合式教育的核

心目标。自 2016 年起已经在苏州工业园区校区开始实施以专业精英为主、行业能力为辅的工业企业定制培养（IETE）项目。IETE 项目旨在培养能够驾驭未来新行业的高度复合型新人才。这种人才不仅是专业精英，更是行业精英。所谓行业精英，就是他们既要有专业造诣，又要有行业知识，还要有整合能力、创造性、企业家精神以及管理和驾驭能力。

为实现这一培养目标，IETE 项目致力于做到六个融合：①在教育模式上，根据社会对高端应用人才的要求，将通识教育、专业教育、行业教育和管理教育有机融合；②在组织模式上，将校园学习、企业实践、行业引领和社会发展深度融合；③在学位设置上，将本科与硕士教育融合，大部分学生将完成从"半在职本科"学习到"在岗（职）硕士"研究全过程；④在培养环节上，将学习、研究、实践相融合，打造校园、企业、行业和产业高度融合的新型学习环境；⑤在教学方式上，将西浦全面倡导的"以学生为中心"、研究导向型的学习和教学与实习和在岗训练相融合；⑥在就业支持上，将选择未来新兴和有潜力的行业开设相关学院和教育中心，并选择该行业中有领袖潜质的企业与学院合作，实现学习和实践融合，就业和继续深造融合，人才培养、研究和企业发展融合，不仅保证高端就业，而且通过促进企业强大来引领行业发展。

通过融合式教育的培养，①学生们将具有一定专业基础上的更融合的行业知识，可在行业内不同专业间容易转换；②学校、企业、行业高度融合的训练会使他们具有很强的环境适应能力和实际操控能力；③贯穿于整个过程的管理和领导培养会造就他们较强的创业和管理才能；④西浦国际化学习环境和师资团队会孕育他们的国际视野和跨文化的领导力；⑤从大二开始的融入实践的学习、研究和训练会使他们比同辈提早三四年进入职场；⑥他们融合的知识体系、综合的素养和能力以及国际视野和竞争力，会使他们相对容易成长为行业精英，甚或逐步冒出不少未来的业界领袖。

西浦的育人目标是希望培养有国际竞争力的世界公民。学校非常看重对学生社会责任感的培养，把毕业生对社会发展和人类进步的贡献看作学校的核心使命。因此，培养学生了解公益慈善、从事公益慈善事业本身是西浦定位和发展战略的应有之义，也是学校可以进一步实现其使命的有效途径。能够引领公益慈善行业发展的精英人才，一般需具备三类能力和素养，第一类是所有大学生都应该具备的通用能力，包括沟通能力、主动性、适应能力、解决问题的能力等；第二类是作为引领行业变革的精英人才需要具备的创新精神和能力，包括批判性思维、领导力、数字素养等；第三类是公益慈善行业从业者需要具备的专有能力，包括社会问题的理解与洞察能力、公益产品的开发能力、公共精神、从事公益慈善的动力等。

为了培养学生的这些能力和素养，学校构建了一套系统的公益慈善人才培养课程和训练体系，将西浦的公益慈善课内和课外资源整合起来，图 5-5 显示了整合的主要板块。

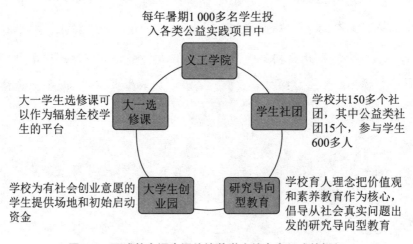

图 5-5　西浦整合课内课外培养学生社会责任感的框架

第一，义工学院每年组织 1 000 多名学生在暑期开展社会调研，学校帮助学生在这项课外活动中可以真正关注对社会有益的问题，并且能够提出对社会发展有益的方案。尽管这是一个由学生事务部门主导的活动，但是学术部门可以设计安排对学生的指导，指导学生如何定位社会问题、如何开展行业调研、如何形成行业调查报告。通过课外主导的项目以及课内元素的融入，将理论学习与实践有机地结合起来，非常好地体现了西浦倡导的研究导向型教学与学习模式。与传统授课模式相比，该模式更好地培养了学生的创造性思维能力与批判性思维能力。

第二，西浦有150个学生社会社团，是大学生成长的重要平台，其中公益类社团15个，社员600多人，本项目联合这些社团来举办校内公益类活动，如行业调研项目报告会，以及可以帮助社团和公益机构的对接，促成合作，提升社团活动水平的同时贡献于公益机构的发展。另外，学校的学术部门还设计开发微型公益实践项目，为这些社团提供真实的短期社会公益项目，微型公益项目的策划与执行可以有效地锻炼学生的领导能力与执行能力，在校园的小环境下给予学生一定程度的自由发挥空间，让他们可以选择自己感兴趣的项目进行一段较长时间的跟踪运作。这也是课外主导课内支持的典型活动。

第三，西浦定位为培养具有国际视野的世界公民，倡导所有的学生研究导向型学习，关注社会问题，注重解决问题，所有的老师研究导向型教学，这本身为培养学生的通用能力提供实质性支持。学校可以设计浸润式学习项目，让对公益感兴趣的学生能够进入真实的公益组织中，参与真实的公益项目，通过在公益项目中的学习提升社会责任感。例如，学生进入基金会，在专有课程内容的基础上采用项目制的形式实地学习。学生将加入基金会具体的项目中，在了解和参与到基金会日常工作的同时，每周固定时间在基金会导师的指导下进行小组讨论，并完成作业。浸润式学习项目将与专有课程内容紧密结合。例如专有课程"公益产品开发和项目管理"，基金会可给出一些目前产品开发与管理方面面临的挑战或者较为热门的话题，学生可以从中选择自己感兴趣的话题并组成小组，进入基金会后就选定的话题进行研究讨论，同时也可以参与到基金会日常的工作流程中，了解基金会运作机制。

浸润式学习项目与专有课程内容相辅相成，不同于传统的实习，该项目在专有课程理论学习的基础上进入基金会进行项目制学习，由课程讲师与基金会导师实时引导学生进行课题讨论及研究，学生每周完成指定作业，并最终对选定的话题提出解决方案。而要成功实施这类项目，除了课内的主导设计外，也依赖于学生工作团队的支持，如对于学生的校园学习安排、生活安排等方面的支持。

第四，西浦设有大学生创业园，对于有创业意愿的学生提供场地和初始启动资金，这也为有公益创业想法的学生提供切实的帮助和支持，大学生创业园中有像慈善商店这样的公益创业项目得到学校的支持。

第五，西浦大一选修课，是学术部门主导的致力于培养大学生社会责任感和公共精神的课程，这类课程所有西浦在校生都能够有机会选修。当然，要想辐射到大多数的大一新生，可以和学生工作部门主导的课外活动建立连接，如前述的学生暑期社会调研。从而打造课内和课外的育人活动重新整合为新型的活动，来培养学生如何定位社会问题、如何展开行业调研、如何形成行业调研报告等社会调研能力，帮助学生形成体系化的社会调研技能。

课内课外整合育人案例 2：西浦"数学建模大赛"

西浦的明星活动"数学建模大赛"（美国大学生数学建模竞赛）是学校课堂教学与课外活动形成良好互动，课堂教学为课外活动进行引导的典型案例。通过参加"数学建模大赛"，学生在课堂教学中所学的数学知识得以在课外活动中得到具体实践，增强了学生对于知识的理解和运用。"数学建模大赛"的组织和实践过程体现着西浦教学院系和学生工作部门的协同配合。其中，学生工作部门为"数学建模大赛"的组织单位西浦数学社提供了基本的组织和服务帮助，而教学院系的老师则发挥了为学生参赛进行课余辅导的重要作用。

"数学建模大赛"是一种有机融合理论与实践的活动，可以有效地提升学生解决问题的能力和团队合作能力。比赛要求 3 位学生组成一个参赛团队，通过把特定的问题用数学的符号表达，从而建立一个数学问题，并开发问题的解决方案。参赛题目为学生提供了充分的想象空间活学活用数学知识。例如：2012 年比赛题目是关于树叶分类与重量计算的"The Leaves of a Tree"，关于漂流时间安排与河流容量计算的"Camping along the Big Long River"，和关于找出潜在作案同谋的"Modeling for Crime Busting"。这样的题目本质上来讲既不是数学问题也不是实际问题，而是数学问题和实际问题当中的一个桥梁。因现实问题往往过于复杂，而数学问题又过于抽象，"数学建模大赛"就在这两方面的平衡中加强对学生理论联系实践的锻炼。参赛学生需要在一个参赛问题的基础上，经过简化和假设转化成数学问题，利用已有的数学方法去实现对此问题的解答，再还原在实际问题中检验，最后在不断检验的过程中改进和提高。这样的比赛，充分调动了课堂知识与课外实践的互动，让学生在理论和现实的不断往复中真正提高解决问题的能力。比赛的过程中，不仅要求参赛选手具备扎实的数学、计算机和论文写作功底，同时对其学术英文表达水平等也提出了相当高的要求。

在西浦，比赛的组织者是一个学生社团——数学社，数学社的日常支持是由学生工作部门来负责的。所有对这个比赛感兴趣的同学，不论年级和专业都可以报名参赛。但是，在比赛过程中，数学社会定期邀请校内外的教师们给予学生参赛辅导和帮助。所请教师采取研究导向型的教学方式，结合的实际问题，用案例作为引导，把一门学科涉及的相关知识点浓缩在几个小时之内，从而学生可以通过这种生动的讲座学到数学方法在实际问题中的应用。同时，教师讲座的内容也会根据学生的进度和所遇到的建模过程中的实际问题而不断更新，针对学生在比赛中实际遇到的困难，教师会及时给予反馈并注重为学生提供最新数学研究文献作为支持。整个活动过程中，学生充分发挥了主观能动性，自己设计，自己完成项目，而教师和社团支持部门则共同为学生的学习过程提供了相应的帮助和支持。这样的课外活动，充分体现了课堂教学与课外活动的互动，让学生在学术院系和学生工作部门的共同帮助下进行自主性学习，同时提高了对理论的理解和解决实际问题的能力，学生能够快乐地在"干中学"，通过课外活动来实践课堂知识，达到对所学知识的充分理解和运用。

2.课外活动形成系统体系

学生工作部门要想真正通过课外活动来提升学生能力和素养，建立一套可持续的课外活动育人体系非常关键。这套体系至少包括理念与目标、策略与路径、资源与保障以及评估与改进等四个方面。

首先，课外活动育人的理念与目标需要回答课外活动培养什么人的问题，如课外活动是为了学生的自我发展还是知识学习的问题。当然，课外活动育人的理念和目标，需要在学校整体的育人理念和目标引导之下，引领具体的课外活动。在目标维度，每个学校应该根据学校的育人目标，清晰地定位学生工作依靠课外活动来育人的目标，应该有重点关注的目标，而不是心中有一些模糊的目标，每一位学生工作者隐隐约约感觉到能促进学生的这些目标，但缺乏对清晰目标指引下的细致的活动设计。

其次，课外活动育人的策略与路径是学生工作部门通过设计课外活动达到育人目标的路径，特别是学生工作的定位从过去的学生管理转向育人后，育人的策略和路径是高校学生工作部门全新的也是亟须探索的话题。例如，尽管很多研究表明，学生工作负责的课外活动可以有效地帮助学生建立起各种社会连接，而这些社会性连接可以成为学生发展社会性技能和人际交往的基础。但是，什么样的社会性连接是对学生有意义的连接？什么样的课外活动才能为学生搭建有意义的社会性连接？这些问题是学生工作部门需要去思考和设计的。再如，服务育人也是高校学生工作部门育人的一个重要路径，但是，学生工作通过服务育人的场景主要是哪些？服务育人的具体路径如何设计？等都是值得探索的方向。

再次，课外活动育人的资源与保障问题与课外活动育人的理念与目标以及策略与途径是一脉相承的，只要前两步做到位了，资源与保障就会顺理成章。当然，学生工作部门首先需要去规划需要什么样的资源。一般来讲，由于课外活动的形式非常多样，发生场景也千变万化，对资源的需求也呈现多样化的特点，包括对于活动场地、资金、指导师资、社会资源等的需求，需要在实践中不断探索总结和完善。

最后，课外活动育人体系的评估与改进是为了能够推动这项育人活动可持续地向前发展，不断进步的措施。高校的学生工作部门可以建设专门的课外活动育人评估体系，对每个环节的设计是否对准目标、实施过程中是否真正支撑了学生的发展提供定期的评估，并基于评估发现问题，及时改进。

案例　　　　　　　　　西浦课外活动育人的体系

西浦学生工作部门育人的理念与学生整体的育人理念一致，即以学生健康成长为根本，以兴趣为导向，以学习为中心。首先，学生的健康成长，涉及学业和人格发展等学生作为一个人的全面发展，因此，这一理念的落实不仅仅需要课堂教学部分的支持，也需要课外活动的支撑。兴趣导向强调学生自我内部驱动的大学学习和体验，不主张要求学生从事不感兴趣的活动，这实际上是过去学生工作理念的转向。例如辅导员是否要督促学生按时起床去上课，大学是否要管学生的日常生活安排等。在这些理念之下，西浦学生工作部门的目标是支持学生的三个转变：从孩子到年轻的成年人再到世界公民的转变，从被动学习到主动学习再到研究导向型学习的转变，从盲目到兴趣导向再到人生规划的转变。尽管这三个方面的转变是西浦全校所有部门和所有人共同努力去支撑的，但是，对于学生工作者而言，所有学生工作和活动的设计，都要瞄准这三个目标。

在以上理念和目标的引领下，西浦通过课外活动实现目标的策略和路径是"学生自治，学校引导与服务"。三个核心关键词是自治、引导和服务。"学生自治"传递一种文化信号，强调学生在大学期间，需要通过自治来主动把握、创造机会和平台，从多方面不断锻炼自我、发现自我及发展自我。"学校引导"则是基于对现实的分析和考量。中国长期的应试教育让学生在成长中形成一些习惯：不敢挑战权威，缺乏主动精神，自我判断能力不足，自我认知不够，自立能力较弱等。西浦将刚入学的大学生看作"年轻的成人"："成人"是强调希望每个学生承担起自己的责任，学会独立选择、自我管理、终身学习和判断社会是非；然而考虑到中国教育环境中学生从小到大经历的应试教育，西浦将学生称为"年轻的成人"，即同时强调学校需要对学生进行一定的引导和扶持，帮助学生完成这种转变。就是既需要通过"学生自治"让学生得到充分锻炼，又同时对他们的成长给予必要的引导。"学校服务"则是强调为学生的学习、生活和成长提供良好的环境，让学生切身体会到学校"以学生为中心，以学生学习为导向"的追求。同时，通过关注学生、研究学生，发现学生的需求，并进一步设计服务满足学生的需求。

西浦学生工作育人的资源是通过年度的学校计划和预算管理得到保障的。西浦在管理中提倡结果导向的管理和预算框架下的运作。每年每个部门需要提出下一个学年的部门工作计划，其中要明确部门的目标和活动，然后列出既定的目标和活动需要的资源，列出明确的预算，包括资金、空间、人力等方面，学校审批后，就可以按照计划执行。这个过程一方面可以确保所有的资源使用都有明确的目标，从而在使用任何资源的时候，都可以判断资源的使用效率，同时也指导每一位员工在从事任何一项具体的活动时，都能明确其目标。另一方面，建立年度工作目标、主要活动、所需资源的逻辑链条也为最后评估课外活动的育人效果提供了基本的框架。

第三节 学生工作育人的关键环节

本节将以西浦学生工作育人的实践为案例，分析学生工作部门如何抓住育人的二个关键环节：支持育人和引导育人。

一、促进学生个性化成长：四大导师体系

西交利物浦大学提倡兴趣导向，不仅为学生提供转专业的机会，还会利用独特的四大导师体系（即学术导师、学友导师、成长顾问、校外导师）进行辅助，全方面引导学生实现"幸福生活、成功事业"的目标，助力学生更快融入西浦的国际化环境，成长为品德良好、素质优良、能力超群并且具有

国际竞争力的新时代人才。

　　四大导师体系是在借鉴英国高校传统的导师体制的基础之上，同时充分融合西浦特色而逐步建立起来的学生学习生活支持系统。

　　其中学术导师隶属学术事务中心，学生在校期间的一切有关学习和研究的问题都可以与学术导师进行讨论，寻求建议与帮助。学术导师主要是由西浦在职的专业教职人员担任，在辅导学生学业的同时也为课外实习提供一些咨询并及时给予帮助。当学生需要寻求学业帮助的时候，他们可以选择在学术导师提供的固定辅导时间去导师办公室进行讨论，或是在任意时间通过电子邮件的方式与导师取得联系。而在辅导学生课外实习方面，学术导师不仅会在学生选择实习的时候提供意见，同时也会审核学生的实习报告，并指导学生从实习中总结经验，在社会实践中得到个人成长。

　　学友导师计划则是以朋辈互助的方式，通过与优秀的朋辈学长的交流，引导低年级的国内外学生更快适应西浦文化，同时帮助解决学生生活以及学习上的困难，并且更好地规划大学生活，实现自我发展。学友导师由四种不同的种类组成：生源地学友主要负责解决学生入校前关于学校的疑问，并帮助即将入学的新生提前了解在西浦的大学学习生活；班级学友则是帮助学生更快适应学校及周边环境，在了解新生的疑问和需求的同时，积极引导新生自己解决问题，并逐渐独立，同时辅助成长顾问参与和支持班级建设活动；而毕业生学友则会不定期向西浦的在校生分享经验，帮助在校生成长；最后，海外生学友主要帮助来自海外的新生尽快适应中国的新生活、新文化，减少文化差异带来的不利影响，让海外生能够更好地融入西浦的学习生活中。西浦的学友导师计划有效提高学生的交流能力与职责意识，增进学生之间的互助关系。因此，学友计划不仅是四大导师体系的重要组成部分，也是西浦特有的校园文化。

　　成长顾问计划以学生的个人成长为根本，通过整合学校各方面资源，为学生提供多渠道咨询与引导服务，旨在为学生提供更加有效的支持，从而促进学生实现自我成长。西浦的学生成长顾问既是良师，又是益友，伴随学生大学四年的生活与学习，同时也是大学、家庭、社会三者之间的桥梁与纽带，始终协助学生解决问题，提供建议，与学生一起面对困难、讨论问题、共同成长与发展。成长顾问根据不同年级在文化融入、个体关注、专门支持、班级建设、信息推送以及应急处理这六个方面对学生提供支持。

校外导师项目则是西浦育人模式的最具特色的部分，该项目的目标是建立一个企业、学生、学校互动的平台。学校将从社会各界聘请资深人士担任校外导师，对学生未来职业和人生发展所需要的各种能力、技能进行指导，帮助学生完成学校知识与社会、职业知识间的相互融合，缩短学生步入社会的不适应期，同时帮助学生以积极的心态认识社会、事业和人生。西浦的校外导师来自各个领域，其中包括企业家，外资企业、民营企业及国有企业高管，其中外资企业高管人数占比最大。经过长达 10 年的发展，西浦的校外导师团队由最初 2009 年的 17 人，增长到了近 900 人，通过校外导师项目，西浦学生在职业发展以及能力提升方面得到了极大的突破。

二、提升自我管理能力：学困生回归项目

自我管理能力是当代大学普遍缺乏训练的一种能力，也是未来走向社会非常重要的能力，因此，大学培养学生的自我管理能力非常重要。自我管理能力的培养，很难通过正式的课程，在课堂上通过知识的学习来提升。更重要的是，在学生的日常生活中，去干预他们的自我管理实践。这就需要课外的环节去培养和引导。

学习有困难的学生，是学生工作部门的工作重点，如何有效帮助这些学生顺利完成学业，也是所有学生工作人员的夙愿。根据西浦数据显示，在留级生中，有超过 35% 的学生有重复留级的经历，且有 26% 的学生最终选择了转学或是退学。因此，在巨大的升学压力以及竞争环境之下，学生留级的问题需要得到重视。留级不仅会对学生的社交关系、心理状态以及家庭关系产生影响，还会对学生的生活节奏有极大的冲击，留级生可能会面对社交脱节、

共同话题流失等一系列人际关系方面的问题。留级所带来的消极情绪很有可能导致学生因无力改变现状而更加抵触学习，形成恶性循环。因此为了帮助留级生更好地面对这类问题，走出困境，西浦推出了专门针对留级生的回归项目。

在西浦，学生缺乏自我管理能力是其学业出现困难最核心的原因。很多学生不能顺利完成学业，根本的原因是缺乏自我管理能力。西交利物浦大学借鉴自我效能感的理论，推出的回归项目正是为了帮助那些在学业以及自我管理上有问题，但是愿意积极寻求改变的学生，重回正常的学习与生活。该项目主要针对的是学生在自我主导力、积极关注、自我管理、自我反思、人际关系以及提升逆商方面的突破与提升。而项目的形式同样多种多样，包括在带队老师的营造的规则、弹性以及责任的环境和氛围中进行打卡监督、小组例会以及每周挑战等活动，使学生能够在潜移默化中得到转变。回归项目的形式还包括入组访谈以及团体咨询，通过这些方式，将学生"自己与自己"的关系模式折射出来，从而达到学生自我反思的目的。西浦的回归项目在学生中的反响非常好，并且取得了不错的成就，通过项目组调研数据显示三期项目报名人数增长至 3 倍，同时学生的整体满意度高达 94.03%，参与项目的学生普遍认为该项目对学业以及人际关系有很大的帮助，同时对于学生改进生活方式和自我反思有很积极的影响。

本章参考文献

[1] 兰公瑞，丁文杰，米振宏，等. 大学生课外活动经验和积极发展的关系[J]. 高教探索，2018（10）.

[2] ECCLES S，et al. Student council，volunteering，basketball，or marching band： what kind of extracurricular involvement matters[J]. Journal of adolescent research，1999，14（1）：10.

[3] YATES M ，YOUNISS J . Community service and political-moral identity in

adolescents[J]. Journal of research on adolescence, 1996, 6（3）: 271-284.

[4] 张琦，钟志贤.建构主义视角下的有效教学原则[J]. 江西教育，2008
（Z2）: 80.

[5] SEIFERT T A. Student affairs and services staff in English-speaking
Canadian postsecondary institutions and the role of CACUSS in professional
education[J]. Journal of college student development, 2014, 55（3）: 295.

[6] SEIFERT T, ARNOLD C H, BURROW J, et al. Supporting student
success: the role of student services within Ontario's postsecondary
institutions. Toronto: Higher Education Quality Council of Ontario, 2011.

第六章
大学国际化的本质是促进学生成长

国际化是近几年几乎每一所大学改革的重要战略。国际化也是大学实现"以学生为中心"转型的重要抓手。那么，大学应该如何国际化，才能促进其向"以学生为中心"的转型？

本章主要讨论以下问题

- 大学国际化的本质是什么
- 大学国际化如何促进学生的成长
- 如何通过中外合作办学来实现大学国际化的使命

第一节　什么是大学国际化

一、大学国际化不等于招留学生和搞国际合作办学

近几年，由于国家的考核中把国际化列为指标之一，而具体的考核指标是留学生数和国际合作办学项目数，因此各高校都在紧锣密鼓地招收留学生，申请举办国际合作办学。那么，是不是一个大学的留学生越多，国际合作办学项目越多，这个学校的国际化就越高呢？或者，相反的问题，如果一个大学留学生和国际合作办学项目少，就是国际化水平低吗？

笔者认为，答案都是否定的。

因为留学生数量和国际合作办学项目数量只是大学办学里面的要素的规模，对于大学的最根本的育人职能以及核心客户学生而言，并不意味着什么。现在各个大学都强调要培养学生的国际视野，本来招收留学生和举办国际合作

办学都是为了培养学生的国际视野，但是很多时候我们只注重数量，忽略了目标。

例如，有一所自认为国际化水平很高的大学，有近 3 万在校生，2 000 多留学生，国际合作办学项目也有七八个。但是，他们的留学生都集中住在一起，不和中国学生互动，合作办学项目也只各单独招收几十个学生，和学校里其他那一大部分学生没有关系。总之，就是这些漂亮的国际化数字和那 3 万多学生中的大部分几乎没有什么关系，请问：这能叫国际化水平高吗？

显然不能。因为这些数字并没有促进本校学生的国际视野。

因此，大学的国际化，不管招收留学生还是举办合作办学，都只是手段，更重要的是真正回归到育人这一本质职能上来，把提升全校学生的国际视野作为目标。而要实现这一目标，就要改变当前的很多做法。例如留学生招来不能单独住在一个地方孤立起来，而是要帮助他们尽可能融入学校的社区中，促进本土学生和国际生之间尽可能多的交流和互动，这样所有的学生都会增进对别国文化和个体的理解。

再如我们的国际合作项目，不应该只是为招收的几十个学生负责，而应该带动全校的课程、教学等方面的国际化，并进一步提升全校所有学生的国际视野。只有这样，才算达到了国际化的目标。而且，国际化的抓手不能只落在这几个点上，而是应该关注大学育人的所有方面，如课程、专业、教师、学生等。拿课程举例，现在高校普遍把课程作为人才培养的核心要素，因此国际化的提升，完全可以在课程中植入国际视野的目标，确保每门课程或者一定数量的课程目标中，有一条是提供学生的国际视野，这也是国际化。

当然，要实现这样的目标，仅靠国际处几个人是不现实的。而是全校上下都应该把国际化作为目标之一，国际处只是帮助所有人设定目标，提供必要的支持。什么时候大学的国际化做到这个地步了，国际化的水平也就可以真正提高了。

二、从西浦实践看什么是大学国际化

如果用学生国际视野的提升来衡量一所大学国际化的水平，那么西浦的案例值得研究。西浦每年大部分的学生都通过高考统招入校，进入大学时他们和其他中国大学的新生没有区别，四年后毕业时，80% 以上的学生能够得到国际机构的认可，他们的国际竞争力得到显著提升，这种提升是如何实现的？

西浦每年通过统招的方式在全国范围第一批次招生。单从过去 15 年的本科录取分数线来看，西浦在各个省内的录取分数线并不是各省的佼佼者，很多学生的高考分数都是超过本省的本一批次录取分数线几十分，他们的分数可以被普通的一本和 211 高校录取，而与清华大学、北京大学、南京大学等985 高校录取分数相比，分数的差距还比较大。然而，从西浦每年公布的毕业生质量报告中（图 6-1），不难发现那些曾经在高考时并没有取得很高分数的学生毕业时 82% 左右会进入国际知名大学继续硕士和博士研究生学习，超过 20% 的毕业生被全世界排名前十的大学录取，65% 以上的毕业生能够进入全世界排名前 100 的高校深造，还有部分毕业生毕业时进入世界 500 强工作。他们在本科学习中什么样的活动和经历塑造了国际化的竞争力？下面我们从几位西浦毕业生的小故事中去寻找答案。

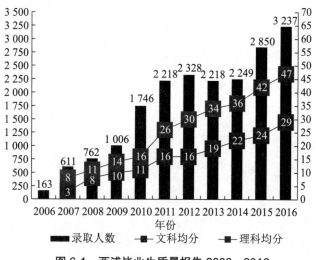

图 6-1　西浦毕业生质量报告 2006—2016

A 同学是西浦的第一届学生，于 2006 年进入西浦，她毕业时拿到剑桥大学和牛津大学的录取通知书。她对西浦四年本科生涯的印象是西浦的学习和高中学习方式十分不同，以自主学习为主，此外，老师还设计了很多自由讨论和小组作业的学习环节，她每天都有很多学习需要与其他同学合作完成。学校以"放养式"教育为主，学生学习靠自觉，很少有老师每天叮嘱学生该做什么不该做什么。西浦的个人导师对她的学习和人生选择帮助非常大。学校当时给她安排的个人导师有在清华和美国的工作学习经历，这与她未来向往的人生道路非常接近，所以让她产生了极大的共鸣。通过与个人导师频繁的接触和经验分享，她受到了很大的激励，勇敢地选择了自己想走的道路，并最终取得了成功。此外，她还提到她在大学四年中不只认真读书，还积极投身课外活动和学生社团，并参加了学校辩论社和学友导师项目，这些课外活动的经历对她在大学期间的成长也起到了积极的作用。正是这样的学习过程和经历塑造了她的国际竞争力。

　　B 同学的故事与众不同，他毕业之后并没有像其他毕业生一样从事与专业相关的工作，而是选择遵循内心的想法和个人兴趣爱好成为一名音乐制作人。在 2015 年上学期间，他发行了首张 EP（迷你专辑）*We are the network* 打入了英国 Music Week 舞曲榜单前十名，成为第一位上榜英国舞曲榜单的中国音乐人。他说"西浦简直就是我的天堂！"在他看来，西浦推崇自主与自由的学校文化，提倡以学生兴趣为导向的教学为他走向所向往的音乐道路提供了平台和资源。他回忆道，在西交利物浦大学，所有的音乐演出活动都是来自学生的自发组织，学校层面也十分支持。"其实好的校园文化的基础就是友好的政策和完备的硬件设施，这两点西浦做得真的很棒。"从活动场地到音响、灯光，从教室到一副简单的无线话筒，都可以从学校的学生一站式服务中心预订，"而且真的是一站式 one stop，你不需要再找任何人！"

　　C 同学是西浦金融数学专业的学生。2015 年 1 月 15 日至 2 月 15 日，一年级的她通过学校的学生社团组织被选拔为志愿者前往坦桑尼亚，在那里度过了非同寻常的 1 个月。"我知道那里有很多传染病。"她说，但决定了的事就要去做，打了一针黄热病疫苗，她义无反顾地踏上行程。1月15日，父亲送她去浦东机场，她一个人背着重重的行囊搭上了前往迪拜的飞机，并从迪拜飞往坦桑尼亚。1月16日下午4时许，她一脚踏上了非洲大地，在那里看到很多不同：幼儿园是一处用废弃木板、铁皮搭建的房子，被隔成2间，一间50平方米，一间16平方米，几张破旧的长木椅、一张讲桌是仅有的设施。孩子头上、身上有莫名其妙的肿包，肚子很大腿很细，明显营养不良。"你知道吗？他们连糖都不会吃，把糖和糖纸一块放进嘴里，对一张小小的餐巾纸都视若珍宝。"目睹这一切，她决心要尽力筹些钱，改善他们的生活。连续几晚，守着电脑写文案，发到众筹网上筹款；联系当地公司、深入大学宣讲，发动参与此项目的各国志愿者捐款。"31天，这是我走得最远、最有意义的一次。"她说，她看到了不同的世界，献出了绵薄的爱心，收获了深重的友谊，这一次的经历就像18岁的成人礼，永远激励着她前行。

此外，西浦每年都会有学生自发去参加美国大学生数学建模大赛，历年西浦学生的成绩在国内和国际名列前茅。例如，2016年的西浦参赛选手中有27%的学生获得了一等奖。在组织学生参加数学建模大赛的时候，西浦不做选拔、不设任何限制，任何专业的学生都可以报名参加，而且所有的组织和动员活动都由学生来自行组织、自由搭配组队参赛，但是参赛费用由学校来承担。学校把这些活动看作是学生可以提升自我的平台和机会，而不是学校要争得什么荣誉，因此，只要学生有新兴趣报名参与，不管来自哪个年级、什么专业，都可以报名参赛。学校最看重的是学生几个人一组几天几夜的时间在一起完成一项任务这样的经历。

再如，2015年，西浦生物系学生希望报名参加国际知名的iGEM大赛。当时由于学校毫无准备，也没有参赛经验，担心学生的比赛结果不好，系主任拒绝了学生的参赛申请，但是得到了西浦校长的鼎力支持和鼓励。为了能够正常参赛，校长鼓励学生自己筹款并自行邀请专业系的老师作为指导教师。最终西浦学生成功参赛，并且在当年获得了银奖，在接下来2016年的iGEM大赛中获得了银奖，于2017年获得金奖。

通过这些故事，我们发现学生的国际竞争力，并不是通过简单一门或者几门国际化的课程培养的，也不是通过和留学生的互动来实现的。从学生的回顾中，可以总结到真正对他们重要的是自由的环境、自主的空间、能够连接到国际活动的平台和网络以及友好的支持体系等，这些尽管不是我们通常讨论的国际化中的核心话题，但却是真正提升学生国际化很重要的环节。

三、大学国际化的核心

那么该如何定义国际化？对于大学国际化的解读，学术界近几十年有很多讨论，不同的专家和学者从不同的视角切入形成了不同流派。例如，简·奈特（Jane Knight）从国际化的实质而非国际化的形式对国际化作出界定，认为国际化是把国际的、跨文化的或者全球性的维度融入教育的目的、功能及实施中去的一个过程。而菲利普·阿特巴赫（Philip Altbach）把教育国际化定义为一个国家、一个教育系统、一所大学对全球化的政策回应，通过学生流动、知识创造、人才培养等方式应对人类知识体系中的不平等的现象。学术界的百花齐放也反映了真实世界中教育国际化的多样性特点。由于受到国家政治、经济发展水平和文化特征的影响，不同的国家和地区对国际化的界定和实现国际化的路径选择会有所区别，呈现出浓厚的本土化特色。对于中国大学而言，国际化与"欧美化"或者"西方化"不能等同，中国大学的国际化道路应当时根据中国国情以及高等教育的发展现状总结出一条符合中国国情的且具有中国社会主义特色的大学国际化路径。

1. 大学国际化要超越简单的资源累积

本书根据扎根于中国高等教育国际化背景下的研究发现以及西浦多年来的办学经验，把国际化划分为三个层面，从低到高依次是，要素层面的国际化、机制层面的国际化以及目标层面的国际化。

要素层面的国际化是高等教育中最普遍的国际化途径，主要指学生、教师、课程教学和研究活动等大学办学的核心要素的国际化与多元化发展。在要素层面上，大学需要善于整合国际资源来提升大学整体国际化水平。具体来讲，大学可以通过在全球范围内招生、采用全球招聘的方式进行教师评聘、并设置国际化的课程来达到资源层面的国际化水平。此外，大学还需要营造国际化的学习环境，不只采用英语或其他国家的语言作为师生在校园进行学习和工作交流的媒介，还应该积极建设具有包容性的多元化的文化环境，并且促进多元文化的和谐共存。

机制层面的国际化主要体现在治理体系、管理方式、行为模式以及文化氛围方面。大学需要形成内部共识来构建发挥国际影响力的内部机制。要发挥国际影响力，大学需要通过自身的资源优势连接到广泛的国际资源的平台，吸收整合国际最先进的理念、模式、技巧和方法；此外，大学还需要形成国际要素深度融合的理念和工作机制，让优质国际资源形成内部自行融合运作的机制和支持系统，从而能够容纳来自世界各种文化区域的学习者和工作者，培养出国际化的人才，从事国际级的研究。

目标层面的国际化是大学国际化的最高层次，大学要把培养学生的国际视野和促进学生健康成长作为人才培养的目标，这也是大学国际化的最终目标；此外，大学要积极参与国际事务，影响和改变世界。当代大学要以国际视野重新理解大学的意义和价值，要把参与国际事务，影响和改变世界（当然包括本土和国际）作为办学的最终目标。未来的大学主要是营造一个科学社区，不同背景的人群在社区中自由互动，各取所需，而大学的功能就是制造氛围和平台，为社区人群提供机会，帮助他们在国际舞台上发挥作用。要实现这些大学需要培养在世界舞台上发挥作用的人才和形成一支有国际学术影响力的教师队伍，帮助大学师生提升国际竞争力，以卓越的科研成果为人类社会发展做出贡献，同时探索影响本国乃至世界高等教育的新模式，通过创新适应时代的发展，推动世界高等教育的改革进程。

按照主流观点对国际化的理解，对于西浦这样的大学，专业课100%采用全英文授课、授予利物浦大学的文凭、70%的师资是外籍且来自全球50多个国家，这些是不是意味着这所大学非常的国际化？笔者认为答案是否定的。这些基于要素层面的国际化特征只能说明这所大学具有一些国际化的基础。而这些资源是否能够真正贡献于学校的国际化，取决于大学是否有国际化的机制和国际化的人才培养目标。如果大学本身没有一个整合和协调国际化的资源的平台和网络，如果学生本身并没有把培养国际视野作为其核心的人才培养目标，那么这些资源也并不能很好地贡献于学生的成长。

2. 国际化的大学要有国际前沿的教育理念

一所大学要想在以上要素、机制和育人目标层面都具备国际化的特色，需要更高层面的教育理念的国际化。纵观国际上很多知名的国际化大学，他们并不会把很多精力花在引进国际的师资、招收留学生这些方面，而是靠自己前沿的教育理念来吸引全球各地的学生和老师加盟和申请。只有前沿的在国际领先的教育理念，才能真正支撑一个学校的国际化发展。

以西浦为例，西浦对未来大学做了大胆的探索，为了推动高等教育深化改革、引领未来教育发展趋势，西浦在精心打造了基于国际化专业精英人才培养的1.0教育理念和模式外，在2017年提出西浦育人模式2.0，即融合式教育模式。融合式教育把培养行业精英人才作为人才培养目标。融合式教育是一种创新的教育模式，旨在培养具有深厚学术知识和行业实践能力，具备跨文化领导、管理和创业技能，以提高竞争力和就业能力为目标的国际高端应用型人才。西浦专门成立创业家学院（太仓）来实践这一育人理念和模式。创业家学院通过大学与企业、行业和社会的深度合作模式，将通识教育、专业教育、行业教育、创业教育、管理与领导力教育融合起来，培养具有国际视野、能够站在人工智能和机器人的肩膀上驾驭未来新发展的行业精英，甚至是业界领袖。

西浦创业家学院（太仓）是西交利物浦大学第二个十年教育探索的重要项目。其愿景是成为培养新行业精锐和领袖的摇篮，并为未来大学和校园提供一种新思路、一个新样板。其使命包括四个方面：为新行业培育精锐力量和领导者；研发新行业的支撑技术、探索新行业的发展模式及促进和引领新行业的发展；探索国际化高端应用型人才培育和办学模式；为未来大学及其校园提供解决方案。

西浦创业家学院（太仓）设立产金融合学院、文化科技学院、智能机器人学院、人工智能与先进计算学院、物联网学院、芯片学院、智能制造生态学院7个学院和行业方向，通过学习超市和数据资源中心（Learning Mall and Digital Resource Center，LM&DRC）、创新工场（Innovation Factory，包括西浦、合作企业、平台和研究部门）、研究和研发群落（Research and R&D Community，R2DC）、标准、知识产权、质量与认证平台（Standard，IP，Quality and Accreditation Platform）、创业与企业港（Entrepreneurship and Enterprise Hub，EEH），及产业和社会联盟（Alliance of Industry and Society，AI&S）六个层面从校内到校外的层层支持，为学生提供海量的学习资源和充足的实践机会（图6-2）。西浦融合式教育通过网络、创造和分享，最终达到对学生、西浦和教育的不同层面增值。

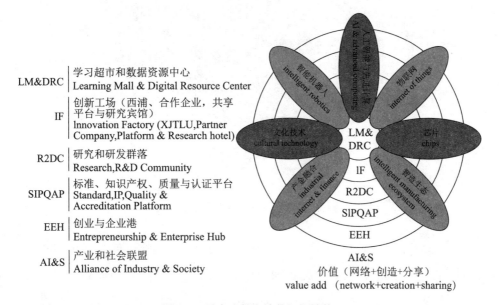

图6-2　融合式教育培养行业精英

西浦创业家学院（太仓）的办学特色体现在两方面：按行业设置学院及专修专业和辅修专业结合。

按行业设置学院的做法，强化了跨专业教育和行业训练。常规教育下学生往往缺少从学校到社会、从理论到实践的过渡环节，使学生毕业后不能立即成为社会可用的人才。西浦创业家学院将学生从学校到社会的环节细化为学校—公司—行业—产业—社会（university-company-business-industry-society），学校与企业、行业通过合作，将通识知识、专业知识、行业知识和管理知识融入学生的日常学习、实习、在岗经验和创业过程中，帮助学生发展，成为社会所需人才（行业设置学院思路如图 6-2 所示，专业与学位设置如图 6-3 所示）。

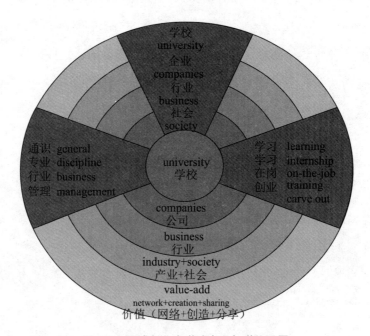

图 6-3　西浦创业家学院专业与学位设置

主修专业与辅修专业结合，并在大一至大三期间，嵌入每年 200 小时的行业训练。学生毕业时，除获得英国利物浦大学和西交利物浦大学的学位外，还会额外获得创新辅修证书、行业实习实训证书。即西浦创业家学院学生需要完成主修专业（占总学分的 75%）、辅修专业 / 创新创业（占总学分 25%）以及行业训练（3 个暑假共 600 小时）三部分的所有内容后，才能够毕业。

而毕业时将会得到六重认证（二学位、四证书）：西交利物浦大学学士学位（主修）、利物浦大学学士学位（主修和辅修）、西交利物浦大学本科毕业证书、西交利物浦大学创新创业辅修证书、利物浦大学实训证书和西交利物浦大学实习实训证书。

西浦创业家学院（太仓）的融合式教育，是一种对现有教育模式的重构，这一重构包括五个方面：质量框架（the qualification framework），质量教育（quality education），教育过程（education process），教学法（pedagogy），新科技（new technology）和校园（campus）。对融合式教育的探索，西浦创业家学院提出了一些适用于教学的新策略和新技术：研究导向型教学（research-led L&T）、知识理论（theory of knowledge，ToK）、基于问题学习（problem-based learning）、翻转课堂（flipped classroom）、基于项目学习（project-based learning）、合作、协作和共同构造学习（cooperative，collaborative and co-constructed learning）、基于工作和企业实践学习（work and company-based experiential learning）和基于表现的综合考评（performance-based，integrated assessments）等。

为了能够有效支撑融合式教育的模式，西浦进一步提出了学习超市（learning mall，LM）的概念，学习超市是一个提供集中、混合学习，聚集合作伙伴的中心，提供线上、线下学习服务，旨在构建从校园到社区的学习桥梁，覆盖全中国学习群体。西浦学习超市在线（The XJTLU Learning Mall Online，LMO），聚集了西浦学生、老师以及各地区的外部用户，该平台不仅提供优秀的西浦线上资源，还有来自合作伙伴的卓越课程与服务，为用户提供优质便捷的服务。

正是因为西浦有这样创新的、面向未来人才需求的教育体系和人才培养模式，才能不断吸引国内国际优秀的人才加盟西浦，才能打造一个国际化的学习社区，从而实现西浦"以学生为中心"、培养世界公民的目标。

第二节　大学国际化如何促进学生成长

　　有了国际化的教育理念、育人目标和国际化的机制与资源，接下来关键的就是国际化的策略。本节基于西浦的实践，总结出大学通过国际化促进学生成长的七大战略：国际化的学校战略定位、国际化的育人模式、国际化的前沿教学理念和实践、国际化的人才培养目标、国际化的学生工作体系、全员参与的国际化以及国际化的大学架构。

一、国际化的学校战略定位

　　学校的战略定位决定一所大学的发展方向，决定着国际化是否能够真正成为大学的核心特征。例如西浦作为一所中英合作大学，其定位是不简单复制中国大学的模式，也不是简单复制英国大学的模式，而是基于未来社会对人才的需求以及教育发展的趋势，融合中国和西方的优秀大学经验和实践，去探索全新的面向未来的大学教育模式。这一战略定位，从一开始就确定西浦的模式是国际化的。因为简单学习和引进国外的模式，并不代表国际化，大学国际化并不是简单的"西方化"。近几十年来，很多国内的大学把向西方大学学习作为国际化的策略,这样的策略注定很难让自身真正实现国际化，因为这样无法触及国际化的核心——促进学生的健康成长。

　　以当前非常火热的国际教育合作项目为例，这类项目要想取得成功，六大方面至关重要。第一，成功的教育合作项目需要有清晰的战略，明确双方合作的目标是什么，并在目标的指引下制定能够实现目标的战略，保证战略的清晰和可实施性。第二，寻找合适的合作伙伴可为合作项目的成功提供有力的保证。第三，国际化合作项目需要合作双方有清晰的角色定位，明确双

大学转型

从教师主导到以学生为中心

方在合作中充当的角色以及合作双方能够为合作带来的价值体现，以便双方能够充分利用自身的优势和资源实现合作目标。第四，合作需要本土知识和对本土情况较为熟悉的相关人员的支持，保证合作战略的顺利开展和实施以及合作项目能够适应本地特色和要求取得长足发展。第五，勇于突破大胆尝试的精神是国际化教育合作项目成功的基础，是国际化项目开拓者需要具备的精神和素养，只有走出舒适圈并且有把想法变成实践的勇气才能成功。第六，开拓者需要做好双重准备，既要想好如何应对成功，更要为可能面对的问题和挑战做好充分的准备。

二、国际化的育人模式

育人模式主要回答通过什么样的流程和过程支持大学生四年的成长和发展，以确保学生毕业时达到规定的毕业要求。所以国际化的大学育人模式，首先是在毕业要求上达到国际水准。即一所大学的学生毕业后得到学位是否具备国际竞争力。其次，大学是否有一套设计严谨并且运作良好的质量保障体系确保所有获得毕业证书的学生都达到了毕业要求，这是很多国际的认证机构主要关注的问题。目前主流的国际化的育人模式，其核心特点就是围绕"结果导向"（outcome-based education）理念的一套育人体系和质量保障体系。结果导向首先要有明确的学习目标和学习结果，其次要确保其育人过程能有效支撑目标和结果的达成，最后学校要有一套自身的不断改进育人水准的质量保障体系。

以西浦为例，结果导向的理念直接体现在专业的人才培养方案中。西浦所有的专业人才培养方案要特别关注几个方面：一是本专业要培养的目标和学生的学习结果，这些目标和结果不是由有些模糊不清的词组成的简单几句话，而是按照英国教育中对于大学阶段人才培养的三个方面目标，细化成十几个甚至几十个非常具体的目标，每一个目标的陈述要满足清晰和可衡量的要求。在目标制定后，第二个很关键的部分就是专业的整体考核方案，考核方案要针对每一个目标，列出所有的考核方式，在这里要确保每一个考核项目确实能够有效地衡量学习的结果。接下来就是课程体系，一个专业中的几十门课，是如何组合起来支撑学生的学习目标和结果的实现的。这几个围绕学习目标和结果的一环扣一环的过程，是结果导向教育最重要的环节，也是一所大学的教育体系国际化水平的直接体现。

质量保障体系则是确保以上所说的三个方面都能够高质量开展的体系，对西浦的质量保障体系包括育人理念、育人模式、学与教、教学过程以及学校整体的运营情况进行全面评估，每一步都会由专业的战略团队与支撑体系为其提供支持（图6-4）。

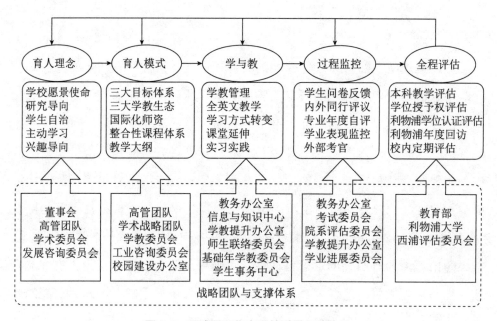

图6-4 西浦国际化水准的质量保障体系

在西浦的质量保障机制中，也体现了国际化的大学的一般原则。例如教学共同体来保障教学质量而不是行政判断教学水平的高低；每天都在进步的持续改进机制，而不是周期性的审核和评估；多元的利益相关方的共同参与，而不仅是质量保证保障办公室几个人的任务。如在课程层面学校会在学期中和学期末通过不同的沟通机制从学生的视角了解教学情况并做即时的反馈和调整。此外，西浦采用了内外同行评议的方式对每门课的学生的评估方式和标准进行审核评估，评估同行有来自同专业的西浦老师、利物浦对应系部的老师以及来自另外一所英国教育机构的同行专家。根据学校的评估实施细则，西浦对考试有严格的监督和审核制度。教研组有责任采纳来自考试委员会或校外考官的合理建议，来不断地监督评估计划的效力。在专业层面，学校要求院系每年提交专业年度自评，评估院系开设专业项目的时效性。此外，学校还对新专业的申请和审核过程、专业第三方认证和中英双方的教学主管部门的认证有明确的规划和工作流程，提升学校品牌的知名度。这部分的工作由教务办公室、考试委员会、院系评估委员会、学教提升办公室和学业进展委员会多方合作完成。学校层面的全程评估包括本科教学评估、学位授予权评估、利物浦学位认证评估、利物浦周期性回访和校内定期评估，由教育部、利物浦大学和西浦评估委员会进行评定。

三、国际化的前沿教学理念和实践

国际化的教学理念和实践，不是指发达国家的教育体系中的教学理念和实践，而是能有效培养当今和未来社会中需要的人才的教学理念和实践。西浦倡导的是研究导向型的教与学。如前所述，研究导向性学习分为四个步骤：实际问题出发、资料收集整合、小组讨论、问题解决方案。学生通过这些活动的训练，可以有效提升解决问题的能力、自主学习能力、批判性思维以及合作沟通能力。而这些能力正是未来社会中精英人才需要的核心素养，因此，我们认为西浦的研究导向型教学就是国际化的教学理念和实践。

国际上还有其他一些能培养未来社会中人才必须素养的教学理念和实践。例如，美国密涅瓦大学开发的超越课程的全球沉浸式学习方式，强调学生在真实文化中的体验来获得国际竞争力。全球沉浸式学习并不是把学生放到一个校园当中待4年，而是以世界为课堂，该校学生在大学4年中必须要在全球五大洲的7个城市各待一个学期，让学生在真实情景中运用知识解决现实问题。该校第一届毕业生的基本能力测试表明，沉浸式学习对于培养学生的创造力与想象力、合作沟通能力、解决问题的能力以及批判性思维有明显的效果，因此，这也是国际化的前沿的教学理念和实践。

再如，芬兰在2017年提出基础教育领域的现象式教学理念，试图废除学科分科的教学模式（teaching by subject），不再按照传统的历史、地理等科目划分，而是改用主题进行划分（teaching by topic）。例如"欧盟"主题，会教授欧盟的经济、历史、地理等，跨学科的知识以主题贯穿学习；又如"餐饮服务"主题，则可教数学、语言、沟通技巧等。以主题施教，更能帮助学生了解事情的来龙去脉，且因主题会与现实生活相关联，让学生可学习更贴身的知识，比学科更可引起学习兴趣与动力。因此，现象式教学也已经成为国际上普遍关注的教学理念。

四、国际化的人才培养目标

人才培养目标实际上是育人模式的组成部分，这里单独提出来，是希望强调国际化的人才培养目标是大学国际化水平的一个根本指针，因此，大学国际化的水平也体现在大学人才培养目标的国际化水平上。国际化的大学，普遍引导学生关注人类和全球共同的挑战，支持和训练学生能够解决国际共同问题的能力。例如，在互联网革命与人工智能背景下，学生学会学习，培养数字素养，具有批判性思维，具备解决问题的能力；在全球化背景下，拥有国际视野，具备可持续发展意识，提升跨文化领导力和沟通能力；在知识经济背景下，提升创新创业能力，塑造自身价值观等。简言之，国际化的大学，需要培养学生解决国际上面临的重大挑战的能力，并由此来设定人才培养目标。

以西交利物浦大学为例，学校提出的五星育人模式提出核心目标是将学生培养成为具有国际竞争力的世界公民，特别关注学生在三个体系方面的发展，包括素养体系，能力体系和知识体系。素养体系主要包括五个方面："生活幸福，事业成功"是核心理念，"创新和奉献"是核心价值观，"求同存异"是核心道德标准，"全球化和复杂性"是核心观点，而"提高生存能力"是核心目标。能力体系是要提升学生以下五个方面的能力：全球竞争力能力，整合运用知识的能力，创新性学习和终生学习能力，交互能力和团队协作能力，主动性和严格执行能力。知识体系主要关注学生的知识增强，包括五个方面：哲学和智慧，实践和经验，科学和知识，技术和工具，艺术和技能。

图 6-5　五星育人模式

五、国际化的学生工作体系

国际化的学生工作体系，首先是大学的学生工作要符合和采纳国际前沿的大学学生工作理念和体系，能够对标具有国际水准的学生工作体系，使得国际上不同国家和文化的学生都可以在学校友好地学习和生活。这里包括对国际学生在申请、签证、入学、文化包容性等多方面的支持。

其次，国际化的学生工作体系，也要把支持学生的健康工作作为其核心目标和使命，这是"以学生为中心"的大学体系的必然要求。以西浦的学生工作体系为例，其最顶层的理念和目标就是学校育人的核心理念：以学生健康成长为中心，以兴趣为导向，"以学生为中心"。在这个核心目标之下，西浦学生工作部门提出实现目标的基本原则：学生自治、学校引导与服务。

学生自治给予学生发掘兴趣的空间，以及提供学生健康成长所需要的训练和熏陶。学校引导和服务一是明确了学生和学校之间的关系，学生为主导，学校引导学生的健康成长。二是给出了学生工作的主要路径，不是管理，不是控制，而是引导和服务，这是大学服务育人的重要体现。三是解决谁来引导和服务的问题，西浦建立了除学术导师之外另外三个导师体系，包括个人成长导师、朋辈导师以及校外导师。个人成长导师主要负责学生在生活和自我管理等方面的挑战和问题，朋辈导师是高年级学生给刚入学的低年级学生的引导，主要是帮助新生尽快融入学校的文化和氛围；校外导师主要支持高年级学生的职业生涯规划和与产业界的对接。

六、全员参与的国际化

国际化已经成为各个高校的重要业务毋庸置疑，但是，大学国际化工作的组织实施目前基本上是以一个部门（国际合作与交流处）的一个团队来主导，通过一些项目（留学生招聘、国际合作办学项目）来提高国际化水平。如前所述，这些项目很难真正让全校所有的学生受惠，从而真正服务于学校育人的根本目标。而国际化要想真正服务于每个学生的国际视野的提升，需要的不仅仅是一个专门负责国际化业务的团队，更是大学中每个人为学生的国际视野的提升做出贡献。也就是说，国际化不仅是负责国际事务人员的事，而是全体学校成员的责任。主管国际化的人员责任主要在制定国际化战略，并协调和动员所有人都理解、认可国际化战略，在每个人的日常工作中为了这个目标而努力。

要实现这种全国参与和贡献于国际化的体系，首先需要国际化部门拟定本学校的国际化战略，战略中首先要明确国际化的目标，特别是链接到人才培养目标中的国际化目标，如培养学生的国际视野、跨文化沟通能力等。然后，进一步把这一目标落实到全校不同院系和部门的目标体系中。例如最重要的，要把这一国际化目标落实到所有专业的人才培养方案中，并且进一步分解到不同的课程中。另外，以国际化为主导的项目和活动也要纳入整个学校的人才培养体系中，如合作办学项目、人才交流项目、留学生教育等。只有这些项目在实现国际化目标的同时，也贡献于学校及院系专业层面的人才培养目标，国际化才真正实现了其目标。

七、国际化的大学架构

大学架构是管理和支撑体系的重要环节，架构也是激发和约束组织成员认知和行为的基本框架。大学架构一般包括部门划分、人员、角色、沟通机制和业务流程等方面。国际化的大学架构，包括大学架构按照国际前沿的理念和实践来搭建从而可以让来自不同国家、有不同背景的人顺利地在一起工作。也包括架构能支撑大学的国际化目标。在国际上，大学架构的设置有不同的实践。例如中国的大学采用党委领导下的校长负责制，行政职能部门是很重要的权力机构和资源分配者；欧美的大学多采用董事会领导下的校长负责制，学术权力和行政权力各负其责、良性互动，行政职能部门是服务机构，不能主导学术事务的决策。我们国家的大学在过去一些年提到的教育现代化和建立诸如教授治校等理念，就是一种国际化的策略。这些策略，对于吸引国际人才长期留在学校工作有重要作用。

大学架构要支持大学全校的人员为国际化的目标而共同努力，就要搭建特定的组织架构，来促进不同部门的人为共同的目标而合作。目前全世界绝大多数的大学都是采纳官僚层级结构，这套架构对于分学科分专业的人才培养体系能够提供高效的支持，但是对于不同部门共同为了一个目标去长期地合作，则需要突破官僚层级的架构体系，搭建一种能够让不同的部门更容易合作到一起的架构。

西交利物浦大学的大学结构是扁平化（网络化）的，相较于传统模式，扁平化的结构更有利于资源利用，简化了沟通流程，使得问题的处理更加高效。扁平化后，各院系学科将能直接联系到各研究院、信息中心、学生事务中心、学术事务中心和行政事务中心，学术委员会下设近 20 个分委员会、高管团队和学术战略小组将能更有针对性地为各院系学科提供支持（图6-6）。

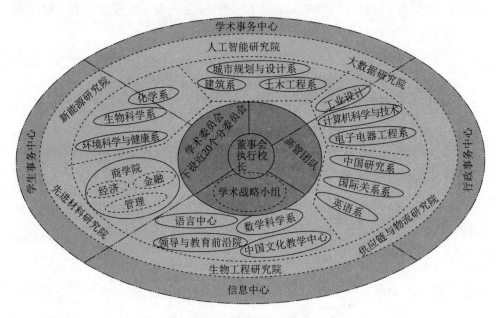

图 6-6　西浦组织架构

第三节　大学国际化要注重多元制度的融合

　　当前，中外合作办学成为国内高校推动国际化的重要手段，也是大学国际化发展的高端形式。然而，大学如何办好中外合作办学，并进一步利用中外合作办学来推动母体学校的国际化，还是一个值得讨论的问题。本节将重点讨论在当前国际教育重塑的大背景下，应该如何定位中外合作办学的历史使命，以及如何通过合作办学实现制度的融合而不仅是引入优质的国际资源。

一、中外合作办学为多元制度融合提供了土壤

高等教育领域中外合作办学在过去 15 年快速发展，取得不俗成绩，但直到近期仍有不少针对合作办学的争议和质疑之声，尽管如何提升监管水平确保合作办学质量是永恒的话题，但对中外合作办学的定位和历史使命的认识，决不能仅仅停留在作为大学国际化的一种途径，抑或是功利性的经费来源和学校排名提升上，深入认识合作办学的历史使命，对于办好合作办学，发挥其影响力乃至推进新一轮高等教育改革至关重要。

笔者认为，领会新时代中外合作办学的历史使命需要把握五个方面。

第一，要在新一轮科技革命及全球高等教育重塑的情境中看待中外合作办学的价值。当前，第四次科技革命已经深入人类生活的每个角落，人工智能正在重塑各行各业，教育行业也不例外。人工智能时代高等教育必然发生根本性的变化，自第一次科技革命以来形成的高等教育模式面临着彻底革新。全球各个国家的大学都在探索适合未来的高等教育新模式，我们国家更是如此，从 2018 年以来，中共中央、国务院及教育部接连发布一系列重磅高教改革政策和方案，旨在新一轮科技革命浪潮中引领世界高教发展潮流。

尽管公办精英大学是承担这一历史使命的核心群体，但这些大学到底如何才能落实到位？笔者认为，合作办学可以助力公办大学及国家更好地引领人工智能时代的高等教育改革。放眼当前办得出色的中外合作办学项目或者机构，都能找到引领未来教育的模式或者元素。这些模式或元素，很难在被既有体制和观念包围的公办大学中产生。例如西交利物浦大学提出的融合式教育模式，就是专门培养人工智能时代行业革新和创建的精英。再如上海交通大学和法国五校合作的工程师学院，也探索出一条超越母体学校培养顶级工程师的全新道路。基于此，谈中外合作办学的价值，需要突破合作办学的场域，避免被合作办学的一些琐碎具体问题掩盖了其引领未来教育的巨大潜力。当前，特别需要从人工智能时代高等教育的高度谈中外合作办学的价值和历史使命。

第二，要充分认识到合作办学独特的创新基因。中外合作办学之所以处于回应人工智能挑战的有利位置，具备引领未来教育的实力，一个核心原因在于其对两种文化下不同教育体系的融合上。众所周知，融合有利于创新，异质性要素的融合，则是产生大创新的沃土。中外合作办学，顾名思义是一所中国大学和一所国外大学的合作办学，这种合作，并不仅仅是两所学校的合作，更是两种文化的碰撞、两种教育模式的融合。

合作办学在表面上看起来是两所学校办学资源的整合，如课程的借鉴、教职人员的合作、管理团队的整合等，但合作走到深处，远远超越资源层面，而是激发办学者去反思大学办学中普遍面临的一些基本问题。例如，当参考两校的人才培养理念设计合作办学的人才培养模式时，很多时候会体会到两所学校在同一专业甚至同一课程上截然不同的做法，每当这个时候，简单的加总显然无法成为合作办学的新方案，而必须回到最基本的问题上，去思考两种做法的优劣，然后取其精华，在必要的时候还要自己创造很多新东西。西交利物浦大学过去10年探索的研究导向型教学即是一例。再如，合作办学的学生工作，既需要考虑中国大学普遍的保姆式管理体系，也要参考西方很多大学几乎不干涉学生私人生活空间的做法。这时候，回到问题的本质：学生工作也是为了学生的学习和成长，就可能创造出像西交利物浦大学那样对学生工作以"学生自治，学校引导和服务"为定位的新模式。

第三，要珍惜和培育合作办学的创业潜质。尽管合作办学已经有了十几年的发展，但是，对于大部分合作办学项目和机构来说，依然是新事物，因此，把当前的合作办学项目或者机构描述成创业项目十分恰当。只要对合作办学的战线比较熟悉，就能感受到合作办学团队的创业精神。笔者见过很多合作办学团队都具备创业者的特征：对教育的情怀、对目标的执着、对工作的投入。很多合作办学的负责人都视自己的工作为很有意义的事业，千方百计要政策，争取学校领导的支持，目的就是希望能办出不一样的教育来。我们也经常能听到合作办学者的艰辛创业故事，很多时候都是从一个人的团队出发，从零开始，过五关斩六将一步步形成团队，迎来学生，结出硕果。这些特质，

大学转型

从教师主导到以学生为中心

是很多有历史包袱的大学难有的。

当然，合作办学团队的一个优势就是体制的相对灵活性，这对于创业十分重要。我们看到很多大学为了支持合作办学的发展，专门开辟改革特区，给予灵活的人事、财务等政策，这些条件为真正探索出符合未来的教育，提供了最根本的组织基础和保障。

第四，要注重合作办学给教育国际化理论革新提供的丰沃土壤。中外合作办学翻新了过去几十年关于教育国际化的研究视角和理论观点。教育国际化主要指教育资源在全球范围内的流动过程，最早的国际化探讨的话题主要是学生和教员的流动，以及特定教育资源特别是学分的共享，过去几十年甚至直到今天国际化很大一部分在探讨如何更好地实现跨校的学分互认，从而能够促进学生的流动。然而，中外合作办学的模式则展现了一种全新的国际化模式。通过"2+2""3+1"等模式使国内学生定向流动，吸引更多的国外留学生赴华留学，增加短期访学的模式与频次，更突破时间与空间上的限制，开展了学位框架内的合作，使得学生不用走出国门即可享受国外优质的教育资源，并在毕业之时同时获得国内学位与国外学位。

更为重要的是，学生并不一定要从一国流动到另一国，却可以接受符合另一国标准的教育，获得另一国的学位，这实际上打破了传统的国际化研究和实践中把学生流动作为核心目标的框架，而是通过学位体系的跨国流动，实现了学生不流动就接受国际教育的目标。这种创新使得国际化的目标不再是追求学生的流动，而是教育最核心的资源——学位体系如何在不同国家和文化中共享，从而促进了教育资源真正的国际化。从这个意义上说，中外合作办学是教育国际化一种全新的模式，也是更触及国际化本质的一次跃进。

第五，要给予合作办学更广阔和独立的发展和想象空间。中外合作办学机构和团队要有勇立时代潮头、争创符合未来社会需求的高等教育新模式的胸怀和魄力，当然也需要更加独立、更加包容的政策支持。当前国家新一轮高等教育改革的方向已定，紧紧围绕立德树人振兴本科教育是所有大学的共同主题，中外合作办学也需要在这一框架下发挥其价值。但是，立德树人和振兴本科教育规划中的很多方面，是针对中国高等教育过去几十年的发展历史提出来的，一定程度上回应了过去一段时间大学普遍存在重科研轻育人的现象。而中外合作办学是新生事物，其从一开始就是把育人作为核心目的的，放眼当前的主要合作办学机构，无不把育人作为核心使命，可以说合作办学天生就把立德树人作为核心价值观。

因此，当前尽管合作办学可以为国家的本科教育改革提供诸多借鉴，但合作办学的价值不应仅局限于为公办大学过去几十年形成的历史问题提供可借鉴的方案，还应该有机会在全新的赛道，利用没有历史包袱的巨大优势，直接对标未来社会对教育的需求，建设具有创新性和引领性的教育体系，这一体系，极有可能从一开始就引领新一轮的国家乃至全球的高等教育革命。而要形成这一体系，需要的是全新的专门针对合作办学的"一流"方案，而不是简单套用民办高校或者公办大学的发展框架来引领和评价合作办学。

二、制度融合创新应成为中外合作办学的追求

2020年6月，教育部等八部门发布《关于加快和扩大新时代教育对外开放的意见》（简称《意见》），指出教育对外开放是教育现代化的鲜明特征和重要推动力，要以习近平新时代中国特色社会主义思想为指导，坚持教育对外开放不动摇，主动加强同世界各国的互鉴、互容、互通，形成更全方位、更宽领域、更多层次、更加主动的教育对外开放局面。中外合作办学是我国扩大教育开放的重要举措，《意见》专门提出要"加大中外合作办学改革力度"。那么合作办学应该改什么、怎么改？

这和国家举办中外合作办学的根本目的相关，按照教育主管部门的说法，中外合作办学作为高等教育的重要组成部分，其设立的根本目的是通过开展国际合作办学引进国外优质教育资源，通过其溢出效应促进中国高等教育的改革。在这一使命的引领下，需要追问：过去十几年中外合作办学是否真正发挥了促进中国高等教育改革的作用？如何通过改革进一步扩大中外合作办

学的辐射和溢出效应？

本书基于制度理论，从多元制度融合和制度变革的视角来回答这两个问题，并进一步提出，当前中外合作办学应该调整其政策和实践定位，从一直以来重视"优质资源引进"到重视多元制度的融合创新。

（一）中外合作办学的"优质资源引进"定位及其问题

1. 中外合作办学以"优质资源引进"为基本目标

自 2003 年国务院发布《中华人民共和国中外合作办学条例》以来，合作办学快速发展，截至 2020 年 7 月 30 日，经教育部批准和备案的各层次中外合作办学机构和项目近 2 300 个，其中具有独立法人资格的本科层次合作办学机构 9 个。

一直以来"优质资源引进"是中外合作办学的核心定位。在《中华人民共和国中外合作办学条例》中明确提出"国家鼓励引进外国优质教育资源的中外合作办学"，在国家和教育部门各类教育文件和规划中，一直把引进优质资源作为中外合作办学的定位和目标。

在教育部国际合作与交流司委托中国教育国际交流协会主编的《中外合作办学 100 问》中把教育资源解读为"办学理念、办学内容与活动、办学投入与条件的统一体"，基本上是理念和实践的结合。但在具体的办学审批标准里，以量化的办学投入和条件为主。教育部教外综〔2006〕5 号文件中对于优质教育资源的解读是要在师资和课程方面符合四个 1/3 的要求。在这个标准的引领下，各中外合作办学新项目申报、项目执行与评估、项目延期与更换合作外方时都以满足四个 1/3 作为基本指标。

2. 引进优质资源的挑战与问题

中外合作办学以引进优质资源为目标，面临诸多挑战和问题。

第一，教育优质资源能否跨国引进值得讨论。把课程和师资从一国的一个机构移到另一国的一个机构，这些引入国的课程和资源还能发挥在原产国里的功能吗？例如，有很多时候，国外师资在合作办学项目中承担课程，很多都是飞行教学，集中安排在几周时间上完一个学期的课程，剩余的时间由中方教师支持，这种模式并不能很好地利用外方师资对学生学习的支持，并不见得就是引进了优质资源。另外，实践中还出现中外双方各自专业课程设置的自我主张不完全兼容，存在简单拼凑，与学生认知发展的需要不相适应的情况。这时，整体地看，也不能简单认为引进的课程就是优质资源。

第二，优质资源还需要引进吗？在当前的互联网时代，全球优质教育资源一网打尽，慕课资源爆炸式增长，现在可以通过线上途径获取到全世界最好的大学几乎所有的优质课程，我们还有必要通过合作办学引进合作伙伴的课程吗？疫情之后，全球大学的课程又开始了新一轮的变革，课程线上化成为大势所趋。例如剑桥大学已经宣布所有的授课课程在线化，麻省理工学院的工程教育新改革中基础知识的课程也全部在线化由学生自己安排学习。在未来线上线下结合的趋势下，这就需要问：什么是未来的优质教育资源，还是课程和师资吗？尽管优秀的课程和师资还会集中在少数的教育机构，但是，几乎所有的学习者都可以享用这些老师创造的优质课程，还需要通过合作办学的方式引进吗？相反，当课程和师资不再稀缺，合作办学应该专注于引进什么？

第三，优质资源引进中很容易出现两极分化。我们看到有不少中外合作办学的项目得到了所在中方高校的大力支持，甚至在很多政策和制度方面一路绿灯，成为实际上的政策特区。这种通过政策特区来建设"世外桃源"的做法，是否能真正促进中方母校的教育制度改革呢？因为特区的制度与学校绝大部分的制度安排不同，特区的实践也很难复制到其他院系。两极分化的第二极是合作办学帽子之下本土办学实质。不难看到也有些合作办学项目尽管也是通过所有流程审批的中外合作办学项目，但是实际上引进的元素不多，基本上还是本土的团队设计一套本土化的教育模式。这种模式是否能对中方母校的教育改革有促进作用也值得质疑。

第四，优质资源即使引进了，也难以确保合作办学影响教育改革这一根本目的的实现。目前中外合作办学中注重课程和师资引进的逻辑，很难有效支撑合作办学要促进中国教育改革发展这一根本目的。因为课程和师资资源不具有延展性和拓展空间，是在使用中严格受限且无法传播的东西，从而很难在更大的范围内发挥作用。例如通过合作办学邀请优秀的外方教师授课，做得好的基本上就是外方教师可以支撑合作办学项目上学生的学习，这些教师基本上不会对中方母校中的绝大多数非合作办学项目上的学生提供任何支持。尽管这看起来是理所当然的，因为和外方的合作协议中只涉及合作办学项目而不是全校，但是作为中外合作办学的中方主办者中方母校，一般而言在合作办学上的学生上千名，但是整个校园的学生数往往是两三万，如果合作办学的项目仅仅惠及在项目上的上千名学生，但是无法惠及所有在校的几万人，我们需要追问：合作办学如何实现其溢出效应促进中方母校的办学改革？

第五，引进资源更多的是从外方到中方的单方向传输，并不能体现合作。尽管在实践中要想把外方的资源成功引入中国，需要处理大量的融合和学习问题，但是由于合作办学的审批和质量衡量中主要看资源引进的水平（四个1/3），这就把所有合作办学实践者的目光锁定在资源引进上，而没有重视融合。

可以看出，把资源的引进作为合作办学的追求，存在诸多挑战，那合作办学到底应该追求什么？本文提出合作办学应该追求不同教育制度的融合。

（二）中外合作大学真正的独特之处是制度融合

深入分析中外合作大学的人才培养、师资队伍建设、大学治理、科研平台建设、招生模式等方面，不难看出中外合作大学与公办大学相比的一系列特色，如"以学生为中心"的理念、国际化的师资队伍、独特的治理结构，以及普通招生和综合评价录取相结合的招生模式等。这些方面是审批部门在批准设立时关注的核心要素。

然而，深入分析发现，这些领域实际上已经远远超越"资源"的范畴，而是办学的理念、机制、制度和文化等更深层的要素。换句话说，中外合作大学引进的并不只是诸如师资和课程这样的"资源"，更是关键的决定资源如何使用的理念和制度性要素。因此，中外合作大学最重要的特色并不简单体现在"引进"这些要素上，而是来自中外方合作伙伴的理念和制度层面要素的结合。

这些理念和制度层面的要素，从制度理论的视角看，其实是影响组织发展甚至更大范围的场域甚至国家发展的制度要素。制度理论中的"制度"和通俗的理解不同，主要指为人们的社会生活提供各种资源及稳定性和意义，从而使人们得以展开各种活动的要素（斯科特，2020），斯科特认为，制度包括三个维度：规制性的、规范性的以及文化-认知的。规制性的制度主要通过规则设定、监督和奖惩活动来影响人们的行为，如制定法律、政策等，具有强制性。规范性制度主要针对社会生活的规定性、价值评价性和义务责任性问题，如价值观、规范和标准等，是对特定角色的人的一种约束性期待。文化-认知性制度是人们关于一切事物的共同理解，以及帮助人们对世界形成意义的认知框架。从这个三维体系分析，可以看到当前中外合作办学的一些典型特征。

（1）规制性要素以遵守中国本地规则为主，基本没有引进外方规制性要素。

本地的规则有些和中国其他大学的规则相似性高。首先，合作大学需要遵守与公办大学一样的国家对于教育的规章制度。例如所有大学都要遵守《中华人民共和国教育法》《中华人民共和国高等教育法》以及人才聘用遵守的《中华人民共和国劳动法》等，在《中华人民共和国中外合作办学条例》中关于学校的公益性的定位，以及学校设立标准等，都和公办大学相同。这种大的法律框架一致性充分体现了中外合作大学真正扎根中国的特征，表明中外合作大学是中国的大学，那些认为合作办学会波及教育主权问题的观点，在实践层面没有证据支持。同时在相对中观和微观层面的规章制度的革新，如对党组织建设的要求以及招生的规则、治理机制等方面，也体现了国家以中外合作大学为试点，改进国家整体教育规章体系的灵活性，这种探索为中外合作大学发挥其溢出效应提供了基础。当然，由于这种试点还处在初期，而且由于中外合作大学数量较少，很多合作大学办学中需要的法律规章还没有建立或者没有完善，这也一定程度上造成了当前合作大学办学中的困难，如合作大学组织性质的定位、税务制度的规范化等。

（2）规范性要素以两国要素简单引进为主，尚缺乏整合和创新。

例如，在关于教育质量的认证标准上，以外方的规范为主，很多的中外合作大学都获得大量的国际认证，并以此作为其教育质量国际水准的证据。但是关于党员规范，理所当然地全面遵守中国共产党的通用规范。在科学研究伦理以及教师的职业道德以及专业发展上则要遵循来自两国的规范体系，这种情况一定程度上给中外合作大学的教师造成困扰。例如，关于教师的职业道德的要求，西方的很多大学遵循一种相对职业化的规范体系，教师作为一种普通职业与其他职业没有多大区别。但在中国，社会对教师的职业道德期待很高，2018年发布的《新时代高校教师职业行为十项准则》中提到的关于坚定政治方向、传播社会主义核心价值观等要求，对于有大量外籍教职工的中外合作大学来说，存在尴尬之处。在实践中，规范层面的要素，很少有融合两种体系的做法，更多的时候是相机行事同时满足两种体系的要求。由于规范层面的要求很多是由行业性机构和协会制定的，但中外合作大学尚属于新鲜事物，没有建立起相应的行业组织，也没有制定出行业规范。这种主导者和协调者角色的缺失，一定程度上阻碍了中外合作大学的发展。

（3）认知和文化层面，以引进外方为主，外加部分独特创新。

例如，"以学生为中心"的人才培养理念，全员育人的支持和服务体系，以及科学研究的框架基本上以引进外方合作伙伴的模式为主，而关于学生工作以及社会服务的模式，则多以自主创新为主。可以看出，认知和文化层面的创新，是中外合作大学创新的核心领域，更多地体现了合作办学"引进"以及创新的理念。在以外方引进为主导的部分，尽管几乎所有的中外合作大学都宣称自身的实践并不是简单的引进，而是引进基础上的创新，但是不同的大学体现出不同的创新水平，有些大学把"原汁原味的西方教育"作为基本办学理念，更多地体现了引进的逻辑，也有些大学以融合创新为核心理念，但是在专业课程设置、教学方式还是支持体系等实践层面，基本上还是以直接简单引进为主，只有极少数的合作大学从理念、实践以及支持体系层面做到了融合创新。学生工作的创新，一定程度上是为了有效支持国际化的人才培养体系的需要，很多时候是被动创新，但亦有很多主动地瞄准学生成长的学生工作创新实践。社会服务是合作大学必须考虑的一个重要因素，因为几乎所有的合作大学都是在地方政府的大力支持下发展起来的，因此必须考虑如何回报地方的经济社会发展，在这一逻辑下也产生了不同的社会服务模式。

总体上看，规制性要素以遵守中国本地为主，由于本地针对合作大学的规制性要素不全面，合作大学的规制性维度不完整，这一方面给合作大学本身的实践造成挑战，也导致合作大学发挥溢出效应缺乏制度基础；由于合作办学的行业组织建设不完善，规范性维度没有实质的创新，主要是为了满足中外两方的标准；认知和文化维度的创新是合作办学的独特之处。这种状态符合国家对于中外合作大学的整体定位，人才培养理念的创新，应该成为中外合作办学的核心特色，当然，规范性和规制性要素是支撑文化和认知要素创新的基础，完整的体系化的规范性和规制性设置，是人才培养理念创新的前提和基础。简言之，中外合作大学的创新和独特性，体现在两个方面，一是人才培养理念的创新，这主要通过中西方教育理念的融合实现；二是支持特定的人才培养理念的规范和规制体系的创新，这主要通过制度要素中认知文化维度与规范和规制要素的融合实现。

同时，在规制性体系不完善且没有专门针对独特的认知文化要素的规制体系，以及规范性体系相对复杂缺乏融合的背景下，文化和认知维度要素如何能够扎根本土，真正探索出一套创新的人才培养体系，是当前合作大学进一步发挥其独特作用的重要挑战，也应该是政府主管部门进一步支持中外合作大学的领域。

（三）通过政策创新进一步支持中外合作办学的制度融合创新

（1）创新性完善中外合作大学的规制性制度环境。政府加大创新合作大学的规制性要素的幅度，特别是在办学性质、税收政策等方面的规章制度，让合作大学的独特性根植于坚实的制度土壤中，更重要的是，让创新的规制性要素成为我国高等教育制度改革的一个试点，也成为促进教育改革的重要抓手。同时，重新梳理针对合作大学的规制性要素，注重这些要素和引进的文化认知要素的融合，要尽可能避免通过规制引起内部冲突或者弱化独特性的情况出现。

（2）打造基于中外合作大学独特性的评估体系。要把认知文化维度是否有足够的创新（如办学理念、人才培养体系等办学逻辑）作为评价合作大学水平的核心指标，通过这一维度下的指标作为评价合作大学水平的主要依据，引导合作大学良性发展，而不是简单衡量资源的引进（如课程、教材和师资），资源的引进并不能形成独特性，制度层面的创新才能保障可持续发展。

（3）政府应形成明确的针对合作大学的制度逻辑。对于哪些情况下坚持其独特性，哪些情况下与国内其他大学一视同仁有更明确的标准，这样既可以指导各级政策制定者制定出能真正落地的政策，也帮助合作大学避免收到大量不适用于自身的政策的纠结。

本章参考文献

[1] 斯科特. 制度与组织：思想观念、利益偏好与身份认同[M]. 姚伟，等译. 北京：中国人民大学出版社，2020.

[2] STURZEIS L. Jane Knight （ed）： International Education Hubs：student，talent，knowledge–innovation models[J]. Higher education，2015.

[3] NISBET J. Philip G. Altbach. The international academic profession： portraits of fourteen countries[J]. Higher education，1998，35（3）：364-366.

第七章
学生中心、结果导向、持续改进的支持体系

本章主要讨论以下问题：

- 结果导向的大学育人体系
- "学生中心、结果导向、持续改进"的大学教育质量保障体系
- "以学生为中心"体系中的人员专业化
- 新时代的高校教师队伍建设
- 结果导向的教师教学考核

第一节　结果导向的大学育人体系

结果导向的教育是最近几年国内高校普遍学习和采纳的一种教育理念，因为国际上很多重要的质量认证体系如商学中的 AACSB（The Association to Advance Collegiate Schools of Business（国际商学院协会）），工程教育中的华盛顿协议等都是基于结果导向的教育理念设计的。实践中关注的重点是大学教学和质量保障中如何秉持结果导向的理念，这一理念的基本观点是专业人才培养方案和课程大纲中首要的是明确育人目标及学生的学习结果。其次，专业的课程体系要围绕目标来搭建，每一门课程的目标要清晰明确，并且和专业层面的目标对标。最后，课程的考核评估也要围绕目标来设计。这些实际上是组织管理中目标管理体系的基本理念在教学环节的情景化，而大学教育体系中不仅在教学环节需要引入这套结果导向的体系，而且应该运用在大学发生的每一项育人活动中。

目标管理是几乎所有组织管理的一种常用工具，其基本理念是帮助组织

梳理清晰的目标，然后全员聚焦于目标，所有资源的配置也瞄准目标的一种实践。国内大学也广泛地采用目标管理的做法。本节结合目标管理的一些基本理念分析国内大学运用目标管理的实践。

（一）目标管理需要组织有一套系统且逐级细化的体系

目标管理体系的重要作用是帮助组织确立清晰的发展理念、方向和追求的目标，以及保障各级各类员工对目标的认同和投入。因此，大学首先需要构建一套包含大学办学理念与定位、办学目标、院系的育人目标、专业育人目标、课程育人目标以及各职能部门育人目标在内的目标体系（图7-1）。

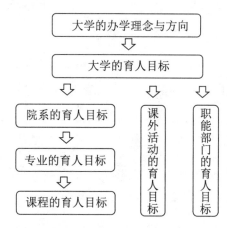

图7-1 大学目标的体系

第一，大学层面要有明确和独具特色的办学理念和定位，这一理念既要和时代对人才的需求相对应，同时又要符合人才发展的基本规律，而且还要和其他的大学相区分，形成自己的特色。很多大学的理念体现在其校训中，也有些大学有专门的愿景和使命的表述。例如，西交利物浦大学的办学理念是培养能够在国际舞台上竞争的世界公民。在此理念之下，大学的愿景是成为"研究导向、独具特色、中国土地上的国际大学和国际认可的中国大学"。

第二，在大学理念和定位的引领下，需要进一步梳理和明确大学的育人目标。中华人民共和国成立以来，国内大学都以培养社会主义接班人为育人总目标，近些年，不少大学陆续把这一目标进一步细化，例如，某大学的育人目标为"始终坚守'弘扬兴学强国、艰苦创业的精神，秉承崇德尚实、严谨治学的传统，爱国爱校……'的核心价值，坚持'起点高、厚基础、要求严、重实践'，开拓创新，精勤育人，培养具有使命感/责任感、好奇心、诚信与自律意识的创新人才"。西交利物浦大学的育人目标包括知识体系、能力体系和素养体系三个维度，共十五个方面。这一大学层面的育人目标是学校各部门和个体制定自身的育人目标的基本参考。

第三，院系和校内其他部门要根据学校的育人目标，制定更加细化的和本部门的育人活动紧密关联的育人目标。例如，院系可以结合自身通过科学和理论教学活动来梳理明确支撑学生发展和成长的目标，课外活动部门特别是学生工作部门则需要基于社团、实践、心理支撑等活动来梳理明确自身的育人目标，各职能部门包括国际处、人力资源处、财务处等也都需要基于自己的服务活动来确定服务育人目标。这些部门层面的育人目标，必须统一到学校层面的育人目标当中。

第四，院系的育人目标还需要进一步细化到专业层面，特别是学校在修订专业人才培养方案时，要把专业人才培养目标的修订作为重要环节，并且确保专业的人才培养目标和院系的目标以及更上层的学校的育人目标的一致性。

第五，专业的育人目标需要落实到课程层面，特别是课程大纲中的教学目标或者学生学习目标需要清晰、明确、对准专业目标。

图7-1所示的大学育人目标体系可以看作是国家倡导的"三全育人"在目标层面的细化和具体化，是三全育人的理念真正落实到办学实践中的第一步。同时也是确保近几年来国家倡导的大学要把立德树人作为根本使命和任务的政策落实到大学办学实践中的第一步。而要真正实施好这一目标管理体系，大学领导者和管理者需要清楚目标管理体系可以给大学带来的价值。

（二）大学目标管理体系的价值

一般而言，目标管理体系可以支持组织在五个方面的发展。

第一，目标管理可以让大学里的每个部门和每个人清楚地知道自己的工作最终追求的目标，从而把自己的精力和资源聚焦于对实现目标有价值的活动上。对于大学这种已经存在了上千年的组织而言，有很多在过去很长时间内积淀下来的做法和实践，但是，随着社会的发展，大学的职能和目标已经发生了很大的变化，过去很多对大学而言重要的活动，在今天可能并不再贡献于大学的目标，因此大学需要根据目标不断创新自己的育人活动。而只有大学十分清楚育人目标的时候，才可能意识到具体的活动和项目的真正价值。对于有价值的活动，应该优化和强化，对于没有价值的实践，则需要坚决地削减和删除。例如，大学在过去几十年非常重视对于学生的知识传授，而且已经形成了一套非常成熟的理论传授体系，但是，最近20年来互联网的快速发展，使得学生的知识学习不再是上大学最重要的目标，大学的育人目标也不再是知识传授，而是转向能力和素养培养，这时，大学课堂里面大量的知识讲授对于学生能力和素养提升的价值有限，就需要削减。而对于大学社团和社会实践的活动，则是培养学生社会责任感、团队合作和领导力等高阶的目标的有效活动，因此需要进一步强化。

第二，清晰的目标可以帮助大学里的每个人找到自己的价值，让每个人的工作充满使命感和成就感。大学的工作者都是高级知识分子，十分看重自身工作的价值，渴望从事有成就感的工作。而真正能给予职工使命感的方式，就是让大家知道自己的工作对于组织目标的贡献。很多大学老师，几十年如一日从事课堂教学，让大家始终保持对教学的热情和投入，最好的办法就是意识到每天的教学对于学生学习和成长的贡献。对于职能部门来说，更需要通过目标来让每个人找到工作的价值，很多时候职能部门的员工需要从事重复的活动，但尽管活动是重复的，其对育人目标的贡献确是累积的，这一点对于提升职能部门员工的成就感和幸福感十分重要。

第三，清晰的育人目标也是不同的团队和部门进行合作的基础和前提。在大学中，跨部门和院系的合作越来越重要。国家新近提出的新工科、新文科、新农科和新医科特别强调学科交叉融合，学科交叉融合需要跨部门的合作，而跨部门的合作能够发生的前提是大家为一个共同的目标而工作。例如，不同的院系要想合作到一起，就需要更上层的学校的育人目标的指引。院系和职能部门要合作到一起，也需要学校层面的育人目标的指引。不同专业的合作，则需要院系层面育人目标的指引，课程层面的合作，则需要专业层面提供统一的育人目标。

第四，目标管理也为大学的责任追踪和绩效考核提供基本的依据。大学各个层面确定了目标，就需要确保在一定的时间内实现目标，而在过程监控中，需要清楚每一个目标的责任部门和责任人员，当目标在实施过程中出现问题时，可以很容易地找到谁应该为此承担责任，这样可以助力于目标的监控，确保目标落实到位。同时，目标管理还是大学绩效考核的指针，特别是个体的考核，一直是大学管理的难题，但是，如果我们确定了清晰的个人工作目标，则考核就是评估目标实现程度的实践，就会变得清晰和客观。

第五，目标管理还是大学挑战自我、挑战不可能的激励机制。不管是一线教师的教学，还是职能部门的服务，很多时候大家都依赖于有什么条件和资源从而办什么事的逻辑，这就会让大学的发展受限于既有的条件和资源。但是，如果有一套系统的目标管理体系，每个人和部门都有自己清楚的目标，那么，为大家的日常工作提供指针的就不再是条件和资源，而是目标，只要目标是明确的，则就需要为目标而服务，即使条件和资源不满足，也要想方设法创造条件争取资源去实现目标。这就会促进大学真正突破自我约束实现大发展。

（三）当前大学目标管理的现状和改进

在当前的大学办学实践中，目标管理体系在一定程度上支撑了其发展，但还有很多需要改进的地方，包括四个方面。

1. 育人目标需进一步明确

针对图 7-1，高校在各个层面经常出现目标不明确的现象。例如，有些大学的办学理念和目标不清晰，只是简单地表述为培养社会主义接班人，对于本校培养什么样的社会主义接班人则没有清楚的说明，这种大而化之的表述，很难对院系和学生工作部门的育人工作提供指引。

在对 X 高校学生的访谈中还发现学生对学校育人目标理解的不清晰。例如学生 A 反映：不清楚学校为学生设定的育人目标是什么。大一会有些跟专业相关的介绍，不多而且很快忘记，之后没有更多的介绍……学生 B：学校和学院并没有系统和明确的培养目标与方案。学生在入学的时候只能看到一个纸面上的相对粗略的培养大纲，并不清楚具体能够在学校得到哪些提升。学校和学院也没有就其培养目标对学生进行宣传和解读，大部分学生甚至都不清楚学校和学院是否有明确的培养规章制度，也不知道从哪些途径了解这些相关规定，只能听同学和导师说说，随大流完成相关考核……

X 高校对育人目标的模糊表述并非个案，导致各方利益相关者只能从模糊的表述中猜测高校育人目标的含义。例如 Z 高校将育人目标表述为"在理念和战略层面，'一切为了学生，为了学生的一切'，学校树立以学生为主体的教育理念，设立了学生直接参与学校管理的工作岗位，并通过各种社团实践、勤工俭学和国际交流活动全面提升学生的综合素质，培养学生的能力"。此育人目标同样未清晰表达出 Z 高校的育人目标体系，"提升学生的综合素质，培养学生的能力"作为育人目标的核心太过于笼统，并没有细化关注哪些综合素质，培养哪些能力，其与"一切为了学生，为了学生的一切"间的关系也缺乏必要的说明，从这样的定义中很难清晰地理解该学校人才培养的核心特征以及与其他高校的差异所在。

再如在大学最为重要的教学环节，过去几十年来，专业的人才培养方案和课程大纲中对于教学目标的表述含糊其词，很多时候只是大而化之地说"本门课程培养学生某某方面的知识体系和综合能力"，在教学实践中，老师们习惯于跟随几十年固化下来的以教给学生知识点为核心目标的做法，缺乏对于一门课程能够培养的学生学习目标的清晰表述。

2. 育人目标需系统化

首先，图 7-1 中不同层面的育人目标应该保持一致性，如专业层面的育人目标应该体现大学层面的育人目标，但是实践中，有很多目标不一致的情况。例如，有些大学的学生工作部门并没有把育人作为核心目标，而是将"不出事"作为日常工作的指针，有些大学的国际处则把招收留学生和举办国际合作办学项目作为目标，这些目标都没有统一到学校立德树人的根本目标之下。再如，尽管大学教师的首要职责是育人，但是当前很多大学的教师追求的目标却是发表论文，也没有统一到立德树人这一根本目标上来。此外，在调研过程中，我们发现职能部门在思考各自部门定位的时候还没有重视与学校整体育人目标之间的关系。财务处、信息处都是此类部门的代表。在 H 大学和 D 大学调研时，我们发现信息化部门和财务部门很少考虑如何服务于学生学习和成长的问题：信息技术处的部门目标基本上停留在为学校提供良好网络服务的定位上。支撑教学和学生工作服务的信息资源很难统一划归到信息技术处。例如，教务、图书馆、一卡通等部门均有自己的网络系统，各个网络系统之间没有融通和信息共享，不能给学生提供方便快捷的综合服务……财务处缺乏对学校育人目标与部门关系的认知，如某校财务处处长所说，部门的主要活动就是缴费和预算，应该为学生发展考虑，但实际上部门对服务学生发展的认知和实践都是欠缺的……

其次，高校育人目标表述中注重将育人目标划分为不同的维度，但有些划分缺乏对子维度间关系的系统性思考，以至于育人目标下属的各子维度表现出层次差异明显、逻辑关系错乱等问题。例如，N 高校提出人才培养目标为"五有人才"，旨在培养有社会担当和健全人格、有职业操守和专业才能、有科学素养和人文情怀、有历史眼光和全球视野、有创新精神和批判思维的人才。S 学院将学院的育人目标制定为"致力于培育拥有'国际视野、全球情怀、外语特长、实践能力，并能够畅达进行跨文化沟通的无国界管理人才'"。Z 学院指出其育人目标旨在推动学生人格养成，培养学生优良学风，促进学生身心健康和提升学生综合素质四个方面。以上例子都体现了高校注重对育人目标进行维度划分,通过不同维度体现高校培养人才所具备的多方面特征,然而对于不同维度间的关系却缺乏重视,例如"国际视野"和"全球情怀"的差异从字面无法准确区分,同样"人格养成""优良学风""身心健康"和"综合素质"的并列也造成了层级差异的混乱,"综合素质"是否能够和应该包括前三个层面也值得仔细思考。可见高校育人目标不同子维度出现交叉、隶属、不在同一层次等问题。

3. 育人目标需体现特色

育人目标的设立是与高校所在环境及高校自身的特色密切相关的,也就是说高校需要培养什么样的人才某种程度上取决于高校的性质和特色。但现实中高校通过育人目标来彰显特色的做法并不多见。例如,国际化日渐成为很多高校育人目标中的重要维度,然而国际化潮流的背后却透露出很多高校对国际化普遍缺乏深入的理解和结合自身特色的准确定位。目前国际化潮流很多,但普遍缺少准确的定位,不少高校将国际化简单地理解为高校外国学生和教师的数量以及开设外语课程的情况,然而这些都只是比较浅层次的国际化,对于国际化人才的培养还需要在作用层面和机制层面进行更加深入的思考,把关注的焦点放在培养学生的国际竞争力上。

例如,西浦结合自身特色为其国际化人才培养融入了丰富的内涵:从目标层次来看,大学要把参与国际事务、影响和改变世界(当然包括本土和国际)作为办学的最终目标。从机制层次来看,大学要构建发挥国际影响力的内部机制。西浦整合中国学生的坚实基础、英国教育的质量保障体系以及美国教育的灵活性,构建了独特的大学机制。从要素层次来看,大学要善于整合国际资源。整合国际资源不仅需要关注如何提升多元化水平,也要思考如何实现多元的和谐共存。异质同构是西浦遵从的理念,既追求要素的异质化,也关注不同要素之间共处的规则,这样才能达到有序和持续发展。

4. 考核需瞄准育人目标

育人目标只有真正落实到日常实践中,才能充分发挥其作用,而能够确保育人目标整体落实的关键一环,就是绩效考核。因为绩效考核涉及部门和个人的切身利益，因此也是所有教职工最为关注的方面。好的绩效考核体系，需要对准学校的、部门的以及个人的育人目标，以评估各个层面的育人目标的实现程度作为基本的考核原则，严格按照对目标的贡献度来确定所有员工的绩效，才能形成重视目标和落实目标的文化。

大学考核中最重要的一部分就是教师的考核，目前的实践中，过于重视量化的科研指标，存在"重科研、轻教学"的现象，同时，对于教学的考核，也以量化的教学课时数计算为主，没有触及教学质量本身。这是需要调整和改进的地方。另外，对于大学教学中的学业测评，也是值得深入讨论的部分，特别是近几年推行结果导向的教育，要求每一门课程的考核必须严格对准课程的学习目标，不过在实践中，很多课程的考核设计还有较大的随意性，取决于老师的个人理解和偏好，没有严格和课程的学习目标——对应。

第二节 "学生中心、结果导向、持续改进"的教学质量保障体系

立德树人是高校的根本任务，提高育人质量则是高校发挥好立德树人时代使命的关键抓手。自 2018 年以来，国家通过一系列政策文件和项目推动本科教学质量的提升。质量提升的核心动作是建设科学有效的质量保障体系。党的十九大、全国教育大会、新时代本科教育会议等重要会议和一流专业双万计划、金课建设、本科专业质量国家标准等政策和项目，都强调了建设高效的质量保障体系的重要性。

我国大学的质量保障在过去几十年主要采用外部驱动为主的机制，国家每几年一次的评估是保障高校育人质量的核心动作。尽管这种周期性的评估能够给大学很强的督促作用，但由于大学自身缺乏支点来做日常性的质量保障，高校中的质量保障很难实现持续改进的理念。国家新近推出的三级认证是和过去

外部驱动的评估不同的概念，其基本前提是大学必须建立自己的质量保障体系。

　　大学拥有自己的内部质量保障体系是持续改进的基本前提，也是我国高教改革的重要方向。当下，可以说改革的理念已经明确，重要的是"落实落实再落实，提高提高再提高"。本节重点探讨落实和提高"学生中心、结果导向、持续改进"的核心理念，设计大学内部质量保障体系的五个要点。

一、重构质量保障的目标和指标

　　质量保障保什么是首要问题，这一问题和学生中心的理念有直接关系。"以学生为中心"理念下的质量保障保的是学生学习的质量，而"以教师为中心"的质量保障保的是老师教的质量。过去很长时间高校的教育体系是以教师和学校为中心的，因此学校办学条件和教师教学水平就成为质量保障很重要的关注点。例如教育主管部门主导的学位授予权评估和本科教师审核评估中很重视教师队伍、教学资源（教材）、教学过程管理等以教师为主要观测点的指标；现在很多学校的教师教学质量评估非常关注学生评教以及同行的相互评价，这些做法主要关注的是教的质量；教学督导作为重要的育人质量过程监控方式主要也是看教师的教，督导走到课堂往往看的是教师的板书、礼仪、表达等基本环节和教学水平、教学规范等方面，即使关注学生的学习状态也是为了反过来评价教师教的质量。

　　面向未来"以学生为中心"的教育，质量保障的目标是学生的学习效果、学习体验和学习满意度，要把学生而不是教师作为关注的核心群体。这要求改变我们衡量育人质量的观测点与指标体系，开发一套可操作的衡量学生学习成效的观测指标，形成基于学生学习成效的质量保障体系。研究哪些学生学习的指标应该纳入保障体系，无疑是各高校强化质量保障的首要问题（表 7-1）。

表 7-1　不同理念下的质量保障目标差异

"以学生为中心"的质量保障目标	"以教师为中心"的质量保障目标
学习目标	教学目标
学习活动	教学活动
学习体验	课堂安排
学习满意度	教师礼仪
学习成效	教材
学生	教师

二、搭建质量保障的观测体系

质量保障的观测体系即是对学生学习成效的指标进行观测的所有节点及其关联而成的一个系统。一套系统的观测体系包含学校的办学理念、育人模式、学习与教学过程、学习评估以及全过程不同环节之间的一致性评估。质量保障的观测体系能反映一所大学对于质量保障的基本看法，也能看出这所大学的教育教学理念。例如，在我国，过去几十年的质量保障体系都是在以教师和教学为中心的理念之下开展的，在这一理念之下，教师主导的教学环节就成为观测的核心环节，具体包括教学目标、教学活动、教材、教师以及课堂等观测点。在当前以学生和学习为中心的理念下，质量保障的流程需要很大变化，需要更加关注学生和学习，如学生的学习目标或结果、学习活动、学习满意度、学习体验、学习环境等。

搭建观测体系需要考虑可操作性问题，实践中有些时候我们希望去衡量的某个指标并不能找到一个理想的观测点，有时候找到观测点但没有准确的衡量办法，这会影响观测的效果。因此找到好的观测点和衡量办法，是各高校强化质量保障的第二个重点。

值得提出的是，目前由于大量的在线学习活动的发生，学校和老师甚至学生本人可以通过在线学习行为大数据，来更客观真实地反映每位学生的学习情况，因此，近几年来通过收集学生的学习行为大数据来做学习分析，已经成为质量保障一个很重要的实践。例如有些学校在教室里安装摄像头，可以随时调取课堂中学生的学习状态，有些学校甚至利用这些影像资料来分析课堂中学生的表情和行为，通过这些表情来分析学生的专注度和情感状态，进而反映出课堂的质量。也有些学校利用在线学习平台的学习行为痕迹，来分析学生的学习状态。当然，这里涉及数据隐私及使用权限问题，对于学生的哪些数据可以用来分析学习的质量和教学的质量，需要高校首先在制度层面建立合法性，所有的人需要按照规则使用数据，严防学生和老师个人隐私数据的泄露。

三、确定质量保障的标准

在选定所有的观测点后，下一步就是确定每一个观测指标的最低标准，设定最低标准是质量保障的一个基本原则。因为质量保障的核心目的是保障最低水平，并不兼顾促优。标准的设定一方面需要参考各类监管机构和认证机构的要求。例如，我们国家 2018 年发布的本科专业人才培养质量国家标准，就从国家层面规定了每个专业应该最低满足的要求，各高校在制定自己的标准时需要参照。另外，现在很多大学致力于做国际认证，因此也需要参照国际认证机构的标准。还有很重要的一点是大学要有自己独特的标准，这是体现大学办学特色的地方。很多高校只满足外部标准，没有自己的标准，这是大学缺乏特色的原因之一。以人才培养目标为例，每个大学可以有自己的独特目标，也可以对特定的目标设定独特的标准值。

标准不一定都是数字，但是一定要清晰可比较，每一个标准都应该能让评估和认证者很清晰地判断，具体的实践达到了还是没有达到标准。因此，各高校强化质量保障的第三个重点是综合内外部要求确立本校的质量标准体系，特别是要有本校独特的标准。例如，在英国的质量体系中，有三个非常关键的质量标准。

一是分级标准，即学生从大一到大三的学习（英国的本科教育共 3 年），其难度分别标示在三个等级上，大一的课程属于英国教育等级中的第 4 级，大二是第 5 级，大三是第 6 级，硕士研究生是第 7 级。因此，大学的每一门课程都要落入这个等级体系中，大一的一门课不可以随意移到大二，因为其难度等级不同。

二是专业的人才培养目标的标准，在英国的体系中，每个专业都必须要致力于实现三个方面的目标，包括知识和理解、学科相关的可迁移能力、经验和其他特质。所有的专业都需要在这三个方面列出具体的人才培养目标。

三是每个专业学生的毕业要求，这是每个学校最后决定是否给每个学生授予学位最基本的参考。这些标准是内外部的质量认证机构在审查院校教育质量时，非常重要的参考点和共识。

四、搭建质量保障的内部流程

质量保障的流程是指开展质量保障工作的行动以及行动之间的关联和先后顺序。对于外部的质量监管部门以及认证机构设定的认证流程，高校遵守即可。因此，此处的质量保障流程特指高校的内部质量保障流程。质量保障的行动是一个复杂的、系统的庞大体系，把这些行动一一梳理清楚，并规定好先后顺序和相互联系，是确保质量保障有序开展的重要条件。从层次来讲，可以从学校层面、院系层面、专业层面和课程层面来分别规定具体的流程，然后把这四个层面的行动再嵌套关联在一起。从循环改进的角度讲，需要设定每一个行动的时间跨度和循环周期，这是实现持续改进的重要步骤。

例如，西浦的质量保障流程包括五个活动（图7-2），第一步是育人理念，包括学校的愿景使命、办学理念、育人理念等；第二步是在这些理念指导下的育人模式与体系，包括育人目标、课程体系、课外活动设置等；第三步是学习与教学的过程，包括学习引导、教学管理、实习实践等；第四步是对学习与教学过程的监控，包括收集学生在过程中的意见，校内外教学同行的意见，以及各种委员会的审批意见等；第五步是对前面四步的系统评估以及监督前面四步能够在自主的条件下持续发现问题及时解决问题。

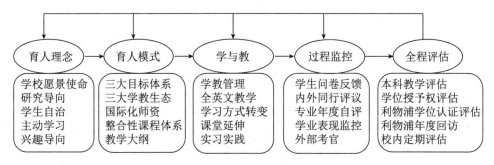

图 7-2　西浦的质量保障流程

西浦的教学活动就在这样一个监控流程框架下运作，以学校新专业申请审批为例，流程一共有六步（图 7-3）。第一步专业大纲审批，包含了向中国教育部的申请和向英国利物浦大学的申请，在这一步结束后，后面的五步都是利物浦大学审批的动作，在这些动作中，清楚地规定了谁在什么环节做什么。这里面体现了持续改进的理念，不管是内外部的评审人，还是利物浦相关的审批委员会，都很少直接给出专业合格或者不合格的结论，而是列出一系列需要改进的点，当这些点修改完成后，即可进入下一轮，这也体现了培育的理念。

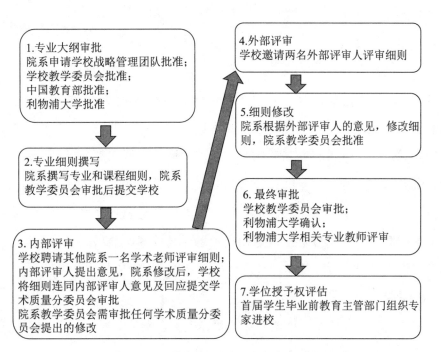

图 7-3　西交利物浦大学新专业申请流程

五、确立质量保障的组织机制

如上所述，质量保障体系的设计是一个复杂的过程，然而更复杂的是设计完成后的实施。这么多的行动，支撑如此复杂的体系，谁来主导、谁来执行呢？

（一）质量保障体系的参与者

首先需要明确的是，质量保障需要全校所有人参与，不能由质量保障办公室几个人去保障全校上千门课程。所以就要有全员参与的机制。如何调动全员参与，不同的学校需要基于自身实际情况来制订方案，但把贡献于质量保障作为每位员工的基本岗位职责是基本原则。以西浦为例，其教学质量保障体系是一个复杂的工程，需要各方面的人员参与其中，既包括校内的师生与工作人员，也需要校外的相关人员共同参与建设承担责任，以此来实现对教学质量全方位、多角度的评估和监控。多元主体参与正是西浦教学质量保障体系的重要特征之一，这些人员主要包括以下几类。

1. 学生

在"以学生为中心"的育人体系中，学生不再是教学活动的被动接受者，而是教学活动的主要参与者，教学质量的优劣直接影响到学生的成长与发展。在西浦，学生全面参与到全校教学质量评估活动中。首先，学生评教是最直接的方式，学生可以在期末考试之前对所修课程和授课教师进行评估，评估采用匿名的方式进行，老师只能看到结果而并不能看到具体是哪个学生给出的评价。其次，学生可以通过选举代表的方式参与院系师生联络委员会中，就本系的教学情况向专业任课老师提出意见与反馈。最后，学校各类监管教学与课程的专门委员会及学术委员会中也有学生列席参与。

2. 教师

传统的教学评估中，授课教师主要接受来自学生和教学主管部门的评估，然而由于这些评估者缺乏专业素养和知识基础，这些评估缺乏客观性与公正性而不能如实反映出教学质量。并且由于程序机制的问题，教师得知评估结果后并不能与评估者进行有效沟通，这使得评估不能切实发挥促进教学发展的作用。在西浦，为使评估真正发挥效用从而促进教学质量的提升，对于教学质量的评估通常采取学生评教与教师互评的方式进行，充分发挥教师间同行互评的作用，发挥教师的专业素养，调动其参与评估的积极性，有效发挥评估对于教学质量监控的作用。

3. 外部评估者

教学质量保障体系是指为满足利益相关者对教学的质量要求，而运用系统原理构建起来的组织与程序系统。虽然，学生和老师是其中主体，但教学质量的影响却不仅限于学生和老师，学校管理者、行政部门、家长、用人单位都是教学质量的利益相关主体。吸纳多元化的评价主体对教学进行全面的监控与评估，将促进教学质量保障体系的健全和有效运行。西浦建立了外界人士广泛参与教学质量保障的机制，如成立发展咨询委员会和工业咨询委员会听取社会知名人士和产业界人士的意见；成立考试委员会长期聘任外部考核官（external examiners）参与到课程设置、考试方式和内容等决定教学质量的关键环节中。

（二）质量保障的组织协调机制

如果所有的员工都参与质量保障，如何来协调这么多人的行动？建立委员会是很好的跨部门协调办法，可以把质量保障的流程划分为若干个层面和类型，然后每个层面和类型成立相应的委员会来协调不同部门和人员的行动。例如，学校层面和院系层面可以成立总体性的委员会，针对专业人才培养方案和教学大纲可以设立相关的委员会。

在西交利物浦大学，学校层面由西交利物浦大学学术委员会统筹所有工作，制定学校学术战略发展规划，审核所有下设分委员会有关重大方案与提议的决议。下设的各类委员会分工合作，负责各个领域的相关工作，如大学教学委员会监管学校层面一切有关教与学方面的方案与提议，包含学术规范与规定的拟定与修订、教学方法的探讨与研究、新专业申请审批；教师教学委员会主要由教师参与，负责同行评议、经验交流以及改进等事宜。同时，学校还制定了一系列的规章制度，明确了各个环节的质量标准，具体包括《四年制本科学位分级体系》《本科学士学位培养模式》《西交利物浦大学教学管理方针与政策》《本科教学标准与质量方针》《考试评估实施细则》《考试行为规范》等文件。

在院系层面，院系学术教学委员会是最高权力机构，负责监管该层面的所有教学工作。同时，院系还设有师生联络委员会，由学生和教师共同组成，学生代表负责收集学生对学校教育的普遍意见，并反馈到委员会上，与教师代表共同商讨解决方案与策略。院系也会以4年为周期展开自我评估工作，旨在全面审查院系内所有学位项目的教学情况和学生培养情况，监测是否达到预期培养目标。

在专业层面，院系需要在每学年之初提交1份年度专业自评报告。目的在于评估院系开设所有学位项目的时效性；从学科发展和行业应用角度审核学位项目的通用性与关联性；评价学位项目的教育质量和学生综合学习体验。同时，专业也要接受外部专门行业机构组织的全面评估与认证。目前，建筑系本科课程获得英国皇家建筑师学会（RIBA）第一阶段（PART1）认证；商学院正在申请AACSB（国际高等商学院协会）、ACCA（特许公认会计师公会）和ICAEW（英格兰及威尔士特许会计师协会）；土木工程向JBM（联合仲裁人委员会）递交了认证申请；电气与电子工程系开始IET（英国工程技术学会）的认证申请。

在课程层面，新课申请与现有大纲的调整均需按照规定的流程完成审核，需要经过资助申请、专业审核、院系审核、学校审核、外部审核以及利物浦认证这一系列的流程。同时，课程实施质量也要接受定期的评估，评估方式主要以同行评审、学生评教和外部考官审核形式开展，同行评审主要由本专业的其他教师通过听课的方式对教师的教学进行评价，学生评教则是通过问卷和访谈的形式对教师的课程教学进行评价，外部考官审核主要指针对试卷编制和试卷评分。

（三）质量保障体系的评估和反馈机制

该机制主要解决的是应该谁来评估教学设计和实施是否达到标准。最好的办法不是由行政的领导也不是由质量保障部门来做，而是由负责设计和实施的人之间相互评估，即教学共同体机制。建设教学共同体关键要制定好对话规则，即相互评估时紧紧围绕指标和观测点，要如何进行评估和反馈以及如何针对反馈进行调整的行为准则，还要明确界定清楚行政权力和共同体权力之间的边界和合作规则。

这里以西浦一门课质量保障中的评估和反馈机制为例来说明，如图7-4所示，在每个学期开始前4个月，学校启动下一个学期课程的大纲确认，征求课程负责人需要修改教学大纲。如果是一门新课，则课程大纲需要分别经过系和学校的教学委员会审批通过方可执行。如果是既有课程，课程负责人希望申请修改大纲，如果被认定为重大修改（一般指对课程的目标、学习结果、考核方式的修改），则也需要系和学校两级教学委员会审核通过方可执行。如果被认定为非重大修改（如教学内容调整、教学方式调整等），则本系的教学委员会通过即可。如果两级教学委员会有任何的建议，则课程负责人需要考虑按照建议进行调整，如果不采纳建议，一般需要有具体的理由。这一步的教学共同体主要包括两级教学委员会中的成员，两级教学委员会在审核中都有明确的标准和制度，并不是随意提供意见。

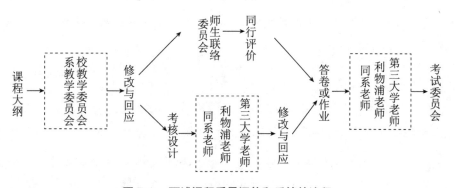

图 7-4　西浦课程质量评估和反馈的流程

课程大纲修订完成后，即可进入新学期课程教学过程中。在学期教学过程中，有两套机制保障教学过程的质量。一是师生联络委员会，这是每个系都有的一个由本系的学生代表和教师代表组成的委员会，一般由学生来担任主席，系里一位老师担任副主席。在这个委员会上学生代表会收集系里学生对于教学的各种意见并反馈到系里，系里接收到这些反馈后，需要逐条讨论每一条建议是否需要采取措施，如果是学生的理解不到位的，需要和学生认真解释，如果是老师的教学有问题的，则需要立刻寻求改进措施。因此，这是一个根据学生的学习体验在过程中改进教学质量的机制，同时也是系里和学生沟通的一个渠道，可以有效促进学生和老师之间的相互了解。这一步体现的是学生参与的教学共同体，对话是这个共同体很重要的原则。

　　教学过程中的第二个机制是同行评价，即老师对老师的评价。在西浦这个评价和教师的教学考核无关，仅是同行之间相互讨论教学相互学习的机制。每年每个系都会组织本系老师两两配对，相互观摩对方的课堂，相互观摩之后双方至少要面对面讨论一次，相互分享各自的建议和意见，并提交一份匿名的教学观摩报告，这份报告会提交给系主任以及学校的教师发展部门，系主任可以参考报告去识别系里的优秀教学经验，同时及时了解不同老师的教学风格和潜在的问题。学校的教师发展部门则利用这个信息去寻找全校范围内的优良教学实践，可以通过学校的平台扩散给其他老师供借鉴。另外，如果发现有很多老师共同存在的挑战，则可以安排专题的工作坊和教学研讨活动。这一步的共同体是由教师组成的，他们的对话也由相对明确的一个教学观摩反馈报告表来引导。

　　教学过程中的第三个活动是设计课程的考核方式，每个学期教学开始约1个月后，学校会启动考核监控流程，课程负责人需要提交一份详细的考核方式设计方案，包括考核方式（如考试、作业、小组展示等）、量规、详细的评分等级等，这个设计接下来将提交给3个人审核，第一位是本系里面的另外一位老师，这位内部评审人如果有意见会反馈给课程负责人，接下来考核方案会提交给利物浦大学教授类似课程的老师，如果有意见也会反馈给课程负责人，最后考核方案会提交给第三所大学的一位教授类似课程的老师，如果有意见也会反馈给课程负责人。课程负责人拿到三位的意见后，需要考虑调整或者给出不调整的理由。在这一流程走完后，考核方式才能公布给学生并实施使用。

在课程结束且所有的考核环节结束后，本门课程的考核信息（教师批改过的试卷或者作业）会由教务部分抽样再次送给上述的三个人（本系另外一位老师、利物浦大学的老师，以及第三所大学的老师），这三个人将审查所有的试卷或作业的批改是否按照既定的量规和标准开展，并会提供他们的意见。这些意见最后会汇总到考试委员会上。考试委员会是每个系都会在每学期考核结束后召开的一个委员会，这个委员会会讨论和通过所有课程的学生成绩，如果发现某一门课程中学生成绩有问题，则会详细讨论，分析原因后采取特别的措施。只有考试委员会审核通过的分数，才是本门课程的最终分数，才能由教务系统公布给学生。上述课程考核的保障流程，共同体的组成既包括本系的老师，利物浦大学的老师，也有第三所大学的老师，这是典型的教学同行评价机制。

第三节　教学支持的专业化

作为一所"以学生为中心"的国际大学，西交利物浦大学的行政事务工作和教学支持工作一切秉着"以学生为中心"这一基本原则，在大学的教学管理和行政事务支持等具体操作层面，全面贯彻服务师生的指导思想，为师生提供便利与高效服务的同时为学校的正常运行提供保障。与国内公办大学非常不同，对教学支持人员本身的工作背景、学习经历以及个人能力和素养等方面要求较高。例如，在日常的工作交流和沟通中，英语是西浦的官方工作语言，教学支持人员需要具备良好的听、说、读、写的语言基础才能在正常的交流中无碍，所以在人才评聘中西浦比较偏向聘用具有海外留学背景和外企工作背景的员工，以更好地适应学校的文化。本节将从学术事务组织架构、行政部门如何支持服务院系、学术支持人员的专业角色定位、学术支持人员的专业行为规范和准则四个方面阐述专业化的教学支持。

一、西交利物浦大学学术事务组织架构

学术事务中心是西交利物浦大学四个行政中心之一，主要负责对院系的教学质量监控、学生管理、学术服务、研究生博士生管理和教学科研管理等提供行政服务支持。学生事务中心下设三个功能系部：学术系统部、科研管理部和学术服务部，每个系部由不同的行政办公室组成，承担不同的工作职责与内容（图 7-5）。

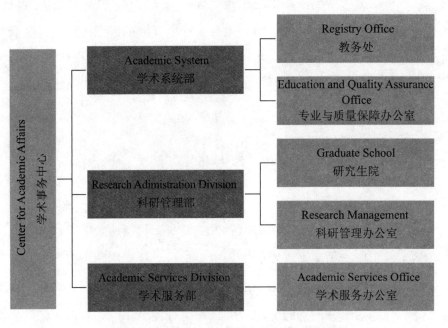

图 7-5 西交利物浦大学学术事务中心组织架构

总体来讲，西浦的学术服务中心采用平台化和网络式的管理方式满足院系在学术服务支持、学生管理、学术服务等方面的需求。

学术系统部下设教务处和专业与质量保障办公室。

教务处为大学学术职能提供支持，为学生、教职人员提供相关服务，并为大学核心教学工作提供支持。其主要职责包括以下几项。

（1）学生学术服务团队：负责学术导师系统的管理；处理学生日常咨询；发展委员会相关管理工作；举办专业选择相关活动；举办或参与学生入学教育活动；学生手册的编写与更新。此外，负责提供学生成绩单、证书等官方证明材料。

（2）考试团队：负责与考试、测评相关的所有工作，包括时间安排、考务相关工作；答卷的归档与维护；协助支持试卷、大卷的外部审核工作。考试团队还负责监督考试、评测过程中学生的纪律表现；为考试委员会和其他相关学时委员会提供服务；维护学生成绩数据；学生成绩发布相关的沟通工作等。

（3）学生管理与课表团队：负责管理学生从入学到毕业的学籍信息，包括新生注册、学年注册、学籍变动、学费管理、专业和课程注册、升级与奖学金评定、学业证书制作、课程问卷管理；同时，也负责安排与制定课表，并处理课表变更的相关需求。

（4）学生系统和信息团队：负责学校学生信息系统（SITS）和学生学籍信息网站（e-Bridge）的开发和管理，包括需求分析、新功能开发和运行实施，提供技术培训与支持以确保学生和教职工能顺利使用 SITS 和 e-Bridge。该团队也负责学生数据的各种统计报表，并处理学生信息相关的咨询。

专业与质量保障办公室致力于确保大学教学质量，以及相关规范和标准的执行，提升学生参与度以及学生学习体验。其主要职责包括以下几条。

（1）向大学人员提供教学质量保障相关事务的建议与指导。

（2）为院系和教学／学术中心提供新专业开发、已有专业管理规范优化所需支持，为专业申请行业认证提供支持。

（3）提升学生跨院系／部门合作参与度。

（4）为大学相关各委员会、委员分会提供服务。

科研管理部由研究生院和科研管理办公室组成。

研究生院旨在为硕士研究生、博士研究生和博士后研究员提供一个富有活力的社区平台，营造开放、活跃的科研学术氛围。研究生院主要负责硕士和博士研究生的录取工作，同时作为核心支持部门为全体研究生提供"以学生为中心"的行政支持服务。其主要职责包括以下几条。

（1）协调博士和硕士研究生录取工作。

（2）管理博士和硕士研究生的报道注册和新生入学教育。

（3）为博士和硕士研究生的学术、科研、职业发展提供行政支持。

（4）管理研究生奖学金、学费、津贴、学术会议经费以及其他相关外部经费资助。

（5）与西交利物浦大学各院系部门和英国利物浦大学协作管理博士研究生的联合培养以及论文答辩安排。

（6）协调硕士研究生附加学习活动的计划安排及结果统计。

（7）为学生和院系提供与研究生录取和学业相关的政策、规定、程序方面的建议和意见。

（8）协调博士后研究员的招聘和支持工作。

科研管理办公室是学校负责支持科学研究职能部门，旨在增加学校科研经费，促进科研合作，构建卓越科研文化环境，其职能与学校实现创建"研究导向"大学的愿景有着直接的关联。科研与研究生办公室的主要目标是：依据学校既定战略目标，为学校科研与研究生教育相关战略及政策不断完善和实施提供支持和服务，在科研基金申请、科研商业发展（包括研究合同谈判及海外科研基金）等领域提供专业化服务，并为实施高效科研与研究生教育管理所需相关系统、流程和信息提供有力保障。科研管理办公室以战略性、流线型和高效的风格支撑学校对科研活动的经营管理，并通过"一站式"服务的形式，对所有科研项目申报和授予后行政管理提供整合性的支持服务。其主要职责包括以下几条。

（1）科研相关政策。

（2）科研项目管理。

（3）科研成果管理。

（4）科研合作。

（5）知识产权及专利的申请与管理。

（6）科研数据及档案管理。

（7）科研基金和支出。

（8）科研刊物和出版物（包括学校官方网站科研办公室网页内容发布）。

学术服务办公室是为支持学校各项学术发展提供行政协调的职能部门。其主要职责包括：院系的行政支持；学术规划的管理与优化；学术委员会的行政管理；学生学术活动的组织安排；教职员工的招聘与培训。其主要职责包括以下几条。

（1）学术管理团队：为学校各院系提供全面的行政支持，主要负责与学生、教职员工及外部人员的日常沟通，以及院系与学校其他各部门的协调和支持工作（质量管理、委员会服务、信息系统管理、活动支持等）。

（2）学术规划团队：负责学校学术规划的管理与优化，包括新专业规划，现有专业评估，学术经费及奖项的评选；同时，该团队也参与新员工入职培训的策划。

（3）委员会服务团队：对学校各委员会进行行政管理，包括会议日程制定，委员会政策修订，以及为委员会学生代表、秘书与主席提供相关支持和培训。

（4）会议与活动团队：主要负责学校学生学术活动的组织安排，包括专业信息分享会、专业选择系列活动、学生暑期科研项目、毕业典礼等；同时，该团队也负责学校其他大型会议与活动的申请和组织，以及管理和协调外部访客登记相关的信息。

（5）教职员工管理团队：主要负责与学校人力资源部门沟通协调，开展教职员工的招聘工作；其他职责包括新员工入职培训、教职员工晋升机制管理、职业发展年度评估等。

二、行政部门如何支持服务院系

学术事务中心采用平台化的管理方式，各个院系通过与各个团队对接沟通解决工作遇到的问题与困难。学术事务中心每个部门会根据工作职能和内容划分为不同的业务模块，在部门内部形成若干团队，专门负责处理与其业务相关的工作，院系可以直接联系负责的团队和同事以最快的速度解决困难。例如，学术服务办公室内设学术支持团队、委员会服务团队和会议与活动团队。学术支持团队主要是负责西浦学术战略规划、新教师入职培训、学术经费与奖项评选工作、院系行政人员支持工作。委员会服务团队的主要工作职责是负责对学校层面的委员会提供支持、委员会成员的培训以及委员会发展的规划。而会议与活动支持组主要负责的是校级大型会议活动的组织、学生学术活动的组织以及管理、协调外部访客登记等。

如果院系在日常工作当中遇到相关内容的工作需要学术服务办公室的支持，他们可以直接与对接的同事取得联系并获得对方的支持与指导。

三、学术支持人员的专业角色定位

对于西浦学术支持人员的专业角色定位，主要包括三个方面。

1. 运营经理

每一位一线的职员，都是若干项目的负责人和运营经理，作为运营经理，学术支持人员需要在对本职工作关心负责的基础上关注部门整体发展，要有责任心、积极主动并有大局观，能够根据实际情况灵活地作出判断，并为院系提供快速有效的服务。

2. 协调者

学术支持人员是工作的主要协调者，需要有条理地组织安排各项工作和活动，并且要有时间观念，遵守时间规则按时完成工作。此外，支持人员需要与各个部门的同事进行沟通，有些同事来自世界各地，在文化、认知、行为等方面与中国的工作方式十分不同,为了保证工作的有效性与准确性,行政支持员工需要具备跨文化沟通的能力,适应西浦多元文化的特点,在工作上做到游刃有余。此外,行政工作非常关注细节而且非常琐碎,需要工作人员在繁杂无序的工作情境中快速找到解决问题的方式与方法,这需要行政支持人员熟悉本职工作的同时能够周到细致,并且掌握一定的工作方法快速地对问题作出应对。

3. 信息中心

学术支持人员的基本素养是要关注细节,能够通过对细节的把握掌握工作的整体节奏和准确性。由于行政人员每天会接收到很多来自外部的信息,这些信息或多或少会涉及信息的安全性,所以西浦对员工的基本要求之一就是对信息有保密意识,不能随意泄露重要信息。此外,西浦致力于营造一个和谐、团结、互助的组织文化,所以西浦希望员工能够在内部向本部门或其他部门的同事进行经验分享互相学习,同时建立良好的团队合作氛围,促进跨团队的合作。

四、学术支持人员的专业行为规范和准则

西浦学术支持人员不断通过向专业的行业协会学习,希望能够了解到最新的行业准则和发展趋势,并通过平台性的活动与同行和专家进行交流和学习。为此,西浦鼓励行政员工加入英国高校行政管理协会(British Association of University Administrators),该协会的宗旨是连接和发展高等教育实践者,并通过每年一次的年会让世界各地的同行聚首交流学习。

英国高校行政管理协会对于高等教育实践者,特别是学术支持人员提出了九大行为规范,组成了英国高校行政人员行业行为准则。

1. managing self and personal skills (管理自我和个人技能)

意识到自己的行为,留意这些行为对其他人产生的影响,由此来提高自己的个人技能,以此来提升自身的专业实践。

2. delivering excellent service （提供优质服务）

对内外客户都提供质量最好的服务。建立真诚开放的长期关系，提高服务水平。

3. finding solutions （寻求解决方案）

具有全局观念，积极地分析问题并制订可实施的解决方案，识别创新机会。

4. embracing change （积极看待变化）

对新的想法和工作要保持开放的态度，并积极参与其中，去适应不熟悉的情况、不确定的需求以及角色的改变。

5. using resources effectively （有效使用资源）

识别并最大限度地使用所有资源，包括人员、时间、信息、网络和预算。

6. engaging with the wider context （深入了解大背景）

通过了解团体的整体状况和对团体价值的承诺来增加你对团体的贡献。

7. developing self and others （提升自我和他人）

注重自身的职业发展。支持并鼓励其他人提升他们的专业知识、技能和行为，以帮助他们充分发挥潜能。

8. working together （协同工作）

与他人协同工作来达到目标。认识并重视合作伙伴在这一过程中的不同贡献。

9. achieving results （取得成绩）

从一而终地达到商定目标和成功标准，在完成任务时承担起个人责任。

为了能够提升西浦学术支持员工的素养和工作水平，西浦学术事务中心鼓励内部员工从这九大方面进行职业技能提升，并定期组织培训活动促进员工的可持续发展，支持员工的终身学习。

第四节 互联网时代构建专业化、多层次的教师发展体系

互联网和人工智能改变了社会对人才的需求，高等教育的人才培养实践需要根本的范式革新，以适应不断变化的社会对于人才的新需求。在这一变革中，高校教师教学专业技能和素养的提升对变革的成败起到了关键性的影响作用。教育部关于深化高校教师考核评价制度改革的指导意见指出"将教师专业发展纳入考核评价体系。高校应调整完善教师考核评价指标体系，增设教师专业发展考评指标，根据学校实际情况细化对教师专业发展的具体要求。确立教学学术理念，鼓励教师开展教学改革与研究，提升教师教学学术发展能力。落实每5年一周期的全员培训制度。加强教师教学基本功训练和信息技术能力培训。鼓励青年教师到企事业单位挂职锻炼，到国内外高水平大学、科研院所访学以及在职研修等"，这体现了国家对教师教学专业能力提升的重视和支持。

一、互联网时代高校教师教学发展的挑战

对教师教学的支持已经成为当前高校教师队伍建设的核心内容。自2016年教育部明确要求各高校成立教师发展中心以来，尽管这个机构几乎在每个大学都存在，但是大学的教师教学发展应该如何做这个问题，依然是教发战线探索的主题。

大学的教师教学发展正面临着几大挑战。

首先是教师教学的基本素养的培养。尽管现在大多数的大学教师是博士毕业，具有很高的学历学位，但是他们并没有接受过系统的教学能力培训，很多老师博士一毕业就走上讲台，简单凭借自己做学生时对自己老师行为的观察来开始自己的教学实践。这就导致大学中的教学，都是基于经验和模仿

开展起来的，缺乏一套系统的教学专业能力建设体系。最近几年，各高校通过教师发展中心重视新教师的教学基本功培训，已经取得很好的效果，但是，如果要把这种教学基本能力的支持扩展到全校范围，则还有很大的挑战。因为教师发展中心的人员有限，能够支持老师的数量也很有限，更重要的是，很多有教学经验的老师并没有很大的动力去参与教学相关的培训活动，尽管很多时候他们的教学尚有很大的提升空间。

其次，互联网和人工智能的快速发展，也给老师们带来转变角色的巨大挑战。现在许多教师都面临这样的挑战——学生在课堂和课程学习中的参与性问题。如果在一门课程中不点名只有一部分学生会来到课堂。即使点了名，课堂出勤较多的情况下，真正能够专注听课并且参与到课堂活动中的学生人数仍然不多。为了能让学生一直保持高度的课堂参与度，有的老师甚至故意把东西讲错来看学生的反应。但是，这些措施并不能够从根本上解决问题。

导致学生不积极参与课堂可能有以下重要因素。第一个因素与互联网技术的快速发展和普及有关。因为互联网时代涌现了海量的互联网学习资源，老师讲课的内容几乎都可以在网上找到，学生可以通过搜索互联网上丰富的资源进行自主学习。老师讲授的内容不再具有垄断性，学生对于课堂和老师讲述的东西不再具有新鲜感。此外，网络上有很多的精品课程，比如说中国大学慕课、网易公开课，甚至是国外的在线课程，这些课程都是由各个领域的专家学者精心打造，普通教学课程很难与之形成竞争关系。如果教师仍然保持传统的教学模式，很难继续吸引学生来到线下课堂。因此，作为老师一定要思考如何有效地利用互联网上的优质资源创新课堂教学，这是最为核心的根本性的挑战，也是当下亟待解决的问题。

再次，如何处理课堂教学内容与实际工作的脱节问题也是一大挑战。当前，毕业生顺利拿到学位证和毕业证并不能代表他们已经完全具备了在社会上进行打拼的能力和素养。现在有很多新技术和颠覆性技术出现，比如说人工智能和大数据等，这无疑会给行业带来颠覆性的改变，使得未来的工作场景和过去几十年的工作场景有很大不同。学生对于现在的课堂所学没有信心，归根结底是因为现在的课堂不能去帮助他们去回应未来的工作场景需求。例如，会计师机器人可以操作 75% 左右传统会计师需要手工处理的工作，而这 75% 的基本操作正是我们学生在大学课堂中学习和训练的知识。而 5~10 年之后，当学生们踏上工作岗位，必须和机器人会计师一起工作的时候，他们到底需要什么样的技能？我们的课堂是否能够支持学生得到这些技能？这值得每一位教师思考。因此，教师需要具有前瞻性，前瞻性不仅是对传授知识要有前瞻性，还需要对社会发展具有前瞻性并根据社会需求的变化即时调整教学内容和教学方法。这对于大多数老师来讲是极其艰难的挑战。

最后，教师如何给予不同的学生个性化的学习支持也是当前的一大挑战。教师需要面对几十甚至上百个学生的不同兴趣和需求。老师如何让自己教授的课程尽可能满足大多数学生的需求，激发更多学生的学习兴趣，并让尽可能多的学生追随自己的兴趣去学习，也是当下老师面临的一大挑战。

而要有效地回应上述教师教学中面临的几大挑战，教师从过去知识传授者的角色转变为学生学习引导者的转变是根本，高校的教师发展中心如何引导和支持教师作出这种转变就成为新时代大学教师队伍建设中最为关键的一环，也是决定一所高校教学质量最关键的一环。而高校应对这些挑战的出路，就是构建专业化和系统化的教师发展体系。

二、构建专业化和系统化的教师发展体系

提升教师教学能力需要明确教师发展的目标是实现真正的"以学生为中心"。教师教学专业能力的发展不能等同于学生成长，因为教师的发展不仅要关注教师和教学，更要关注学生和学习，所以对学生成长的单方面关注不能够有效地帮助教师提升教学能力。教师的长期发展与培养，需要系统化支持。

具体来讲，教师发展有效途径主要有以下四个层面，层层递进，以应对教师发展过程中的不同需求，解决发展过程中遇到的不同的挑战和问题（图 7-6）。

图 7-6　教师发展的四个阶段和四种境界

　　第一层面，通过传帮带的方式提升教师的教学技巧，即在具有丰富教学经验的教师的指导和经验传授下，在工作、学习和日常交流中有针对性地提升教学技巧，包括课堂把控、板书的组织书写、教师的礼仪、课堂秩序的维护、学生参与的调动等。这在过去几十年中，已经广泛地存在于大学的实践中，但是今天的大学教师发展不能仅仅停留在这个层面。

　　第二层面，通过系统培训对教学能力进行提升，教师可以通过有意识的思考和反思，对培训内容进行消化、整合和实际应用，重塑自己的教学方式。教学能力不同于教学技巧，教学能力是一系列的设计和一系列的操作的整合和结合，比如说教师的课程设计能力。教学能力无法依靠简单的传帮带模式解决，它需要通过系统的培训才能有系统的掌握和理解。例如，当前国内高校专门针对新教师提供培训，就是提升教学能力的系统培训的例子。这是近几年国内高校教师发展中心大力发展的重点。

　　第三层面也是更高一层面的要求，即通过过程支持来促进教师的教学创新。教学改革是颠覆性的，无法仅仅通过设计和事前集中培训帮助老师实现，一定要通过"做出来"实现。首先，教师作为教改的主体往往会在改革过程中遇到各种阻力。例如，教师利用新技术改进自己的教学，在使用的过程中可能会遇到技术难题，因为大部分老师并不是技术的专家，往往在尝试数次依然不能解决后就会放弃采用新技术，而在这个时候，如果有专业的技术人员在过程中帮助老师解决技术问题，则老师在采纳新技术方面就会更加得心应手，新技术也会更好地促进教学的改革创新。其次，真正的创新过程中会有很多不确定性，会遇到很多人不理解不支持,甚至会和相关政策抵触和冲突,

大学转型　从教师主导到以学生为中心

212

在遇到这些困难时对教师持续性的、过程性的支持尤为重要。

第四层面的转变，即从教师到教学创业家的转变，或称为教育专家。这是教师教育理念的根本性的一个转变，这一阶段的根本特征是教师从关心如何让学生在课堂上学好，逐渐转向教师应该如何帮助学生更好地成长。实现这一转变需要教师从教育层面思考如何教学，打破原有的教学理念和方法并进行重塑，这是一个艰难的转型过程，也是教师转型的最高境界。

实现四个层面的成功转变是帮助教师成长的一部分，成功地转变还需要正确处理业务部门、专业部门以及核心监管部门三个部门之间的相互关系。业务部门也就是各个院系，其重要性体现在作为教学的业务部门给教师设定教学目标并安排相应的教学活动，此外还设置考核标准对教师的教学水平进行考核。专业部门，也叫教师发展部门——教师发展中心是为教师发展提供专业指导意见的部门，教师发展的标准框架需要由专业部门制定。第三个部门是监管部门，主要负责制定教育教学政策、制订人才培养方案等。如何促成三个部门的协同合作，充分发挥这些部门在教师发展过程中的协同作用，做到真正地支持教师而不是简单地以完成目标为根本任务是处理三个部门的复杂关系的主要挑战。简单讲，以教务处为代表的监管部门要从教育政策角度支持教师发展，以教师发展中心为代表的专业部门则要制定教师发展的框架体系引导教师的全生涯发展，以院系为代表的业务部门则通过日常工作为教师的发展提供过程的支持。

本书提出高校教师发展的一个系统框架（图7-7），这一框架可以作为高校教师发展中心引领全校不同部门和专家支持教师教学发展的总纲领，也可以作为教师发展中心的工作框架。

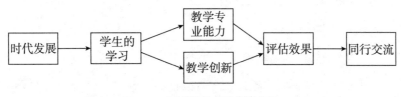

图7-7　新时代教师发展的框架

第一，高校需要系统引导教师在新时代背景下教学理念的转型。尽管大学里每个人都能感受到近几年来正在发生的从"以教师为中心"到"以学生为中心"的范式转变，但是，绝大部分的老师对于教学的理解和观念，依然还处于"以教师为中心"的框架中。可以看出即使在大变革来临前，如果没有外力的直接影响，体系内的人很难自动改变其理念，特别是在过去几十年的实践中不断固化已经根深蒂固的理念。这就要求教师发展中心把教师教学观念的转变作为引领教师发展的首要任务，只有观念转变了，实践上才可能有转变。

第二，帮助教师更加客观和系统地认识学生的学习。尽管老师是学生学习最为重要的支持者，但是，并不是每一位老师都很了解学生是如何学习的，以及学生学习的潜力。很多老师心目中有很多固化的对学生的认识，例如二本的学生一定没有一本的学生好，如果老师不教给学生基本的知识学生自己学不会，项目导向的学习会导致学生学不到知识，等等。此外，过去老师在教学过程中无法得到学生学习的客观数据，他们很多时候也无法真正对学生的学习有客观的了解。现在大数据技术的发展以及学生线上学习平台的普及，给老师们提供了系统全面地了解学生学习情况的机会。学校可以引导和帮助老师利用在线学习平台收集的学生学习行为轨迹来分析学习情况，并根据学习情况给予学生有针对性的学习支持。

第三，系统提升教师的教学专业能力。这是当前高校教师发展中心的工作重点，特别是针对新教师的教学基本功的培养。对于这部分工作，教师发展中心亟须开发一个针对所有教师的教师素质框架，即每一位老师在自己的教学岗位上教学，应该具备什么样的教学能力和素养。只有建立了这个框架，才能指导具体的教师培训活动，也才能引导每一位老师认识到自己教学的问题，并且选择合适的活动参与。

第四，对教师的教学创新给予过程性支持。这是教师发展中心的新任务，也是面向未来的重要任务。前文已述教师的教学创新，最大的挑战就是过程中的不确定性和风险，教师发展中心要成为帮助老师应对这些不确定性和挑战的战友，在老师创新最需要支持的时候，伸出援助之手，切实支持老师去探索新的教学理念和实践。当然，过程性的支持需要教师发展中心本身具备充足的人手，有强大的团队支持。

第五，教师发展中心需要开发教师教学诊断工具支持教师更好地认识自我的教学。教师教学发展的一个核心目标是培养教师的自我反思能力，也就是在一生漫长的教学过程中，能够时时体察自己教学中的问题和不足，然后基于反思找到解决办法，不断改进教学实践。教师反思的起点，往往是教师对自身教学中问题的认知。很多老师在教学中并没有太多的机会去获得这种认知，教师发展中心可以通过开发自我诊断的工具，帮助老师认识自身教学中的问题，从而启动教学反思流程。

第六，教师发展中心要搭建教师之间针对教学进行同行交流的平台。教学是一种高度实践性的工作，也是需要深度的情感投入的工作。教师对教学的热情，很多时候需要一种氛围去感染，而教学同行之间的相互交流是营造这种氛围的有效途径。教师发展中心可以自己搭建校内的教学交流平台，也可以鼓励和支持老师参与到区域性和国家及国际层面的教师交流平台中，让老师们在这些平台的交流中获得能力，收获对教学的持久热情。

三、构建专业化、多层次的教师发展体系：西浦领导与教育前沿院案例

领导与教育前沿院是在中国高等教育改革不断深入及世界高等教育面临深刻变革的背景下，由西交利物浦大学（西浦）与国家教育行政学院合作成立。作为西交利物浦大学的二级实体机构，前沿院的核心目标是基于西交利物浦大学的探索和实践，通过前沿的领导与教育研究以及教育领导力培训，推动中国高等教育改革和世界高等教育发展。前沿院自 2013 年 5 月成立以来，逐步探索构建了一套专业化、多层次、覆盖教学全过程的教师教学能力提升体系（图 7-8）。这一体系分成内部和外部两块，既针对来自中国公办高校的

高教从业者通过搭建社群平台、提供培训研修和开展高校排名评估的方式帮助他们在现有工作岗位上提升工作能力，同时也帮助西浦内部的教职员工和学生进行学习能力和教学技术的提高。

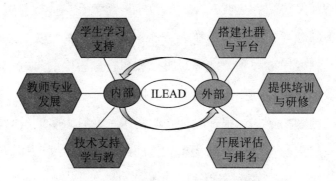

图 7-8 西浦领导与教育前沿院教师发展支持体系

（一）通过培训研修全面支持国内教师发展

针对国内高校教师在自身成长中的需求，西浦 ILEAD 设计了一套系统的教师成长体系（图 7-9）。这一体系不仅能够全方位地重塑教师的教育理念与教育实践，而且为教师的转变提供长期的全过程支持。具体来讲，这一体系由以下几个部分组成。

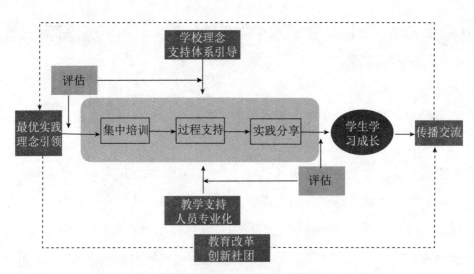

图 7-9 领导与教育前沿院支持教师专业发展的系统体系

大学转型

从教师主导到以学生为中心

（1）对参与培训教师进行专业化、全方位的教学理念和能力评估，让参与者充分了解自身教学的长处与可改进之处。

（2）培养对教育全球化、知识经济和信息技术革命进程的思考和探索，促使教师在此背景下反思自身在教学中的角色和定位。并帮助参与者从"以教师为中心"的传统知识传授型教学观念转变为"以学生为中心"的模式。

（3）通过专题研讨，学习"以学生为中心"的研讨式教学课程设计的思路与流程，特别是根据社会对学生知识、能力、素养的需求，梳理与其匹配的课程模块并制定相应学习目标。

（4）学习如何在教学过程中全程支持学生的学习，特别是如何进行师生互动、小组活动和引导学生的自主学习等技能。

（5）加深对形成性评估和终结性评估的理解与应用，反思并完善教学反馈机制，从对课程教学的评估转变为对学习目标和效果的评估。

（6）学习运用网络和信息技术构建虚拟学习环境，辅助课前准备、教学活动以及评估，增强师生互动。

（7）支持和引导新教师在接受现场培训后新学期教学活动中开展和尝试研讨式教学，为教师的创新提供全程支持，并构建交流讨论空间帮助教师的长期职业化成长。

这套体系的特色包括以下五个方面。

1. 把帮助学生学习和成长作为教师发展工作的终极目标

当前很多教师培训中把研讨式、师生互动等作为重要的训练目标。但这些方法都是教师教学的手段，而非目的。有很多学校在教学改革中一刀切，要求所有学科所有老师都做研讨式教学，引发不少老师甚至是学生连连叫苦。原因在于并不是所有的教学都适合研讨，而判断是否适合的标准就是要看是否有利于教学目的的更好达成——是否能帮助学生的学习。因此，教师培训和发展尽管是对教师专业化能力的提升，但培训各方搞清楚这些能力服务的目标非常重要。ILEAD 的教师培训的第一个环节就是帮助参与者充分理解教学的目标，讨论教师的"顾客"学生是如何学习的，他们的学习体验如何。

很多时候会专门邀请有不同感受的学生现身说法分享他们的体验。

2. 注重对教师教学实践的全过程提供支持

ILEAD 的教师培训项目采用教师新学期教学前的集中培训、新学期教学过程中线上讨论以及学期教学结束后经验分享的过程性培训模式，力争为参与培训的老师提供全过程的教学改革支持，切实帮助参与者改变传统的灌输式教学为研讨式教学（表 7-2）。整个项目时间跨度为一学期。以前沿院举办的高校教师研讨式教学公开研修项目为例，一般每年举办两期，每期跨度5个月左右，分别在每年的1月和8月开始新一期的集中培训。这样正好可以有利于参与者在参加完集中培训后在自己的新学期教学中作出新的尝试和探索。在集中研修阶段，主要探讨什么是研讨式教学，以及教师的角色和教学理念，帮助参与者在教师理念上从"以教师为中心"的传统知识传授转变为基于探索和研究的"以学生为中心"的模式。集中研修阶段大量的时间都花在基于西浦以及国内各高校各学科的教学创新实践案例分析与研讨上，与参与者基于具体的案例和课堂共同探讨研讨式教学的方法与过程。

表 7-2　ILEAD 教师培训项目主要阶段

阶　段	主要话题	形　式	时间跨度
需求分析	了解参与者的教学现状和需求	面对面访谈，在线问卷	3 周
集中研修	"以学生为中心"的育人理念与体系	专题讲座，学生经验分享，实地参观	3～5 天
	教学活动如何引导和支持学生的自主学习（课程设计，教学过程，评估）	互动讨论，案例研究，课堂观摩	
	教育科技如何支持以学习者为中心的教学模式	案例展示，互动讨论，现场观摩	
行动学习	教学过程中的问题讨论和经验分享	线上工作坊，线上互动（微信群、网站社区等）	3 个月中举行两次集中讨论和全时段沟通
	教学改革分享会	案例展示，互动讨论	1 天左右

在行动学习阶段，参与老师分别拿自己讲授的一门课程为例，在实践中探索如何将研究导向型教学融入课程当中，并定期组织在线工作坊交流研讨。讨论的主题围绕研究导向型教学的课程设计、教学方法与过程、教学评价与

反馈三个核心环节，通过对个人现有知识和经验的反思，进行质疑型探究，给予和接纳小组成员的反馈，在解决实际问题中学习，促使从理论到实践的转化。在整个学习过程中，ILEAD 有专人在全过程中为所有参与者提供支持，确保参与者的需求能及时得到回应。在实践总结分享环节，参与老师分享他们在新学期课程中的教学改革举措、取得的成效，以及有待进一步探索的问题。同时邀请在研究导向型教学的运用上有丰富经验的教师参与点评和讨论，让参与者在分享中也能有收获。

3. 对影响教师教学的学校教学理念和支持体系进行系统的引导与支持

高校的管理和教学支持人员在管理体系中起着支撑性的作用，承载着教学和行政事务的管理、支持、引导与协调的工作。目前高校的行政管理制度和方法基本上还是围绕知识传授这一目的来开展，沿袭了传统金字塔形层级式管理制度和工作方式，花费大量精力在执行国家和学校层面下达的指标，工作重心一定程度上偏离了支持教师教学和学生学习。为了让教师"以学生为中心"的教学新实践能够顺畅开展，ILEAD 开发了旨在改变高校主管教学的领导者和教学管理人员的教学理念的教育领导力卓越计划项目和提升教学支撑人员的专业化水平的教学支持职业化培训项目。领导力卓越计划项目通过大学领导者之间的研讨和互动交流，首先从理念层面探讨中国高教改革"改什么"和"怎么改"的问题，树立以学生个体成长需要和社会发展对人才的需求为学校发展核心的理念。其次，在行为上借鉴已经在探索"以学生为中心"的人才培养体系的高校，通过案例研讨和行动学习，从理念、战略和具体做法等全方位向参与高校展示新的组织和教育模式，并且通过导师指导和培训，提升高校领导团队管理变革的能力和变革领导力，帮助这些学校转变办学行为。领导力卓越计划目前每年举办一次，已成功举办 10 次，取得了非常好的反馈，很多参与高校的教学改革受到这一活动的影响。

首先，教学支持人员职业化培训项目致力于帮助高校的教学辅助人员（主要是教务系统工作人员）从理念上反思当前"以教师为中心"的知识灌输传统在达成学生学习和成长目标中的问题，以及当前全球范围内探索的"以学生为中心"的新教学理念的内涵和优势。其次，通过深度的案例分析和实地调研，引导参与者思考在教师教学从"以教师为中心"转变为"以学生为中心"时，需要得到什么样的教学支持和辅助，作为教辅人员如何在日常工作目标、架构以及工作行为等方面作出调整，切实帮助参与者转变观念，提升职业化教学支持能力。

4. 打造教学创新社区、构建教师共同体推广传播最佳实践

当前国内高教普遍对教学不重视，一个重要原因是高教系统层面缺乏对教学创新的探索、发掘和传播平台，很难形成集体性的教学创新氛围和成果并广泛推广运用于实践。尽管很多高校成立教师发展中心，但绝大多数中心只为本学校的老师提供支持，很难突破学校的界限。在这一背景下，领导与教育前沿院致力于打造一个高校教学创新的社区，通过举办高等教育创新年会、教学创新研讨会、教学创新沙龙、西浦全国大学教学创新大赛以及出版《高校教学创新案例集》等活动，打造一个教学创新学习社区让教师能够有和同行讨论和分享教学创新的平台；鼓励开展教学创新，让倾心教学的教师能够切身感受到共同体的支持；同时对于有意愿提升教学的老师，能够为他们的教学持续创新提供足够的理念和方法支持。其中教学创新大赛不仅能在全国范围内发掘优秀的教学创新实践，其设置的大众投票环节还能为教学创新吸引全社会的广泛关注，通过建立大赛网站公开所有参赛优秀作品也为传播教学创新提供了很好的平台。举办教学创新研讨会则在建立持续发挥作用的研讨平台的同时，还能让教学创新长期置于高校和教师的视野，营造教学创新的氛围。ILEAD 还计划与高校教师发展中心合作举办教学创新沙龙，帮助这些教师发展中心逐步形成支持教学发展的能力，并让参与沙龙的教师在了解和运用新的教学理念和方法方面有所收获。

5. 以评估促进教学改革利益相关方的理念和行为转变

以上分析可知，高校教师的教学专业提升要真正落到实处让学生受益，涉及学校内所有其他人员（包括领导者、教学管理者、教学辅助人员等）的系统支持，只有这些教师教学的利益相关方都朝着一个方向努力，教师的发

展才能受惠于学生。但比较遗憾的是，笔者在和国内很多院校的学校领导、教务处人员交流中，只要一谈到"以学生为中心"，大家都理直气壮地认为自己的工作是"以学生为中心"的，尽管当前国内高校的"以学生为中心"在实践中还未见到雏形。可见当前首先要让各利益相关方意识到自身在支持教师发展并受惠于学生的过程中存在的问题。基于此 ILEAD 开发了一套测评高校各个系统支持"以学生为中心"程度的评估体系。希望能够让各利益相关方通过自我评估清楚地认识到自身在支持教师发展落到实处让学生受惠方面的优势和待改进之处。

本评估体系分别从育人目标、课堂教学、课外活动、管理体系和学生成长五个维度，衡量一个大学支持学生学习和成长的程度和给学生带来的增值，进而反映这所学校的育人质量。育人目标重点评估学校的办学理念、育人模式、育人目标的清晰度和下沉到二级机构以及学生具体活动中的程度；课堂教学秉持建构主义的哲学立场，评估教学情境（环境）、教学活动支持学生学习和成长的程度；课外活动用于评估课外活动支持学生学习和成长的程度。特别是针对能力和素质等课堂很难给予学生的目标，评估课外的社团、实习等学生活动对学生的能力和素质的贡献度；管理体系主要评估学校的管理体系支撑课内和课外活动实现育人目标的程度，如大学的架构是否有利于学生的社会化交流，是否有利于师生的交流等；学生成长评估学生在大学期间的学习结果和成长增值，如知识体系的完善程度、能力的提升度，以及素质的发展水平等。本评估的根本目的在于指出高校在支持学生学习和成长方面好的实践和有待改进之处，并通过诊断式调查为高校提供改进的方向和建议。

为了帮助教师的专业发展，ILEAD 特别设计了一个四阶段的学习过程实现老师从理念到实践的彻底转变。

第一阶段的主要目的是帮助老师进行自我反思和自我意识的提升，这是因为教师发展的本质可以归结为自我批判与自我反思的过程。这一阶段的支持主要是让老师认识到教学行为和活动对教师发展的重要影响，从过去忽视这一方面的实践转变为有意识的重视，从而通过这种关照去识别和更加认识自己的教学。这一阶段，ILEAD 设置了几十个小时的在线学习课程，帮助教师提升自我反思的能力。其实，引导教师反思的是教学工作中经常出现的问题。作为教师，我是否真正了解自己的学生？我对课程的目标有信心吗？我教学设计中的目标是否合理？我的学生学习活动能不能够支持我的目标？我的考核方式能不能有效地反馈我高级目标的达成度？

学习的第二阶段是系统性的线下学习过程。这一阶段包括了两个层面，专业能力提升和创新能力提升。

在具备了上述两个能力以后，进而讨论第三阶段——老师的日常教学工作。在这一阶段，培训内容强调集中学习配合线下的实践，而不是仅仅参加一两个星期的集中培训。在这个阶段，毫无疑问地会有挑战和问题，因此 ILEAD 会为参与老师提供过程性支持，如线上的过程性研讨。

最后，还有第四阶段，在这一阶段有上下两个方向的学习。向上的方向是指教学创新大赛，教师可以通过参与教学创新大赛来影响和引领更多的人走向教学创新的路线，因此 ILEAD 组织的创新大赛和其他学院的创新大赛不同。而作为参赛教师应该意识到参与大赛的最终的目的不是得奖和评职称，而是通过参加比赛分享好的教育教学经验，让更多的人去学习，帮助别人成长。下文是教师发展师项目，通过成为教师发展师或者教学培训师来影响更多的人和更多的老师提升他们的教学。ILEAD 同时也提供教师发展师的培训项目。这样，教师发展体系形成了一个闭环。

（二）ILEAD 构建内部教师发展体系促进西浦教师职业发展

ILEAD 对本校教师专业发展的支持基于英国高校教师素质模型。该模型将教师素质分为三方面：活动领域（areas of activity）、核心知识（core knowledge）和职业价值观（professional values）。而这三方面，每一方面也有着不同的等级划分（图 7-10）。在每个方面达到不同的等级，对应着的正是英国高校教师的不同等级。

活动领域		核心知识		职业价值观	
A1	设计及策划学习活动及/或课程	K1	本学科的核心知识	V1	尊重个体学习者和多样化的学习社区
A2	教授和支持学习	K2	在学科领域和学术课程水平上的教学和评估方法	V2	促进学生参与高等教育及机会平等
A3	对学习者进行评估并给予反馈	K3	学生如何学习（包括一般情况和在其学科/学科领域内）	V3	使用基于证据的方法以及研究、学术和持续专业发展的成果
A4	开发有效的学习环境和方法以给予学生支持和指导	K4	学习技术的使用和价值	V4	认识高等教育运作的大环境对专业实践的影响
A5	从事学科/学科及其教学法的持续专业发展（包括研究、学术和专业实践的评估）	K5	评价教学效果的方法		
		K6	质量保障及提高质量对学术及专业实务的影响		

图 7-10 英国高校教师素质模型

A1 到 A5 的划分对应着教师在活动领域的不同能力，依次为：设计及策划学习活动及 / 或课程，教授和支持学习，对学习者进行评估并给予反馈，开发有效的学习环境和方法以给予学生支持和指导，从事学科 / 学科及其教学法的持续专业发展（包括研究、学术和专业实践的评估）；K1 到 K6 的划分对应着教师在核心知识上的不同等级，依次为：本学科的核心知识，在学科领域和学术课程水平上的教学和评估方法，学生如何学习（包括一般情况和在其学科 / 学科领域内），学习技术的使用和价值，评价教学效果的方法，质量保障及提高质量对学术及专业实务的影响；V1 到 V4 的划分对应着教师在职业价值观上的不同认知，依次为：尊重个体学习者和多样化的学习社区，促进学生参与高等教育及机会平等，使用基于证据的方法以及研究、学术和持续专业发展的成果，认识高等教育运作的大环境对专业实践的影响。

（1）教师等级一——助教、新教师、教学支持者、实验教学等，即副研究员（associate fellow）。这一等级的教师应了解有效教学、学习支持方法和学生学习的具体方面。在活动领域方面需要达到 A1、A2，在核心知识方面需要达到 K1、K2，在职业价值观方面需要在 V1 到 V4 之间任选其一完成。

（2）教师等级二——新教师、有足够量教学任务的学术人员，即研究员（fellow）。这一等级的教师应广泛了解有效的教与学支援方法对学生高质素学习的重要贡献。在活动领域方面需要达到 A1 到 A5，在核心知识方面需要达到 K1 到 K6，在职业价值观方面需达到在 V1 到 V4。

（3）教师等级三——经验丰富的教师，具有帮助其他教师的能力，即资深研究员（senior fellow）。这一等级的教师应全面了解有效的教与学支援方法，对提高学生的学习质素起重要作用。在活动领域方面需要达到 A1 到 A5，在核心知识方面需要达到 K1 到 K6，在职业价值观需达到在 V1 到 V4。与教师等级二相比，教师等级三需要能够证明个人在教与学方面有持续有效记录，如在组织、领导及或管理教与学的特定方面。这些人很可能领导或成为已建立的学术团队的成员。

（4）教师等级四——处于战略领导者位置的资深教师，在政策层面有区域性和机构性影响力，即首席研究员（principal fellow）。这一等级的教师应在学术实践和学术发展方面为高质量的学生学习做出了贡献。等级四的教师作为经验丰富的学者，能够提供在战略层面上持续有效的影响记录的证据，可能在他们的机构内或更广泛的（国际）国家设置中，教与学作为更广泛的学术实践承诺的一部分。

西浦教师支持全过程体系分为三个步骤（图 7-11）：成为教师，教师典范和领导力。在"成为教师"步骤中，涵盖了硕士课程、导师培训、HEA（Higher Education Academy）会员、学习分析和工作坊的内容；在"教师典范"步骤中，涵盖了硕士课程、HEA 资深会员、培训师、工作坊和学习分析的内容；在"领导力"步骤中，涵盖了培训师、HEA 资深会员、系主任培训和工作坊的内容。

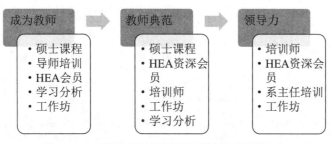

図7-11　西浦针对教师的全职业生涯支持体系

在这个全职业生涯的支持体系中，硕士课程是很重要的组成部分，本硕士课程是专门针对新教师及没有充分教学经验的老师开发的包括4门课程20个学分的硕士项目，要求所有新加入西浦的老师在2年内完成学习并拿到所有的学分。这种项目也是英国高校支持教师教学发展的常规实践，本项目也是英国HEA在中国唯一认证项目。图7-12为2017年西浦教师资格证项目课程安排表举例。

Date + Venue	CPS Workshops
11/10/2017 : 4-6pm FB359	**Student Support for Inclusion and Diversity in Higher Education** Click for more information and to book your place
18/10/2017 : 4-6pm FB359	**Academic Identities and Communities of Practice** Click for more information and to book your place
23/10/2017 : 10-12pm FB359	**Transnational Education** Click for more information and to book your place
23/10/2017 : 2-4pm FB359	**Cultures of Teaching and Learning and the Implications for XJTLU** Click for more information and to book your place
24/10/2017 : 10-12pm FB359	**Learning from Reflection** Click for more information and to book your place
24/10/2017 : 2-4pm FB359	**Flipping the Classroom** Click for more information and to book your place
25/10/2017 : 10-12pm FB359	**Research-led teaching** Click for more information and to book your place
25/10/2017 : 4-6pm FB359	**Introduction to technology enhanced learning** Click for more information and to book your place
26/10/2017 : 10-12pm FB359	**Evaluation of Learning and Teaching in Higher Education** Click for more information and to book your place
26/10/2017 : 2-4pm FB359	**Quality Frameworks for Learning and Teaching** Click for more information and to book your place
27/10/2017 : 10-12pm FB359	**Principles and Practices of Assessment** Click for more information and to book your place
27/10/2017 : 4-6pm FB359	**CPS Assessment: Information Session** Click for more information and to book your place

图7-12　西浦教师课表举例

学校还对教师在使用技术方面提供培训和过程支持，也有专门针对研究生导师培训，图7-13为2017年部分课程的安排表举例。

Date + Venue	New Teaching Staff Induction Workshops
11/10/2017 : 4-6pm FB351	Quality Frameworks for Learning and Teaching Click for more information and to book your place
18/10/2017 : 4-6pm FB351	Evaluation of Learning and Teaching Practice in Higher Education Click for more information and to book your place
25/10/2017 : 4-6pm FB351	Inclusion and Diversity in Higher Education Click for more information and to book your place

Date + Venue	Educational Technology (EdTech) Workshop
11/10/2017 : 2-3pm CB 516	In-Class Quizzes and Polling with Active Response Click for more information and to book your place
18/10/2017 : 2-3pm CB 516	Getting Started with Peer Assessment and WebPA Click for more information and to book your place
25/10/2017 : 2-3pm CB 516	Getting Started with Online Seif-Assessment Quizzes on ICE Click for more information and to book your place

Date + Venue	Post Graduate Research (PGR) Development Programme
19/10/2017: 3-5pm CB1113	Session 3 – Supervisor-Supervisee relationships
24/10/2017: 4:30-5:30pm CB1113	Session 4 – Intercultural Communication in the PhD Interested staff members can contact PGR Programme Lead Jianmei Xie (Jianmei.Xie event.
26/10/2017: 3-4 pm CB1113	'Learning to Teach' Group for Teaching Assistants
26/10/2017: 4-5 pm CB1113	'Learning to Research' Group for PhD students

图 7-13　西浦对教师使用技术的支持

第五节　以育人目标为导向的教师教学考核

高校教师教学的考核是一个老大难问题。每次有同行来西浦交流，以及在各类论坛和培训活动中，被问到的最多的问题就是：你们学校的老师教学怎么考核？教学考核中怎么用好学生评教的结果？教师考核和晋升中到底怎么把教学质量纳入进去？诸如此类的问题，核心都是关于高校教师教学绩效如何考核。

大学转型

从教师主导到以学生为中心

实事求是地讲，现在高校确实亟须一套有效的通过教学考核保障教学质量的体系和做法。这项工作牵扯着每个学校教务部门的大量精力，也和老师们的利益紧密相关，又是当前教学改革深入下去的关键点。本节主要讨论如何在技术和实践层面考核教师教学绩效。

当前国内高校的实践，主要是教学工作量计数，或者直接用学生评教的结果来作为教师的教学绩效，或者学生的考试结果等数据。这些做法在实践中除了有很多挑战和问题外，实际上也没有真正接触到学习和教学质量本身。

笔者认为，好的教师教学考核机制的建立，关键有两步。

一是重新定义教学考核的目标。

首先，从考核教师的教转为学生的学。当前绝大多数的教学考核，以考核教师的教学水平为主要目标，这是一种典型的以教学为中心的体系。这一目标也是学校人事管理和晋升的重要考查维度。实际上教学考核的最终目标，应该是学生的学习与收获，而不是教师的教学。

教师教学考核的终极目的不是考核教师，而是保障学生的学习和成长达到既定水准，学生学习和成长的水平，就是教师教学水平的直接反映。这种目标的转换，意味着整个教师教学考核以及教学质量保障流程的调整，因为这条流程上最终端的结果发生了变化。这其实是一种从"以教学为中心"到"以学生为中心"的教育的转变。

例如，我们熟悉的用教师教学工作量作为指标就是典型的"以教师为中心"的教学考核做法，学生评教尽管是"以学生为中心"的评估，但如果还是通过学生来评老师，则很难真正关注到学生的收益。因此，学生评老师对自己学习的促进可能比简单评教师好很多。

其次，要从考核学习知识的水平到考核学生的成长。很多教学考核尽管开始关注学生，也是考查学生学知识的水平，而较少关注学生成长的变化。本书倡导的"以学生为中心"的教学考核和评估，出发点和最终的落脚点都是学生的学习和成长。其基本的流程是，先确定学生的学习和成长指标，然后建立一套衡量这些指标的体系，通过从学生学习过程中抓取数据，并基于数据作出实时反馈，教师实时调整改进。现在很多学校的学生学习大数据平台已经能做到这一点，把这些数据放到一起，就是一个教师的教学水平的体现。

二是教学考核应该注重过程性改进而不是终结性评判。这是一种心态的转变。

教学考核顾名思义，是考核老师，但是，如果能做到以保障学生成长为目标并且反映出老师的教学水平，既有利于教务管理部门任务的达成，又能实现对学生成长的关注。要做到这一点，需要在学生学习的全过程中，合理设置观测点，收集到相关的数据，并在不同的时间点给老师提供反馈。这个过程中的参与者，可以非常广泛。

以西交利物浦大学的教学考核实践为例，在学生学习开始前，对于每位老师的教学设计和考核等关键活动，都要经过系内另一位老师、利物浦大学相类似专业的一位老师以及既非西浦又非利物浦大学的第三所大学类似专业的老师的评审，所有的评审意见会反馈给任课老师，老师需要对所有意见进行回应，或者修改或者说明理由，这个过程能够确保教学设计的合理性。

再如，西浦每个系都有师生联络委员会，学生是这个委员会的主体，主席也是学生，系里要有一位老师作为副主席，支持学生工作，这个委员会定期开会，在会上学生代表会把收集到的所有学生的意见反馈给系里，系里要对所反馈的每一个问题进行回应，如果涉及某位老师的教学过程中的问题，则需要反馈给老师，并建议其立刻改进。

在每学年，西浦每个系还要至少组织一次教学的同行评议（peer review of teaching），老师两两配对，相互观摩各自的教学并在一次或多次讨论后给出评议意见，有些时候系里还会邀请我们学校的教师发展师走进自己的课堂，去给自己提建议。这些同行评议表都会匿名反馈到系主任和学校教师发展中心，如果系里有普遍性的问题，则需要安排集体活动来改进。

这些活动，都是以过程中对老师的反馈和改进为目的，而不是最终考核导向。当然，西浦的教师每年都会有教学考核，这个考核，并不是简单地计算工作量，而是看一年中所有的过程性环节的活动，老师是否积极参与，是否积极吸纳所有人的意见并做了改进，解决问题，如果都解决了，那这位老师的教学就是很好的。

例如，如果一位老师在开学前的教学设计中，存在明显缺陷，但是在三轮评审中被指出，并做了改进，则教学考核会好；如果一位老师在教学第一个月被学生在师生联络委员会中点名课堂教学有问题，在系里的建议和支持下做了改进，取得实效，则教学考核会好；如果一位老师在同行评议中收到教学某方面需要改进的建议，且自己也认同这个问题，努力改进了，教学考核也会好。

因此，西浦的教师教学考核，并不是在一年的教学结束后，测量某些结果，这样即使教学有问题，一年的教学也结束了，考核对于学生的学习已无济于事；而是在考核时老师先自己收集自己在过程中的这些数据和事实，如果过程中的事实都指向老师教学良好，则考核结果也会是良好。

这种过程性的考核机制，根本目标不是考核老师，而是确保学生的成长。而且，学生的成长得到保障，教学也得到了有说服力的考核。

本章参考文献

[1] BENNETT S . UKPSF self-audit tool[J]. University of Northampton，2014.

第三部分

"以学生为中心"的大学变革管理

当坚定了"以学生为中心"变革的理念,并且梳理清楚了将要建立的体系,接下来最重要的就是大学的领导者如何才能激励所有人,朝着共同的目标改变当下的大学育人体系,一步一步地把"以学生为中心"的理念落实到大学的日常实践中。这个过程中最关键的是变革的管理,以及领导者的变革领导力。

第八章
面向未来的大学变革战略与变革领导力

我国的高等教育体系在过去 40 年一直把向西方学习作为谋求自身发展的重要策略，但在新一轮根本性变革的关键节点，中国的大学正面临着变轨超车的历史性机遇，如果抓住这个机会，有可能成为引领下一轮全球高教变革的核心力量，从而全面提升国家的竞争力和创新能力。

党中央、国务院审时度势，党的十八大以来提出全面深化教育改革的重要战略，在十九大报告中强调把立德树人作为教育的核心使命，在 2018 年 9 月召开的具有历史意义的全国教育大会上，习近平总书记提出中国教育"新三步走战略"，改革开放 40 年来首次召开的新时代全国高等学校本科教育工作会议，进一步明确本科教育在高等教育中的基础地位并提出全面振兴本科教育的战略。至此，国家层面对本科教育的新判断、新定位和新战略已经绘就，要真正振兴本科教育，接下来的重中之重就是高校层面的行动。那么，高校的领导者应该如何发动这场大学从"以教师为中心"到"以学生为中心"的系统变革？应该在变革中考虑哪些因素？应该把握好哪些关键的领域？要想把握好这些关键领域需要什么样的变革道理？这是本章重点讨论的问题。

本章主要讨论以下问题：

- 大学实施面向未来的变革需要考虑哪些因素
- 大学领导者如何设计一个系统的面向未来的变革方案
- 大学领导者实施面向未来的变革需要的领导力

第一节　变革模型

成功的变革管理，需要关注五个关键要素：愿景、激励、资源、技能和行动方案。这五个要素每一个弱化或缺乏都有可能造成特定的问题（图8-1）。

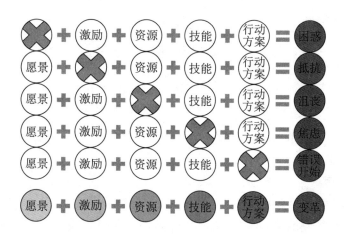

图 8-1　变革管理关键要素模型

一、愿景

愿景是变革管理中的基本要素。如果没有清晰的愿景就开始变革，只会造成更多的混乱让变革失去控制，愿景对于使组织摆脱混乱，梳理清楚目标至关重要。变革愿景可以从高校的任何地方开始分享，但是如果想要成功，必须由那些能够推动变革的高校领导者来分享。因为对高校各个部门的员工来说，变革都是容易让人忐忑不安的，当变革即将开始的时候，大家的目光都会投向领导者，寻求来自领导层的支持与指导。一旦领导者参与进来并坚定方向，最容易形成凝聚力，愿景就可以得到更充分的发展。

关于变革愿景应该传达两件事：我们要去哪里以及我们为什么要去那里。愿景有如下几个特点：愿景是通过可以持续的和确定方向的努力而达到；愿

233

景是现实但富有挑战性的；愿景是清晰且便于沟通的；领导者与组织内所有人都充分分享了愿景，将各个层面的员工都带动起来；可以根据不可预见的情况对愿景进行修改；愿景是坦诚且开放的，而不是模糊不清的。没有愿景的变革会影响参与变革的人，让他们不清楚要去哪里以及为什么变革，人们会对变革的方向和原因感到困惑，甚至可能开始自己猜测变革的原因。

二、激励

激励紧跟在愿景之后，如果人们感觉变革会增加个人的负担，那么会用消极的行为抵抗变革，人也会变得沮丧，同时团队内的焦虑也会增加。从广泛的意义上讲，激励应该直接来自变革的愿景。如果变革将会给人们带来更便捷的工作方式，让他们能更好地完成工作，那么大家会积极拥抱变革。最好的激励就是使人们的工作生活变得更好和更轻松。当然，这个激励可能会是一个曲线救国的策略，但是变革后可能会带来的工作便捷性本身就是巨大的动力。

需要注意的是激励不是奖励，激励应该是设计好的、筛选过的，并在变革开始前或者过程的早期就提出并告知所有人。激励措施必须切实地使参与变革的人们感觉到受益，对个人激励的措施必须合理，与期望相匹配。如果人们既不会感觉到能更好地工作，也不会从中获得任何益处，他们会尽一切可能抵抗。频率最高的抵制形式是口头接受，然后在行为上拒绝改变。例如有人可能会说："好的，好的，我们会按照您说的方式改变。"但仍然按照之前的习惯和行为，这样会让变革的进程很难往前推进，最终破坏变革。

如果想要变革推动组织前进，那么需要先推动个人改变和前进。关于激励，领导者需要思考三个问题：个人会在变革中得到的好处是什么？这个组织中的人会对什么样的激励作出反应？在短期、中期和长期的变革中，可以和应该能提供哪些类型的激励措施？激励有如下几个特点：激励应该是变革管理过程的早期就分享并推广给所有人；激励是有形的且要与所需变革的投入相称；激励措施需要对参与变革的人真正有吸引力。

三、资源

资源是变革实施的基本要素，常见的教育组织变革资源包括工具、金钱、时间、信息和人员等。这个需求可能是持续的和长期的，没有适当的资源投入变革，将很难维持变革过程所需的动力。为了顺利地开始和推动变革，在筹划阶段就要计算变革需要的资源清单。资源清单需要具有一定的灵活性以满足变革过程中计划外的需求，同时也要预先做好对需求进行充分评估的准备，这个需求是否可以被满足。

当然，变革中需要关注资源，但并不意味着由有什么资源来决定是否要变革。变革首先需要关注的是愿景和目标，资源是支持愿景实现的要素，并不是决定是否可以变革的因素。当我们意识到缺乏推动变革的某些资源时，就可能有针对性地寻找解决方案。

没有实现目标所需的资源，参与变革的人们会感到沮丧。例如有人会说："我无法做，因为我没有……"无论领导者是否投入时间、人力、做好预算，结果是相同的。因此，领导者要问的一个关键问题是"你需要什么？"如果在没有适当资源的情况下进行变革，那么一旦变革开始，就很难保持所需的动力。同时，领导者需要时刻对愿景保持关注，把握实现目标的进度。否则，当变革对资源的需求持续增长，资源跟不上需求，团队的挫败感就会增加。有时需要增加激励，甚至可能需要调整愿景。到那时，整个教育变革项目可能就会不了了之。

四、技能

在任何组织的变革中，从定义上来说是文化上的变革，而文化的变革需要行为上的改变。人们如果没有在变革期间或取得成功之后掌握所需要的技能，就会变得很焦虑。只要有机会，大家就会恢复过去的行为和习惯。让人们作出行为改变的关键方法之一是确保他们拥有在新环境下完成工作所需的技能。

焦虑是抵制变革不可忽视的力量，提供能获得所需技能的培训，并在变革管理过程中尽早开始培训，可以有效缓解焦虑。对于能力，领导者要问的问题是："你需要什么才能完成这个工作？"同时需要注意任何能力提升的培训都不能向人们传达他们一直在"做错事"的信息，因为人们是根据组织中的共同行为在做事。只是现在这些行为需要调整，让他们能继续做正确的事情。他们的新技能将帮助他们继续以正确的方式做正确的事。

五、行动方案

行动方案是确保愿景具体化的过程，行动方案要清晰明确，拥有可实现的目标。在制订行动计划时，必须清楚变革的愿景，行动计划必须基于特定的目标和目的，如果没有明确的行动计划可能会导致变革的目的无法实现。行动计划必须阐明要达到的目标的方式，明确责任人、期望的结果或成果，并列出实现目标的时间表。

如果没有清晰的行动计划，变革将成为错误的开始：开始，迷失方向，重新开始，迷失方向，依次循环。这些错误的开始将导致变革失去动力，最终导致变革失败。一份好的行动计划有如下几个特点：是否明确在实现愿景的过程中要达到的一个个目标；是否有实现这些目标的战略，是否表明谁对实现目标负责；是否有实现这一目标的时间表。

变革的本质在于打破当前的平衡，通过努力以后达到一个新的平衡。一般意义而言，人性惧怕改变。当人们被要求做以前从未做过的事情或者做比自己之前做过的更多的事情，抗拒是自然的反应。符合实际情况的、能够得到组织认同的、清晰的变革愿景，它可以激发团队成员的干劲，让成员明确努力的方向和具体行动指引。将确立的变革愿景有效地传递给所有员工，使得所有人员都能对此达成共识。实际的行动比言语更为有效，榜样的作用比指令更起作用，领导者需要用实际的行动来影响其他相关人员。变革通常是一个缓慢且逐步实现的过程，时间持续太久，需要在不同阶段通过激励措施鼓舞人心。没有一个变革是完全按照计划，一丝不苟地成功实施的。对于推进变革的领导者来说变革的过程可能瞬息万变，员工们也可能会有让人始料未及的反应，原先预料会有抵制的地方可能风平浪静，原先以为顺利推进的部分可能会遇到意想不到的阻力。

第二节　立德树人导向下大学变革的五个步骤

本节基于西交利物浦大学 15 年融合中西方教育精华、面向未来社会对本科教育需求的改革探索，提出大学从"以教师为中心"到"以学生为中心"的改革的五个步骤：理念转型，目标导向，流程再造，架构调整，质量保障。这五个步骤可以作为大学层面管理者推动改革和设计改革方案的参考，院系层面的领导者在推进变革中亦可借鉴。

一、理念转型：把"以学生为中心"作为新时代本科教育的基本理念

理念转型是改革的前提，当下的教育改革和过去几十年的改革最大的不同就是理念，简单讲就是从"以学校为中心"和"以教师为中心"转向"以学生和学习为中心"。如果现在的改革没有革新理念，改革本身的价值值得怀疑。

"以学生为中心"，是针对自工业革命以来盛行的教师主导、统一学习和知识导向的教育模式提出的，这一理念提倡学生主导、个性化和情境建构式的教育模式，其核心目标是学生的健康成长和全面发展。

"以学生为中心"尽管已经成为办学者的共识，但如何把这一理念落实到高校的办学实践中依然挑战重重。而要落实好这一理念，需要在深刻理解"以学生为中心"的要义的基础上，把握好三个方面。

首先，要明确促进学生健康成长而不是传授知识为教育的目标。我国乃至全世界的高等教育体系，十分注重知识传授，大学里的学生认为到大学学习知识天经地义，老师则把教授知识作为自己的当然使命，如果放弃教知识便不知所措。这种身处教育一线的学生和老师的观念和行为惯性，是过去几十年来推广素质教育的一大挑战，也是接下来落实"以学生为中心"必须清除的拦路石。

西交利物浦大学的学生一入学就被告知，上大学的目的不是学知识，健康成长才是基本目标。学校认为，学生的健康成长包括五个方面，除了学习科学技术知识外，更重要的是获得学会学习的能力、处理人际关系的能力、跨文化领导力，以及认识到自身对于社会的价值。为了实现这一目标，西浦特别重视帮助学生三个维度的转变，包括从孩子到年轻的成年人再到具有国际竞争力的世界公民的转变；从被动学习到主动学习再到研究导向型学习的转变；从盲目到兴趣导向再到人生规划的转变。这三个转变，就是保障学生在大学健康成长的主要抓手。

其次，"以学生为中心"倡导从学生的自身兴趣和需求出发提供个性化的学习方案。随着互联网时代人们生活和学习方式的改变，大学将不再是学生接受高深知识的唯一场所，未来的教育，是根据学习者的需求，由若干不同的学习服务提供者形成一个完整的教育生态，大学要想在这个生态中立于不败之地，必须从学生的需求出发，找到自身给学生的价值，给学生一个乐于上大学的理由。

西浦在过去 12 年积极探索如何充分激发学生的兴趣并确保学生在学习中追随自己的兴趣。例如学校按照大类招生，并且在大学期间允许学生在全校范围内重新选专业，每年大约有 50% 的学生会在大一结束前经过一年的重新认识选择不同于高考志愿的专业，有很多文科的学生选择理科，也有理科的学生选择了文科，让学生发现并追随自己的兴趣，可以在很大程度上激发学生的潜能，调动他们的积极性。

激发学生的兴趣，还可以通过教学改革来实现。西浦倡导研究导向型学习和教学，提出课程教学从学生身边感兴趣的实际问题和现象出发，通过同伴合作，大量搜索相关资料和专业知识，形成解决问题的方案，这一学习过程的出发点是学生自己感兴趣的话题，因此学生的主动性大大提高，自主学习不再需要学校督促和强制要求。西浦不要求学生上自习，但是据统计学生的自学时间平均三倍于课堂学习时间，有很多学生甚至要通宵学习把帐篷搭在实验室和自习室。

学生的兴趣，需要和他们的人生规划联系在一起。这需要学校给予学生选择空间，不是一味地学专业课程考高分。西浦不仅给学生提供大学四年的职业生涯规划指导，并从大三开始给每一位学生配备一位产业界成功人士作为校外导师，指导其职业规划。此外，在学生明确其人生目标后，学生允许并全方位支持学生追求自身的独特目标，而不是按照培养科学家的目标要求所有人只注重课堂学习考高分。例如，西浦不要求老师考勤，学生来不来上课自己决定，大学除了有极其严苛的质量保障体系确保每一位学生都无法在"天天打游戏、睡大觉、醉生梦死"的状态下拿到学位，同时也鼓励那些以从事科学研究为目标的同学在满足学校学位的基本要求的基础上，刻苦学习专业知识拿高分，也认可以创业为目标的学生在学校里进行更多的创业实践。

最后，"以学生为中心"要坚持以学习为中心，这是针对以教学为中心而提出的。工业革命以来的高等教育体系，其课堂制模式以教师和教授为核心，学习者要服从于教授者的安排。"以学生为中心"需要打破这一传统，把办学的注意力紧紧围绕在学生的学习上，教学的安排需要服务于学生的学习需求。

西浦从建校伊始就把学生的学习体验作为教学安排的核心，通过建立体系来确保所有的实践工作围绕学习体验的提升。例如通过全校范围内的学习分析项目，帮助学生、老师和管理者理解学生到底是如何学习的，什么样的行为和体系能够更好地支持学生的学习。再如所有的课程大纲中，最为重要的一点是非常清楚这门课学生的学习目标，并且要讲清楚所有的教学安排如何支持这些学习目标的达成，以及在考核安排中，要全面反映学生的学习目标的达成程度，并且提倡过程性考核给学生的学习提供过程性反馈，而不是在学生一门课学习行为结束后通过一次期末考试给出一个对学生学习没有任何意义的分数。

二、目标导向：让立德树人这一核心目标扎根本科教育一线实践

目标导向是构建以学生和学习为中心的教育模式的基本原则。核心动作是要厘清学校的、教学单元（院系）的、专业的以及课程的育人目标，并且把不同层次的育人目标关联起来。育人者和育人过程的每个环节都应该清楚为了实现什么样的学习目标。当下特别重要的是多关注能力和素养层面的高阶目标。当前国家在高等教育领域提出金课建设，基础教育中的核心素养，都体现了对高阶目标的重视。

立德树人不仅是新时代我国高等教育的核心职能和使命，更是所有的高校教育者自身工作中应该瞄准的首要目标。因此，高校如何才能让立德树人成为所有教职员工的工作目标，就成为高校是否能有效履行自身职能的关键所在。

首先，高校需要制定清晰明确的育人目标体系，特别是建立从学校层面到学院、系、专业直到课程层面的育人目标逐级细化的体系，最重要的是让每一位教职工都清楚地知道自己的工作贡献于学生成长中的哪些方面。例如，在课堂教学中，传统的教育过于注重知识体系的重要性，一门课一本教材，几十个知识点就是目标，老师一学期的任务就是把这几十个知识点尽可能清楚地讲授给学生，除此之外没有其他的目标。这与立德树人的使命是不相符的，因为"德"的要素很少体现在课程学习过程中。

西方的教育体系非常重视学习目标，每门课的教学大纲最重要的就是非常清楚地阐述这门课的学习目标，不过在西方大学课程的大纲中，核心的学习目标也是知识和技能。西浦整合其中的优秀经验，在课程的学习目标中更多地体现未来社会的人才需要的能力和素质。例如西浦倡导的研究导向型教

学，其核心目标是提升学生解决问题的能力、合作与沟通能力、批判性思维以及洞察社会等能力，而知识学习只是实现这些目标的过程和手段，并不是目的。再如西浦的太仓教育实验基地，提出要把人工智能时代行业精英需要的行业知识、领导力和创业家精神等作为核心学习目标，并把这些目标落实到具体的课程中。

其次，高校需要系统探索能支持学生能力和素养提升的教育策略。学生能力和素养提升的重要性不言而喻，但是什么样的大学活动才能帮助学生提升这些方面，目前并没有很成熟的实践。国家提出"课程思政"的方案促进课程教学提升学生素养，已经取得实效。

西浦试图通过整合课内和课外的活动，来培养学生的能力和素养。例如，对于课内，全校倡导开展研究导向型教学，通过从学生身边的实际问题出发，培养学生理解和洞察社会的能力，提升学生兴趣；基于问题的知识搜索与整合分析，培养学生在信息爆炸时代自主搜索对自己有用的信息的能力以及独立作出判断的批判思维能力；通过同伴合作提升沟通与合作能力；通过提出问题解决方案培养学生评估方案的能力。这是研究导向型教学对于学生的"德"的提升。近年来，西浦已经在内部一批教师的共同努力下，形成了一个系统的研究导向型教学实施方案，并通过几百场活动，把这一方案传递给国内近300所高校的 10 000 多位老师，很多学校已经开始系统地在课堂中实施研究导向型教学。

西浦非常重视课外活动对学生能力和素养的培养，学生事务部门的基本理念是：学生自治，学校引导与服务。通过给予学生自己管理学生活动的机会，提升学生的能力。学校的职能，一方面是引导，即引导学生有序管理好相关活动，提升学生的相关能力；另一方面是做好服务工作，提供资源支持。例如西浦负责社团管理的社团联合会，成员都由学生组成，全面负责社团的成立的审核、社团的监督以及考评，老师的职责是在学生希望成立社团但是定位不清或者思路不明确的时候，和学生一起讨论应该如何定位社团功能，如何规划社团活动，社团活动需要场地和资金等如何帮助协调等，更多的是扮演咨询者、引导者和服务者的角色。西浦共有超过 150 个社团，大部分学生有社团活动经历，这些经历是学生提升沟通能力、领导力和解决问题能力的重要途径。

再如，西浦为了培养学生的创新创业能力，专门成立创新港整合社会资源，给学生提供一个可以试验自身想法的平台。创新港和企业合作建立创新工场，鼓励学生随时带着自己的想法到创新工场去尝试和试验，同时通过聘请有真实创业经历的社会人士担任创业导师，指导学生更好地实施创业项目。此外还举办各类校内外的创业比赛，通过真实的项目来激发学生的创业精神，培养学生的创业能力。

三、流程再造：构建全员、全过程和全方位的大学育人流程

流程再造是当下教育教学改革的主战场，包括在特定的目标下设计学生的学习流程（学生的学习活动以及活动之间的关联）以及教师的教学流程（教师的教学活动以及活动之间的关联）。育人目标的设定不难，难的在于什么样的学习流程才能支持高阶目标的实现，这是这个时代给教育工作者的命题，也是教学创新的核心话题。最近几年，从幼儿园到大学的老师都开始关注学生的学习活动，不再简单从教师的教学活动出发。

中共中央、国务院《关于加强和改进新形势下高校思想政治工作的意见》中指出，高校要把立德树人作为根本任务，融入思想道德教育、文化知识教育、社会实践教育各环节，把思想政治工作贯穿教育教学全过程，把思想价值引领贯穿教育教学全过程和各环节，形成教书育人、科研育人、实践育人、管理育人、服务育人、文化育人、组织育人长效机制。即大学要打造全员、全过程和全方位的育人流程和体系（"三全"育人）。

要真正打造"三全"育人的大学体系，首先需要重构大学的育人流程。在"以教师为中心"的体系里，大学的核心育人流程是由教务系统管理、院

系来执行的以专业和课程上的学习活动为核心的一套体系，学生在大学四年最重要的学习活动就是上课和听老师讲授，四年的学习最重要的是在几十门课程上的学习，只要在这些课程的学习达到要求拿到学分就可以毕业。至于由学生工作部门和其他的职能部门负责的课程之外的活动，被视为辅助性的非核心活动，也不纳入对学生的考核和监控中。

要想真正把立德树人作为大学的核心使命，把能力和素养的培养作为育人目标，就必须重构这一流程，特别是把学生在大学期间参加的课外活动也纳入整个人才培养流程中（图8-2）。在这个流程中，学生需要参与不同类型的活动，包括课堂的学习、课后的自主学习，参与各种活动如社团，参与社会实践，并且能够有机会在真实的场景中实习和实践。这些活动不是像当前的大学中那样，被区分为第一课堂和第二课堂，而是完全融合为一体，相互之间没有轻重主次之分，并且这些活动之间相互配合，共同为培养学生的能力和素养服务。

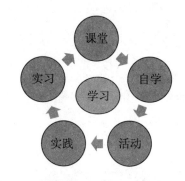

图 8-2　大学课内课外相整合的育人流程

流程再造的第二个关键问题是改变学生学习活动发生的场景和环境。特别是对于课堂的学习，大部分的时间学生学习是在远离真实世界的大学教室中发生的，这会导致学生在学习兴趣和动机上的问题，以及学生走向社会后的适应性问题。当前很多大学改革的方向，是把学生的学习置于真实的社会生活中，以实践为导向而不是理论为导向引导学生的学习。例如美国新锐大学密涅瓦大学，为了培养学生的跨文化沟通能力，把学生的学习设置在全球五大洲的 7 个城市中进行，学生在这些城市中的学习，主要是和当地人合作解决当地的现实问题。这革新了我们当前传统大学的育人流程，学生的学习不再是在教室里发生，而是在真实的世界中。再如麻省理工学院最新的对于工程教育的改革，学生从大二开始也要参与到具体的工程项目实践中，这也改变了学生的学习场景，大幅减少了学生在教室环境中的学习，增加了学生在真实项目中的学习。

　　流程再造的第三个问题，是大幅创新学生在专业和课程上的学习活动。过去几十年中，学生在课程上最主要的学习活动就是听老师讲授以及和同伴的研讨。这两个活动是在以知识传授为主要目的的课程中广泛采用的也行之有效的，但是在当前能力和素养导向的人才培养改革中，大学需要大力创新能够支撑能力和素养提升的学生学习活动。例如，如果一门课程要培养学生的自主学习能力，则需要设计学生的自主学习活动，单纯依靠以教师为主导的教授和小组讨论，很难想象能培养学生的自主学习活动。再如，如果要培养学生解决问题的能力，则需要学生参与解决问题的活动，等等。如图 8-3 所示，上面的流程只包含两种学习活动，因此很难支持很多不同的能力和素养的培养，这种流程适合于知识的传授。如果我们要从知识传授转向能力培养，则需要重构为下面的流程，即针对不同的课程、不同的学习目标，设计不同的学习活动。

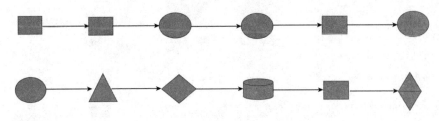

图 8-3　学生在课程学习中的不同流程

四、架构调整：建立全员参与全过程支持学生健康成长的组织机制

架构调整考虑的是什么样的学校组织方式才能有效支持学生的学习流程和教师的教学流程。当前的学校组织模式（科层结构及部门化）已经存在100多年，主要是支持以学校和教师为中心的教育模式的，如果教育模式转向"以学生为中心"的理念，架构必须调整，必须考虑架构如何能够允许不同学科背景的人合作起来支持学生的学习（如跨学科教学），以及如何快速接收和回应学生个性化的学习需求。

立德树人，需要高校不同部门的通力合作、课内课外的有机整合。但当前的大学层级体系一方面很难对学生的需求进行灵活快速的反应，同时也很难形成跨部门的团队形成解决方案。因此，全员参与全过程支持学生健康成长要落地，首要的是改变当前大学层级化的组织机制，建立一种鼓励跨部门合作的网络化扁平化大学组织架构。

西浦把探索和建立符合知识组织运行的网络组织作为自身的四大使命之一。通过几年的探索，已经初步建立了一个扁平化运行体系。这个体系的核心特征是：对学生需求的快速灵活反应，快速在一线形成跨部门合作团队，以支持和服务为导向的行政体系。

对学生需求的快速灵活反应，是提供个性化学习服务的前提。例如，西浦每个系都有师生联络委员会，由学生代表和教师代表组成，定期开会，核心议题是反映学生在课程学习中遇到的问题和需要老师和学校注意的事项，系里需要认真对待学生提出的每一个议题并逐一回应。这一委员会能保证学生在学习中的需求及时地得到回应。和这一委员会相对应的还有西浦的学术导师设置。从大一开始每位西浦学生都有一个学术导师，负责解答和解惑学生在学习中的任何问题，以确保学生的问题可以及时得到回应。

对于学习之外的生活，西浦则通过一站式服务中心来为学生提供便捷的

服务。学生在校园生活中的任何事项和问题都可以到一站式服务中心去咨询解决，一站式服务中心作为全校服务学生的前台，必须接受学生的所有请求，不会指派学生到其他部门寻求解决方案，确保学校能第一时间接收到学生的诉求。和一站式服务中心对应的是学校为每一位学生配备的成长顾问，成长顾问负责学生成长中的任何问题，每位学生有任何困惑可以找到自己的成长顾问咨询或寻求帮助。

快速在一线形成跨部门合作的团队，是一所学校给学生提供个性化学习的核心能力。在传统的部门化行政体系中，不同部门之间的协调合作往往很难。例如教务处和学生处的合作，通过正式的程序非常复杂，但学生学习的需求，多数情况下需要这些部门之间快速形成合作关系，提供解决方案。西浦为了提升这一核心能力，大大强化基层一线教职员工的权力，赋予他们在遇到学生特定需求时，自主寻求其他部门相关员工组成临时团队提供解决方案的权力，同时，学校通过明确提出愿景和使命、年度目标等途径提升每位员工对于自身职责的理解，从而帮助他们在面对真实的学生需求时能够自主作出决策。

以支持和服务为导向的行政体系，是为学生提供个性化学习的文化和制度基础。在以权力和资源配置为导向的层级化体系中，大学行政部门没有心思也没有责任去服务学生，更多的是资源分配和行政协调。因此，"以学生为中心"的大学，需要改变以权力和资源配置为导向的层级化体系为以支持和服务为导向的平台。

西浦网络化组织结构的首要特征是各研究中心、系与四大服务中心构成的服务支持平台之间没有直接的行政管理关系，行政权力和学术权力界限清晰、良性互动。服务支持平台运用行政权力保证各种服务友好和高效；学术体系利用其学术权力按科学规律组织其活动。其次，为保障研究者的学术自由和研究者之间的互动、师生互动、不同专业学生间的互动，学校创造机会和搭建平台；最后，学校领导规划学术资源分配方向，由教授和专家组成委员会共同决定资源配置，行政权力不插手学术资源配置过程，但通过服务保障资源及时到位和使用。

在西浦，行政权力和学术权力各负其责，涉及学术判断和发展的事务，如学科建设、学术评价、学术发展、教师学术水平判断和升迁、学生升级及学术违纪处罚、具体的教学管理等事务均由专门的学术组织或委员会处理，如师生认为有不公之处，可以向行政权力申诉，行政负有监督责任，如果学术权力决策所依据的事实成立和程序合法，行政权力会全力支持学术权力的判断和独立性，不会直接干预学术事务。另外，学校所有职能部门不再是任何权力部门，对学校发展来说，它们的主要职责是提供服务和支持。

大学架构的网络化平台化调整，必然会对员工的能力提出新的要求，此时教师队伍的建设，就成为一个重要话题。教师队伍建设是振兴本科教育的重要抓手。而教师队伍建设的核心是构建一套覆盖所有教职员工能够提供过程性支持的体系，这套体系包括讲座培训、专业课程、研讨交流、教学研究以及过程支持等多个方面。

例如，西浦的教师发展有一个专业的团队，四名全职的教师发展师全职负责给所有老师授课，授课内容包括高等教育的教学理论、多元文化下的教学、教学评估策略以及从自我反思等课程，这些课程是一门硕士专业的前 20 个学分，所有新入职老师必须在 2 年内拿到这些学习，才能长期任教。

再如，西浦的教师发展十分看重多教师教学改革的过程支持，因为很多教学改革靠事前培训是无法做到的，更为重要的是给老师在教学改革实践中提供必要的支持。西浦有一个教育技术支持团队，对于有兴趣利用新兴教育技术来做教学改革的老师，技术支持团队会给予非常周到的服务。例如学校有两个全功能的录课室，对于有需要做翻转课堂录课的老师，技术团队有专人负责所有的现场技术录制以及后期剪接，老师只要准备好课程并在录课室中录制完成即可，不需要学习任何的技术。

西浦还根据教师的资质和教学年限，打造了适合不同年龄段的教师发展方案，对于新入职教师，提供最基本的教育教学理论和实践的培训，对于骨干教师，则以全过程支持他们的教学改革创新为核心，而对于资深的教师，则努力帮助他们提升学术领导力，帮助他们不仅自己的教学做得好，而且能帮助更多的人改进他们的教学。

五、质量保障：打造基于信息化的质量体系和文化

质量管理保障学校教育设计的高质量以及实施与设计的一致性。要提供人民满意的高质量的教育，必须确保上面四个方面自成一体，即理念符合时代趋势和要求，目标服务于理念，流程支撑目标，架构支持流程。同时，要对学校的育人质量以及组织管理质量进行全程监控和持续改进，确保质量的永恒提升。

信息化是有效便捷地实施上述教育策略支持全校师生学术活动的工具，更是确保教育策略有效落实到位的基础设施。特别是在以学生和学习为中心的理念中，信息化可以帮助大学更好地了解学生和他们的学习，从而能够更好地监控是否达到了学校的育人目标。西浦借鉴和采纳了中英两国的质量保障体系的精华，有一套非常复杂的质量保障流程，确保所有被授予学位的学生都能达到学校要求的水平。这套体系包括了从办学理念、育人目标到教育策略、教学过程以及学习评价等全过程的监控和反馈，而要实现这个长流程的有效反馈，信息化发挥了非常重要的作用。

西浦通过自主开发和维护在线学习平台，在很大程度上帮助学生的自主学习和老师的教学活动，以及全校的教学质量保障体系的运转。例如，西浦的研究导向型教学提倡过程性考核，但过程性考核往往会有过程难以监控的问题。西浦规定学生所有的作业都需要通过在线系统提交，并在系统中提交后，自动有查重系统对所有的作业进行查重，这样就确保学生所有的作业都是原创的。老师的评分也是在线完成的，并且学生的作业在老师评阅后，还要经过同系里另外一位老师、利物浦大学相同或类似专业的一位老师以及非西浦和利物浦大学的第三所学校相同或类似专业的一位老师的审查，这三轮审查重点看负责老师的评分是否公正，给分是否合理，这些质量保障体系能够确保学生每一分都经得起查验，而这一流程全部是在线完成的，信息化在很大

程度上让这种体系成为可能。

又如，西浦的研究导向型教学倡导团队合作，在线学习平台可以自动对学生进行随机分组，然后在线形成小组的空间，学生可以进行在线讨论、在线提交小组成果，也可以随机分配小组之间互评成绩，等等，这些功能大大增强了学生在课程学习中相互评分保障质量的可能性。

再如，学校在在线学习平台上还开发了学生自动分析自己学习行为和学习轨迹的功能，这样学生随时都可以在系统里查看特定时间段自己的学习情况，从而帮助学生更好地了解自己的学习特征。这一功能还支持老师随时查看全班学生的学习情况，并基于数据分析给出老师建议，如学生在线学习时间是否会对最终学习成绩影响，哪些学习行为对学生学习成果有重要影响等问题，只要老师发送一个请求，系统就自动给出答案，能够实质性帮助老师了解学生学习的情况以及自身教学的有效性，并通过自我反思改进教学效果。

第三节 面向未来的大学变革领导力

一、当前大学变革的生态与领导者的变革环境

当前国内大学从"以教师为中心"向"以学生为中心"的变革，主要是由教育管理部门发动的，尽管这轮改革最根本的因素是互联网和人工智能等新一代技术革命对社会和教育的冲击，但从大学内部来看，很多人谈改革以及付诸实施的改革方案，都是基于国家的变革口号和政策，例如"课堂革命""以本为本""四个回归""一流专业"等，甚至"以学生为中心"这个理念，也是在国家的教育规划文件中出现后，才成为各个高校改革中的指导理念。

因此，整个高等教育体系内的改革，处于这样一种情况：每个人都知道要变革，因为官方的文件和号召已经十分明确，但是并不是每个人都知道为

什么要改革，不知道这轮改革最根本的原因是社会的变化和新技术革命的冲击；每个人都知道改革要"以学生为中心"，但是并不是每个人都知道什么是"以学生为中心"，更没有意识到"以学生为中心"的变革对于自己的工作意味着什么？

在这样的情境中，谁有可能会推动实质性的变革？一线的老师往往被寄予厚望，认为任何宏大的变革，都应该从最微观的课程和课堂改起。但是，当下很多一线老师的看法却不是这样，在大量由 ILEAD 主办的教师培训中，很多老师在参加培训后反馈：西浦的这些理念和做法都很好，但是我在自己的教学中没法做，因为这个需要学校和学院的领导转变观念，为我们的变革提供支持。同时，老师们认为体制不同，很多事做不了。一线老师往往寄希望于学校和学院的领导能够给他们的改革提供一个良好的支持环境。例如学校能调整现行的很多制度，不要让自己的变革有制度的阻力，再如，希望学校和学院的领导能够在理念上引导一线老师的改革。

这些对于院系层面领导的诉求和期待，在院系领导那里却不是那么一回事。在和院系领导的对话中，会得到他们对于学校领导以及一线教师的期待：要想推动这种变革，学校的领导首先要在理念上引领，其次，学校领导需要改革现有的制度，院系才有空间去改革。对于一线老师，院系领导普遍会反映，我们老师的观念转变太难了，要想调动老师做改革也太难了，这些难题的根本，在于这个体制，如激励机制、考核机制等。院系的领导其实很难通过组织的激励和考核等办法来调动老师进行改革。

对改革的诉求和期待就落到了学校领导这里。在过去几年，也有很多大学的领导者来到西浦参加活动，他们一方面也认可西浦的理念和实践，但同时也认为这在他们自己的学校很难做，主要的原因有二，一是他们的体制不同，在他们的想象中，西浦这样的大学，是一个非常鼓励变革、也非常易于变革的地方，不像很多公办学校，很多的想法很难变成现实。第二，学校领导也普遍认为他们的老师观念转变太难，认为学校的改革，内部最大的阻碍就是全体老师观念的转变。

这里明显可以感受到，大学内部很多人都会讲到"体制"，到底什么是"体制"？谁在负责"体制"？教育主管部门可以代表"体制"吗？好像也不行。"体制"包含了硬的规章制度要素和软的文化要素，对于硬的规章制度要素，教育主管部门可能可以撼动，但是，软的文化要素，特别是已经经过几十年的积淀成为高等教育体系中每个人理所当然的行动和认知，可能并不是教育主管部门可以轻易撼动的。例如，当前对于能力和素养导向的教育的改革，首先需要突破老师在一门课上把教知识点作为核心职责的做法，但是这种突破不简单是规章制度问题，尽管这个做法最初可能是由于国家规定每门课程的大纲中需要列清楚需要教给学生的知识点，以及对教师的考核也主要是针对是否有效地给学生教授了知识点来开展的。在当下，即使课程的大纲已经改为能力和素养导向，并没有规定每位老师必须在一门课教授若干个知识点，但是，很多时候老师们还是会把教知识点作为最重要的活动，因为这个已经成为他们习以为常的事。对这种理所当然的认知的改变，才是当下最难的部分，也是没有一个改革主体可以有效推动的部分。

在这样的情境中推动变革，对领导者的领导力有很大的考验。改革的突破点到底在哪里？应该从谁开始改革？谁会是最容易做出改革的群体？这些问题的解决，除了和变革本身的方案有关外，还和领导者个人的领导力有直接的关系。

二、什么样的领导者才能推动"以学生为中心"的变革

领导者推动变革的领导力，主要是由领导者个人的风格决定的。在学校待久了，或者和学校里面的人交流得多了，就会体会到，学校的领导有几种不同的类型。从推动变革的角度，有些领导者在任上能够意识到自己改革者的角色和使命，但是有些领导者并没有这种认知，这就可以把领导者分为两类，一类是不认为自己有变革使命的领导者，这种领导者又可以细分为管理型领导者和自利型领导者；另一类是认为自己有变革使命的领导者，这类领导者

根据变革的理念（教育导向还是政绩导向）和行动风格（目标导向，不达到目标不罢休还是资源导向，有什么资源条件办什么事）又可以进一步分为四种领导者类型。因此，从推进变革的角度看，至少可以列出六种不同的学校领导。

1. 理念导向的变革型领导

这种领导者的核心特征如下。

（1）教育理念导向，其变革的核心目标是追求教育本身的目的，关注的是教育事业的发展，而不是另外的指标。

（2）支持人的成长作为核心追求，领导者关注的核心是孩子的健康成长和全面发展。

（3）在当前从"以教师为中心"到"以学生为中心"的范式转变环境中，不断质疑当下教育实践提出根本性变革方案，颠覆既有的教育实践，不断反思自我的行动。

（4）想方设法去实现方案，确定改革的目标后，会想尽一切办法去实现目标，如果自己的机构缺乏基本的条件，则创造条件也要不断逼近方案。

这种领导者，无疑是极少数，如我们大家都熟知的蔡元培、洪堡等，一般是冲破范式的引领者。这种领导者，不仅需要有前沿的面向未来的冲破当下思想禁锢的教育理念，更需要有强大的执行力，二者兼得，实为不易。

2. 理念导向的交易型领导

这种领导者的基本特征如下。

（1）教育理念导向，其变革的核心目标是追求教育本身的目的，关注的是教育事业的发展，而不是另外的指标。

（2）支持人的成长作为核心追求，领导者关注的核心是孩子的健康成长和全面发展。

（3）有对当下教育的改革思路，但是并没有清晰明确的革新方案，特别是缺乏明确的行动方案。

（4）行动逻辑为：我有什么资源，可以做什么事，然后基于自己有的资源，有选择地实施看起来可以实现的理念。

这种领导有很好的理念，但是，执行力并不能有效支撑自身理念的落地，很多理念仅仅停留在口头上和文件中。

3. 业绩导向的变革型领导

这种领导者的基本特征如下。

（1）政绩导向，这种领导者追求的不是教育的目标，而是教育系统内的短期政绩。

（2）以把上级关注的指标做大做强为目标，特别是在大学排名方面的指标，会作为首要任务一项一项去布置和突破。

（3）想方设法去实现目标，只要是政绩或者排名中的指标，没有条件创造条件也要实现目标。

这种领导要么缺乏对教育的基本理解，要么无法把自己的教育理念和外界的指标压力融合在一起，从事自己不认可但是自认为不可不为的事情，而且，这种领导者行动力很强大，能够突破很多障碍实现既定目标。

4. 业绩导向的交易型领导

这种领导者的基本特征如下。

（1）政绩导向，这种领导者追求的不是教育的目标，而是教育系统内的短期政绩。

（2）以把上级关注的指标做大做强为目标，特别是在大学排名方面的指标，会作为首要任务一项一项去布置和突破。

（3）行动逻辑为：我有什么资源，可以做什么事，然后基于自己有的资源，有选择地实施看起来可以实现的目标。

这种领导，是普通的"好人"，也会为了一个学校的发展去奔波，甚至很辛苦，但遗憾的是奔波的目标是政绩，没有自己的理念。同时，在执行层面，固守资源基础观，秉持有什么资源才能做什么事的逻辑。

5. 管理型领导

这种领导者的基本特征如下。

（1）学校正常运转导向，较少考虑学校发展的方向以及具体的目标和计划，自我定位主要是确保学校能正常运转。

（2）各个部门以自己的需求为关注点，学校主要凭借一个官僚体系正常运转，发挥自己作为领导者的影响力，讲话、出席活动、决策为这类领导者的主要活动。

（3）是否有出事风险作为决策主要依据，在面对很多改革的项目和决策的时候，这类领导者的主要依据是，做一件事是否会有风险，包括是否会让自己有风险，以及是否会让学校有风险，有潜在风险的事，一般不会同意去实施。

这种领导，在位子上没有什么要坚持和追求的目标，更多的是让很多人围着自己转，享受这种被需要的感觉，对自己角色的理解主要是不要出事就行，所以会很保守，日常工作重点主要是出席各种活动。这种领导多见于有行政体系的学校中，尽管他们不能给学校的发展带来什么，但是他们深谙如何在行政体系中为官，如何不断地升迁。

6. 自利型领导

这种领导者的基本特征如下。

（1）自我需求为主导，领导者待在领导岗位上有很明确的自我需求，如满足自己对权力的欲望，或者社会地位的需求等，对于组织的发展需求，则在自我需求之后。

（2）以自己在这个位置上可以获得什么为关注点，在领导位置上始终寻找可以满足自我需求的资源，然后想办法占为己有。

（3）突破管理规律和教育规律实现自己的目标，很多时候为了达成自我的需求，就需要放弃学校的教育目标，或者突破基本的管理原则。

这种领导，时时刻刻想着我能得到什么，对自己有利的事大力推，和自己没有关系的事不怎么管，很多时候，会突破底线不择手段去实现自己的目标。

在以上六种类型的学校领导者中，显然只有第一种理念主导的变革型领导者才能有效推动当前从"以教师为中心"到"以学生为中心"的范式转变。

这种领导者有前沿的可以引领未来的教育理念，能够做到知行合一，带领团队把自己的理念落地执行。当然，这种领导者不是天生的，也不会单纯因为领导者的风格而让改革事业一帆风顺。方式转变的改革，必然会遇到各种阻力和挑战，这种领导者还能承担压力，承担不确定性和风险。此外，在多重利益相关方构成的教育系统中革新既有的实践，领导者还需要有强大的链接和协调不同利益相关方的能力。最后，具备以上这些特质的领导者，多数情况下是真正热爱教育事业的人，是坚守教育初心的教育者，这是能有效推动当下教育变革最重要的特质。